Sammlung Metzler
Band 235

MIX
Papier aus verantwortungsvollen Quellen
Paper from responsible sources
FSC® C105338

Joachim Paech

Literatur und Film

2., überarbeitete Auflage

Verlag J.B. Metzler
Stuttgart · Weimar

Für Anne

Die Deutsche Bibliothek – CIP-Einheitsaufnahme

Paech, Joachim:
Literatur und Film / Joachim Paech.
– 2., überarb. Aufl. – Stuttgart ; Weimar : Metzler, 1997
ISBN 3-476-12235-2

Gedruckt auf säure- und chlorfreiem, alterungsbeständigem Papier

ISBN 978-3-476-12235-3
ISSN 0558-3667

SM 235

Dieses Werk einschließlich aller seiner Teile ist urheberrechtlich geschützt. Jede Verwertung außerhalb der engen Grenzen des Urheberrechtsgesetzes ist ohne Zustimmung des Verlages unzulässig und strafbar. Das gilt insbesondere für Vervielfältigungen, Übersetzungen, Mikroverfilmungen und die Einspeicherung und Verarbeitung in elektronischen Systemen.

© 1997 J.B. Metzlersche Verlagsbuchhandlung
und Carl Ernst Poeschel Verlag GmbH in Stuttgart
Einbandgestaltung: Kurt Heger
Satz: Johanna Boy, Brennberg
Druck und Bindung: Ebner & Spiegel GmbH, Ulm
Printed in Germany

Verlag J.B. Metzler Stuttgart · Weimar

Inhalt

Vorwort VII

1. Die Anfänge des Films in der populären Kultur 1
2. Die Institutionalisierung und Literarisierung
   des Films 25
3. Literaturgeschichte als Vorgeschichte des Films 45
4. Kulturgeschichte als Vorgeschichte des Kinos 64
   4.1 Die Eisenbahn 72
   4.2 Das Panorama 76
   4.3 Das Warenhaus 80
   4.4 Fließband und Traumfabrik 82
5. Der literarische Film 85
6. Eine neue Literatur? 104
7. Filmische Schreibweise 122
8. Der »reine« und der »unreine« Film 151
   8.1 Literarische und filmische Avantgarde 152
   8.2 Die Kunst des Sichtbaren? 157
   8.3 Der neue Realismus des Tonfilms 166
   8.4 Literarische und filmische Schreibweise 173
   8.5 Der klassisch-realistische Text 176
9. Die literarische Lektüre eines Films 180

Literaturverzeichnis 207

Register 218

Vorwort

»Schließlich glaube ich, daß das Größte, was
es zu filmen gibt, Menschen sind, die lesen.«
(Jean-Luc Godard)

Zur Erinnerung: Hans Robert Jauß hatte die Ursache für die von ihm konstatierte aktuelle Krise der Literaturwissenschaft in »einer neuen, noch nicht dagewesenen Herausforderung der Literatur als autonomer Kunst: [der] Herausforderung durch die Massenmedien [gesehen]. Methoden, die an der Höhenkammliteratur, am Kanon der klassischen, der nationalen oder wie immer bewerteten Gipfelwerke ausgebildet wurden, versagen vor der Wirkung der nicht-kanonischen Künste. Die Literatur [die diesem Kanon folgt und der in Hochschulen und Schulen weiterhin entsprochen wird] tritt in der Lebenspraxis völlig hinter dem zurück, was der Fernsehapparat vor Augen stellt, was sich der Normalverbraucher am Kiosk kauft, was uns alle in den ästhetisch oft raffinierten Formen der Werbung überflutet« (Jauß, 1969, S. 55).

Die Reaktion der Literaturwissenschaft auf die Herausforderung durch die Massenmedien ist durch einfaches Ignorieren und Katastrophenstimmung gekennzeichnet. Ignorieren bedeutet, daß noch immer Lehrer nicht systematisch für den technisch-methodischen Umgang mit audio-visuellen Medien aus-(fort-)gebildet werden, und daß Bemühungen, in das literaturwissenschaftliche Studium Filmgeschichte und -analyse, die kompetente Auseinandersetzung mit filmischen Adaptionen literarischer Werke, aufzunehmen, torpediert werden. Und Panik hat sich breitgemacht, wenn vom Ende der Schriftkultur und des Buches, vom (Fern-)Sehen statt (Buch-)Lesen die Rede ist und trotzig die »Urworte, orphisch« gegen die Unkultur der Bilder gesetzt werden.

Aber weder hat sich die »Furcht, die elektronischen Medien könnten eine buchlose Gesellschaft begründen«, bestätigt: »Die Akzeptanz und Nutzung des Mediums Buch wächst, wenn auch nur langsam, von Jahr zu Jahr« (Gruner + Jahr Branchenbild: Marktanalyse Nr. 21 Febr. 1983, S. 8). Noch wird sich die Vermeidungsstrategie gegenüber den Massenmedien durchhalten lassen: Der Paradigmawechsel zu einer Neubestimmung von Literatur, die unterschiedlichste (Kon-)Texte der medienvermittelten Kommunikation einbezieht, vollzieht sich längst. Produktion und Konsumtion von Literatur finden in allen Medien, die dafür in Frage kommen, statt, im und mit dem Buch ebenso wie im und mit dem Kino, Fernsehen, Video etc. »Die Marquise von O.«, »Effi Briest«, »Die Buddenbrooks«, »Der Tod in Venedig«, »Der Zauberberg«, »Mephisto« u.v.a. sind literarische Buchtexte und Filme, die nebeneinander und einander ergänzend gelesen und gesehen werden.

Wenn Schulen und Hochschulen vor dieser Entwicklung die Augen verschließen und die Konsequenzen zu ziehen sich scheuen, dann auch deshalb, weil der literaturwissenschaftliche und -didaktische Umgang zum Beispiel mit Goethes »Wahlverwandtschaften« zwar ›gekonnt‹ wird, Claude Chabrols gleichnamiger Film nach Goethes Roman jedoch organisatorisch und methodisch kaum bewältigt werden kann. Inzwischen gibt es gegenüber einer Vielzahl hervorragender französischer – z. B. die Studie von Francis Vanoye (1979) – und englisch/amerikanischer Beispiele auch in Deutschland einige Arbeiten zur Methodologie der Analyse von Filmen, speziell verfilmter Literatur (Vgl. die Einführungen in die Filmanalyse Faulstich, 1976; Kuchenbuch, 1978; Hickethier/Paech, 1979; Silbermann/Schaaf/Adam, 1980; Zum Instrumentarium der Filmanalyse s. Paech, 1975; Hickethier, 1981; Zu aktuellen Beispielen der Methodendiskussion s. Paech, 1984; Paech, 1986).

Der vorliegende Band zum Thema ›Literatur und Film‹ hat sich daher nicht auf den vordergründig dringendsten Bedarf der Schul- und Hochschulpraxis nach Beispielanalysen und Methodendiskussionen zur Filmanalyse konzentriert, sondern versucht, einen Schritt weiterzugehen und ›Film‹ im historisch-systematischen Kontext in seiner Beziehung zur Literatur vorzustellen. Daß Filmdidaktik mehr sein sollte als nur die ergänzende Diskussion einer Verfilmung zum literarischen Text, der primär behandelt wird, habe ich an anderer Stelle zu begründen versucht (Joachim Paech, Ist Film lehrbar? Plädoyer für Filmdidaktik in Schule und Universität, in: medien praktisch, Frankfurt 1987, H. 1, S. 4-8).

Gegenüber jeder Literaturgeschichte und auch einer ›Literaturgeschichte des Films‹ wie der von Franz-Josef Albersmeier (1985) hat die Perspektive der Darstellung zugunsten des Films gewechselt: Ausgangspunkt sind die Anfänge des Films am Ende des vorigen Jahrhunderts. Damit die Bedingungen erkennbar werden, unter denen historisch und aus den jeweiligen Charakteristiken der beiden Medien Beziehungen zwischen ihnen möglich werden, war zunächst auf den (gegenüber der Literatur weitgehend) autonomen Ursprüngen des Films zu beharren, während andererseits von Anfang an die wesentliche Frage ist, wie Filme gelernt haben, zu erzählen. Die Literarisierung des Films seit etwa 1908/10 setzt voraus, daß Filme fähig sind, mit filmischen Mitteln literarisch Erzähltes wiederzugeben, so daß an diesem (historischen) Punkt auch (systematisch) die rudimentären Formen filmischer Artikulation erkennbar werden, die noch immer jedem Film zur Verfügung stehen.

Literarisierung bedeutet für den Film, den Zugang zur (bürgerlichen) Institution Kunst und Literatur zu suchen und zugleich ein unerschöpfliches Reservoir an erzählten Geschichten für das eigene, filmische Erzählen vorzufinden und in Anspruch zu nehmen, sowie die eigenen Fähigkeiten des Erzählens am Vorbild der Literatur ständig weiterzuentwickeln.

Aber die Beziehung zwischen Literatur und Film ist nie einseitig gewesen: Filmsehende Leser haben in den Romanen des 19. Jahrhunderts ›filmische Schreibweisen‹ bei Flaubert, Zola, Fontane u. a. entdeckt; Autoren, die auch ins Kino gegangen sind, haben angefangen, ihre filmischen Wahrnehmungen in ihre literarische Schreibweise einfließen zu lassen und schließlich auch für den Film geschrieben.

Ist diese Literatur, die unter dem Eindruck des Films und des Kinos entstanden ist, eine ›neue Literatur‹, die literarisch reflektiert, daß die audio-visuellen Medien dominanter Bestandteil der Lebensrealität und Kultur dieses Jahrhunderts geworden sind? Auch diese Frage ist in zwei Richtungen zu beantworten, da z. B. Drehbücher sowohl ganz traditionell wie Bühnendramen auch unabhängig von ihrer ›Aufführung‹ gelesen und in der Tradition eines literarischen Genres verwendet wurden, als auch im avantgardistischen Sinne Beiträge zu einer ›neuen‹ Literatur geliefert haben.

Film und Literatur haben unterschiedlich und widersprüchlich aufeinander reagiert: Zumal die Avantgarden beider Medien in ihrer Opposition gegenüber der etablierten (institutionalisierten) Literatur und Kunst versucht haben, sich im Falle des Films von literarischen Einflüssen freizuhalten oder sich im Falle der literarischen Avantgarde des Expressionismus, Surrealismus usw. ›filmisch‹ zu geben, um gegen einen traditionellen Begriff von Literatur eine literarische Praxis zu setzen, die der Moderne mit ihren urbanen, dynamischen Lebensformen Ausdruck zu geben imstande ist. Der avantgardistische Stummfilm war hier der Malerei näher als der Literatur, während die Literatur in den ganz anderen Filmen der populären Genres von »Fantômas« bis »Dr. Mabuse« versuchte, den Massen und ihrer populären Kultur näher zu kommen.

Mit der Einführung des Tonfilms ist eine ganz neue Situation entstanden, da der Film von nun an tatsächlich ›mitreden‹ kann. Der (realistische) Tonfilm ist in einem Maße ›literarisch‹, daß er es schwer hat, sich von den Einflüssen der (realistisch erzählenden) Literatur freizuhalten und eigene, filmische Ausdrucksmöglichkeiten zu behaupten (Godard und die *Nouvelle vague),* während die Adaption literarischer Vorlagen zum Normalfall der Produktion für das Kino und das Fernsehen wird.

Diese diachrone Darstellung, die in Ausschnitten die Entwicklung der Beziehung zwischen Literatur und Film diskutiert, ist immer wieder durch synchrone Schnitte ergänzt worden, die versuchen, Stationen der Entwicklung von Formen filmischen Erzählens exemplarisch zu belegen. In der Literatur zur Filmtheorie und -geschichte gibt es noch kaum Werke, die sich mit der Entwicklung der Filmformen (etwa narrativer Stile) zufriedenstellend auseinandergesetzt haben – das bisher bedeutendste Werk stammt von Barry Salt (1983; außerdem: Peter and Sandra Klinge: Evolution of Film Styles. London 1983) –, da die Probleme durch die Vielzahl der Bedingungen in technischen, institutionellen, gesellschaftlichen, künstlerischen etc. Bereichen sehr groß sind. Das exemplarische Vorgehen und die Demonstration der Entwicklung von narrativen Strukturen an einer Reihe von Beispielen ermöglicht zumindest dort, wo die jeweiligen Filme erreichbar sind, den einen oder anderen Schritt in dieser formalen Entwicklung nachzuvollziehen.

Am Ende dieses Bandes steht ausdrücklich die Diskussion eines Beispiels für die Adaption einer Erzählung, die jeweils von einem Film und einem Roman realisiert wurde. Nicht ohne Hintergedanken und in der Perspektive des Films wurde der noch nicht allgemein übliche Fall gewählt, daß der Film die primäre, der Roman die sekundäre Realisierung ist, d. h. der Roman von Gerhard Zwerenz ist ›nach‹ dem Film »Die Ehe der Maria Braun« von R. W. Fassbinder entstanden. Die Analyse der literarischen ›Lektüre‹ dieses Films wurde begonnen in der Hoffnung, daß sie Interesse zur Fortsetzung weckt; dabei könnte deutlich werden, wie schwer es für die Adaption ist, dem Original gerecht zu werden – gleich, ob es sich um eine filmische oder wie hier um eine literarische Adaption handelt.

Überhaupt möchte dieses Buch Ansatzpunkte für eine viel weitergehende kompetente historische, theoretische und analytische Auseinandersetzung mit den audio-visuellen Medien geben, wie das literaturwissenschaftlich gegenüber der Literatur seit langem üblich ist und auch für den Film selbstverständlich werden sollte.

1. Die Anfänge des Films in der populären Kultur

»In jener Zeit war offensichtlich das Music-Hall-Element der wichtigste Nährboden für die Herausbildung eines ›montageförmigen‹ Verlaufs künstlerischen Denkens.«
(Sergej Eisenstein)

Mit der Erleichterung eines Historikers, der zufrieden ist, seine Geschichte von Anfang an erzählen zu können, hat Béla Balázs festgestellt: Der »Film ist bekanntlich die einzige Kunst, deren Geburtstag wir kennen. Die Anfänge aller anderen Künste verlieren sich im Nebel vorgeschichtlicher Zeit« (Balázs, 1972, S. 12). Es gibt Filmhistoriker, die tatsächlich die Ursprünge des Films ›im Nebel vorgeschichtlicher Zeit‹ gesucht haben, dennoch dürfte feststehen, daß der Film ein ›Kind der Industrialisierung des 19. Jahrhunderts‹ ist, an dessen Ende schließlich der ›Geburtstag‹ stattgefunden hat, von dem Balázs sprach. Und der ›Geburtsort‹ war gleichzeitig in mehreren Ländern immer ein ähnlicher: Ein Vaudeville-Theater in den USA, ein Café-concert in Paris, ein Varieté in Berlin, eine Music-Hall in London etc. Die erste öffentliche Vorführung des Kinematographen der Brüder Lumière fand im Indischen Salon des Grand Café auf dem Boulevard des Capucines in Paris am 28. Dezember 1895 statt, wo sie eine Varieté-Attraktion in der Tradition der Café-concerts war. Nach dem ersten Londoner Auftritt am 20. Februar 1896 im Regent Street Polytechnic war der Kinematograph schon wenige Tage später in den Londoner Music-Halls, dem Empire und dem Alhambra zu sehen; in New York fand die erste Projektion von Filmen auf eine Leinwand durch Edisons Vitascope am 23. April 1896 im Vaudeville-Theater Koster & Bial's Music Hall statt. Dem waren allerdings schon Vorführungen von Filmen seit 1894 in den sogenannten Kinetoscope-Apparaten vorangegangen, in denen die als Endlosschlaufe ablaufenden Filme jedoch nur individuell durch eine Öffnung in Guckkästen betrachtet werden konnten, nachdem man einen Penny eingeworfen hatte. Diese Kinetoscope standen in den sogenannten Penny-Arcades aufgereiht, wo sie erst im ersten Jahrzehnt des 20. Jahrhunderts endgültig vom Kino der projizierten Filme verdrängt wurden.

Als erste führten in Berlin am 1. November 1895 im Berliner Varieté Wintergarten die Brüder Skladanowsky Filme mit ihrem Bioskop vor. Später enthielten die Varieté-Programme der Vaudeville-

Theater und Music-Halls, der Wachsfiguren- und Raritätenkabinette (sogenannte Dime Museums) wie das New Yorker Eden-Musée und das Pariser Musée Grévin selbstverständlich Filmvorführungen (das Musée Grévin hatte zuvor schon die animierten Filme des Theatre optique von Emile Reynaud gezeigt), und ambulante Kinematographen reisten mit Schausteller-Buden oder einem Zirkus-Kinematographen durch Europa. Kurz: solange es kein Kino als besonderen Ort für Filmvorführungen gab, waren die Anfänge des Films untrennbar mit den Einrichtungen der Unterhaltungsindustrie der Jahrhundertwende, den Varietés, Music-Halls und Vaudeville-Theatern und dem Schausteller-Gewerbe der Jahrmärkte verbunden.

In diesen ersten Filmvorführungen war nicht das Wesentliche, *was* die noch recht wenigen Filme zeigten, sondern *wie* sie es taten: »Zunächst war es der Novitätscharakter des Films, der seine Produktions- und Konsumart fast ausschließlich bestimmte« (Bächlin, 1975, S. 19). Bilder aus fernen Ländern oder zu berühmten Erzählungen (Homers »Odyssee« oder Dantes »Göttliche Komödie«) hatte man in Laterna magica-Vorführungen schon häufig gesehen; Akrobaten oder komische Nummern hatte man oft auf derselben Bühne in demselben Programm live gesehen, bevor sie nun noch einmal als lebende Bilder eine besondere Attraktion waren.

Als Maxim Gorki im Juli 1896 auf dem Jahrmarkt von Nizni Novgorod zum erstenmal eine Vorführung des Lumière-Kinematographen sah, war er zunächst enttäuscht:

»Die Lichter in dem Raum, in dem Lumières Erfindung gezeigt wird, gehen aus, und plötzlich erscheint auf der Leinwand ein großes, graues Bild, ›Eine Straße in Paris‹, wie Schatten einer schlechten Gravure. Bei genauerem Hinsehen erkennt man Wagen und Leute in verschiedenen Stellungen, alle zur Unbeweglichkeit erstarrt. Alles, auch der Himmel darüber, ist grau – man erkennt nichts Neues in dieser allzubekannten Szene, denn Bilder von Pariser Straßen gab es schon mehr als eines zu sehen. Aber plötzlich läuft ein seltsames Zittern über die Leinwand, und das Bild beginnt zu leben. Wagen, die irgendwo aus der Tiefe des Bildes kommen, bewegen sich direkt auf Dich in der Dunkelheit, wo Du sitzt, zu; von irgendwoher erscheinen Leute und wirken größer, je näher sie kommen; im Vordergrund spielen Kinder mit einem Hund, Radfahrer ziehen vorbei, und Fußgänger überqueren zwischen Wagen hindurch die Straße. All das bewegt sich, wimmelt von Leben, und wenn es die Ränder der Leinwand erreicht, verschwindet es. Und all das geschieht in seltsamer Lautlosigkeit, kein Rumpeln der Räder, kein Schritt, kein Wort sind zu hören. Nichts« (Maxim Gorki, Bericht über das Lumière-Programm auf dem Jahrmarkt von Nizni-Novgorod, in: Nizgorodski listok, 4. Juli 1896, unter dem Namen I. M. Pacatus, in: Leyda, 1973, S. 407 [Übers. JP]).

Nachdem der Film in den Projektor eingelegt worden war, ›stand‹ er noch für kurze Zeit im Projektionslicht; das war möglich, weil der eigentliche Projektor, mit dem der Film aufgenommen und wiedergegeben wurde und die Lichtquelle, eine Laterna magica, noch voneinander getrennt waren. Was wie eine der üblichen Laterna magica-Vorstellungen angefangen hatte, wurde mit einem Mal interessant, nicht, weil der projizierte Gegenstand ein anderer war, sondern weil er sich zu bewegen begann: Das war das wirklich Neue, was die wesentliche ›Information‹ der ersten Filmvorführungen ausmachte.

Die im Verhältnis zur Nachfrage noch viel zu kleine Anzahl von Filmen, die von den Produktionsfirmen Edison, Biograph, Mutoscope in den USA, Méliès, Pathé und Gaumont in Frankreich oder Messter in Deutschland hergestellt worden waren, wurde in den ersten zehn Jahren ausschließlich an die Endabnehmer verkauft, weshalb die Programme nicht ständig erneuert werden konnten, sondern so lange gespielt werden mußten, bis sie sich amortisiert und Gewinn erbracht hatten. Die Attraktivität der technischen Innovation nutzte sich schnell ab, und die dargestellten Inhalte waren bald dem Publikum bekannt, also mußte der Kinematograph sich immer wieder ein neues Publikum suchen, statt, wie das seit der Einführung des Verleihsystems (ca. 1903) üblich ist, die Filme durch ortsfeste Kinos zirkulieren zu lassen. Das amerikanische System der Vaudeville-Theater, in dem die Filmprogramme eine Nummer unter anderen waren, tauschte die Filmprogramme in einem eigenen Verleihsystem innerhalb von Theaterketten, was eine bestmögliche Auswertung der einzelnen Filme garantierte und die Filme auch organisatorisch fest in die Struktur dieser Unterhaltungsindustrie integrierte. Im Dezember 1900 heißt es in der Fachzeitschrift ›Billboard‹:

»In den Vereinigten Staaten gibt es 67 Vaudeville-Theater, zwei in Canada, und zwei sind gerade in London im Entstehen. Mit der Ausnahme weniger Parks, die nur im Sommer spielen, sind die Theater während des ganzen Jahres geöffnet. [...] Um diese Theater mit Darstellern zu versorgen, werden 650 bis 700 Nummern benötigt. Eine solche Nummer kann ein niedliches Mädchen sein, das tränenrührige Balladen von Liebe und Abschiedsschmerz singt, oder ein umwerfendes Komikerpaar; das kann ein bekannter Schauspieler in Begleitung von zwei oder drei anderen sein oder auch ein Mann, der abgerichtete Elephanten vorführt [...]« (Smiley Walker, Vaudeville-Theaters (Billboard April 20, 1901), in: Csida/Bundy Csida, 1978, S. 82).

In Europa herrschte dagegen das ambulante Gewerbe der Kinematographen-›Einzelhändler‹ vor, die auf Jahrmärkten oder in gemieteten

Sälen auftraten. Deshalb ließen sich hier auch früher als in den USA einige der kinematographischen Kleinunternehmer in ortsfesten Kinos nieder, wenn sie nur ausreichend mit neuen Filmen versorgt werden konnten (in Berlin eröffnete das erste Kino um 1900).

Ob im amerikanischen Vaudeville, in der englischen Music-Hall, im Pariser oder Berliner Varieté oder auf dem Jahrmarkt, Filmvorführungen waren immer Teil eines Unterhaltungsprogramms, in dem sie eine Programmnummer unter anderen darstellten. Das Programm des Berliner Wintergarten nannte um 1900 Attraktionen wie die folgenden:

»Arthur Saxon, der stärkste Mann der Welt; die Stanley Bros., Equilibristen; Geschwister Klein, Kunstradfahrer; Gebrüder Darras, Handvoltigeure; und die Truppe Hegelmann mit einer berühmten Hochseilnummer« (Festschrift »50 Jahre Wintergarten«. 1888–1938. (1938) Repr. Hildesheim, New York 1975, S. 37-39).

Ein amerikanisches Vaudeville-Programm enthielt gewöhnlich neun Nummern, die untereinander ohne engere Verbindung waren: Auf eine burleske Eröffnungsnummer folgten Akrobaten, Tiernummern, ein Zauberer, Tanz- und Gesangsdarbietungen. Den Schluß bildete wieder eine komische Nummer. »Obwohl das Vaudeville seinem Publikum wie eine unstrukturierte Sammlung unterschiedlicher Nummern vorkam, war es tatsächlich bis ins Kleinste geplant und kontrollierte mit präzisen Pointen die Reaktionen des Publikums« (Vgl. Don B. Wilmeth, Stage Entertainment, in: Inge, M. Thomas [ed]: American Popular Culture, Vol. I, S. 296). In diesen Programmablauf ließen sich Filmvorführungen ohne weiteres integrieren, und auch hier sah man das, was vorher live vorgeführt wurde, zum Beispiel Akrobaten oder eine komische Nummer, jetzt noch sensationeller als flimmernde Schatten auf der Leinwand an derselben Stelle.

Auch wenn das Programm nur Filmvorführungen enthielt, geschah das in einem programmatischen Umfeld, das sie in den Kontext der populär-kulturellen Darbietungen eingeordnet hat, z. B. den Jahrmarkt oder Zirkus oder die Tradition der Café-concert-Veranstaltungen, in der Lumières erste Filmvorführungen stattfanden. Dieses erste Filmprogramm hat die Vielfalt der Nummern, die üblicherweise in solchen Veranstaltungen zu sehen waren, widergespiegelt: Die Einzelfilme dauerten jeweils nicht länger als eine Minute: ›»La sortie des usines Lumière à Lyon« – »Le déjeuner de Bébé« – »Bassin des Tuileries« – »L'arrivé d'un train en gare de La Ciotat« – »Le régiment« – »Maréchal-ferrant« – »La partie d'écarté« – »Mauvaises herbes« – »Le mur« – »La mer« – »L'arroseur arrosé«. Jeder

Film ist eine Nummer für sich, und auch die dokumentierenden Aufnahmen waren besondere Attraktionen nur als *bewegte* Bilder von Menschen, die aus einer Fabrik kommen, von einem Eisenbahnzug, der in einen Bahnhof einfährt, einer Wasserfontaine etc.; dazu gibt es kleine Genreszenen wie die Fütterung eines Babies (der Familie Lumière) oder von Kartenspielern und am Ende, wie im Vaudeville und Varieté üblich, eine komische Nummer, »Der begossene Rasensprenger«.

In den ersten Jahren war der Film also nichts anderes als eine filmische Wiederholung und Erweiterung des Programms, von dem er in den populär-kulturellen Unterhaltungsetablissements der Industrie-Nationen um die Jahrhundertwende einen Teil bildete: Die Laterna magica-Projektionen zeigten nun statt ihrer Glasscheiben bewegte Bilder ganz ähnlicher Sujets, kleine, meist komische Theaterszenen sah man an derselben Stelle *projiziert* statt *szenisch* aufgeführt, und die Kleinkunst-Nummern der Varietés konnte man so oft wiederholen, wie man wollte, ohne daß die Akteure ermüdeten.

Angesichts dieses unverbundenen Nebeneinanders von einzelnen sehr kurzen Filmen und Filmprogrammen neben anderen Varieté-Nummern, die nur durch die *Struktur* des Programmablaufs zusammengehalten wurden, fragt man sich, wie es überhaupt zur Entwicklung filmischen Erzählens unter diesen Bedingungen kommen konnte. Zwar kannten die Laterna magica-Vorführungen durchaus den begleitenden Erzähler, der die Bilder und den Übergang zwischen ihnen kommentierte – in einem Reisebericht oder einer biblischen oder literarischen Erzählung, die durch die Laterna magica-Scheiben illustriert wurden –, aber konnten die bewegten Bilder der Filme nicht für sich selber sprechen? Der Ansatzpunkt für das filmische Erzählen bzw. das Erzählen mit Filmen lag nicht mehr wie bei den Laterna magica-Vorführungen *zwischen* den Bildern im Übergang von einem Bild zum nächsten (›... inzwischen sind wir einige Straßen weitergegangen, hier sehen wir ...‹), sondern in der (zunächst einzigen) Einstellung des Films selbst: Im Anschluß an Maxim Gorkis Schilderung drängen sich vielleicht Fragen auf, woher die Radfahrer und Wagen kommen und wohin sie fahren, wenn sie hinter dem Rand der Leinwand verschwunden sind. Und sind diese kurzen Filme aus einer einzigen Einstellung nicht vielleicht selbst schon kleine Erzählungen, die nur ausgeweitet werden müßten, um den Ursprung filmischen Erzählens zu bezeichnen? Denn wenn es überhaupt eine Beziehung zwischen Film und Literatur geben kann, dann muß der Film in der Lage sein, zu erzählen; und solange die Literatur für den Film noch kaum eine Rolle spielt, ist die

Art und Weise, wie der Film selbst die Fähigkeit zu erzählen entwikkelt, wesentlich:

»Wenn man sich den allerersten Filmen zuwendet, könnte eine der ersten Fragen, die sich die Narratologie legitimerweise stellt, sein, ob es sich dabei um narrative Werke handelt oder nicht. Sind die Filme der Brüder Lumière Erzählungen? Jedenfalls muß diese wichtige Frage geklärt werden, wenn man in der Untersuchung der Beziehungen zwischen Film und Erzählen weiterkommen will« (Gaudrault, 1984, S. 62).

In dem ersten Film, den die Brüder Lumière (in drei Versionen) gedreht und später vorgeführt haben, »La sortie des usines Lumière« (Länge 1 Minute oder 17 Meter bei 16 Bildern/Sek), sieht man, wie die Fabriktore geöffnet werden, Arbeiter und Arbeiterinnen zu Fuß und auf Fahrrädern auf die Straße strömen und, nachdem der/die Letzte die Fabrik verlassen hat, eines der Tore geschlossen wird.

»Der Film hat einen Anfang und ein Ende, markiert durch Bewegungen des Tores, durch das die Arbeiter herauskommen. Außerdem, und das ist vielleicht noch wichtiger, ist die vom Film dargestellte Handlung ein vollständiger Ablauf. [...] Der Film beginnt mit dem Anfang eines sequentiellen Ablaufs und endet damit, daß dieser Ablauf zu seinem ihm eigenen Schluß kommt« (Deutelbaum, 1983, S. 301/2).

Handelt es sich dabei bereits um eine, wenn auch minimale, Erzählung oder lediglich um eine Ereignisaussage, wie sie auch der Titel des Films in einem Satz ausdrückt: »[Die Arbeiter] verlassen die Fabrik Lumière«? Folgt man den Bedingungen eines narrativen Minimalschemas, dann kann diese Einstellung, insofern sie nur diesen einen Satz ausdrückt, nur eine Ereignisaussage und noch keine Erzählung sein, zu der mindestens zwei Sätze gehören, damit es zu einer narrativen Ereignisfolge kommt: Von einem Zustand 1 über einen Übergang zu einem Zustand 2 (Vgl. Stempel, 1973, S. 331). Dagegen scheint die Beschreibung des Handlungsverlaufs in diesem Film dem Schema durchaus zu entsprechen: Tore werden geöffnet (Anfang, Zustand 1), Arbeiter verlassen die Fabrik (Übergang), ein Tor wird geschlossen (Zustand 2, die Ruhe eines neuen Gleichgewichts). Tatsächlich ist die Motivation des erzählten Geschehens als Ereignis nur sehr schwach, dessen Vorhersehbarkeit vermutlich die Filmaufnahme überhaupt erst ermöglicht hat. Denn »ein Ereignis wird als das gedacht, was geschehen ist, obwohl möglich war, daß es nicht geschah. Je geringer die Wahrscheinlichkeit ist, daß das betreffende Vorkommnis stattfinden kann [d. h. je mehr Information die Nachricht überträgt], desto höher wird es auf der Skala der Sujethaftigkeit [Folge erzählter Ereignisse] lokalisiert« (Jurij Lotman, Die Struktur des künstlerischen Textes, Frankfurt/M. 1973, S. 354). In der Perspektive des Fabrikbesitzers (Lumière), der auch den Film aus seinem Kontor heraus gedreht hat, wird gerade die Geschlossenheit der Minierzählung betont, was ihre Wiederholbarkeit einschließt (er vertraut darauf, daß die Arbeiter Tag für Tag zur gleichen Zeit die Fabrik verlassen werden). Im Titel des Films dagegen drückt sich eine andere (Erzähl-) Perspektive aus, die den Film zu der Frage öffnet wie: »Was machen die Arbeiter, wenn sie die Fabrik verlassen haben, an ihrem Feierabend?« und die nur durch eine Erzählung beantwortet werden kann, die dem ersten mindestens einen zweiten Satz (eine weitere Einstellung) hinzufügt.

Es ist also durchaus möglich, daß ein Film mit nur einer Einstellung die Gliederung des narrativen Minimalschemas realisiert; ein solcher Film kann als (Mini-)Erzählung gelten, weil grundsätzlich innerhalb einer einzigen Einstellung eine in sich geschlossene Handlung zu einer kurzen Erzählung abgebildet werden kann. Ganz offensichtlich ist das in einer der ersten fiktionalen Erzählungen, dem »Arroseur arrosé« von Lumière, der Fall: Ein Gärtner sprengt den Garten (Zustand 1); ein Junge setzt den Fuß auf den Schlauch und unterbricht die Wasserzufuhr; als der Gärtner in den Schlauch sieht, erstaunt, wo das Wasser bleibt, nimmt der Junge den Fuß vom Schlauch, und das Wasser spritzt dem Gärtner ins Gesicht (das ›Ereignis‹ als Übergang von einem Zustand in einen anderen); er erkennt den Übeltäter und verfolgt ihn, um ihn zu verhauen (Zustand 2, Strafe als Folge des Ereignisses).

»Es handelt sich hier, kein Zweifel, um eine kleinste vollständige Handlung. Man schreitet fort von einem anfänglichen Zustand des Gleichgewichts (der Gärtner ist friedlich bei der Arbeit) zu einem Zustand der Störung des Gleichgewichts (der Junge stört die Ruhe des Gärtners), bis am Ende ein Gleichgewichtszustand wieder hergestellt wird (der Gärtner rächt sich und kann vermutlich seine Arbeit fortsetzen)« (Gaudrault, 1984, S. 64).

Dieser Film ist also bereits eine in sich geschlossene, fiktionale (Mini-)Erzählung. Jede Einstellung enthält demnach grundsätzlich die *Möglichkeit* einer Erzählung und ist zugleich Teil der Sequenz einer möglichen Erzählung, die erst durch weitere Einstellungen gebildet werden muß.

Während der ersten zehn Jahre der Filmgeschichte bestand die überwiegende Mehrzahl aller Filme aus nur einer Einstellung; das traf vor allem auf die ›dokumentierenden‹ Aktualitäten zu, die Reise- und Städtebilder (die sogenannten vues und travelogues), die Paraden und Auftritte von Hoheiten und Politikern, Berichte über Natur- und andere Katastrophen, Kriegs- und Sportberichte (sogenannte topics). Noch 1903 machten diese Kurzfilme 96 % der gesamten Filmproduktion aus; und auch die Mehrzahl der fiktionalen Filme, die zwischen 1900 und 1906 realisiert wurden, bestand, in den USA vor allem durch die Politik der MPPC, aus kurzen Gags und wenig entwickelten dramatischen Situationen in nur einer einzigen Einstellung. Die »Motion Picture Patent Company« (MPPC) unter der Führung Edisons war der erste Versuch, über den angeblichen Besitz sämtlicher Patente an Filmapparaten das Monopol in der Filmindustrie durchzusetzen. Dieser »Film-Trust wollte außerdem den einaktigen Film beibehalten. Sie meinten, daß die Aufmerksamkeit des gewöhnlichen Nickelodeon-Besuchers nicht länger als 10 oder 12 Minuten anhalten konnte, ohne sich durch ein Lied, ein Zwischenspiel usw. vom Film zu erholen« (Csida/Bundy Csida, 1978, S. 151).

Da die Entfaltungsmöglichkeit filmischen Erzählens innerhalb nur einer Einstellung naturgemäß äußerst begrenzt ist, mußte der entscheidende Schritt zur Entwicklung einer filmischen Erzählweise im Übergang vom ein- zum mehrgliedrigen Film bestehen. Dieser Übergang ist nicht chronologisch konsequent erfolgt, es kam vielmehr zu einem Nebeneinander sich ausdifferenzierender Formen von Einstellungsverbindungen, deren Begründung weniger in immanenten Gesetzmäßigkeiten filmischer Montage als in den gleichzeitigen Formen narrativer Sequenzbildung im populärkulturellen Umfeld der Filmvorführungen zu suchen ist: In den Sehgewohnheiten und Erwartungen eines Publikums, das an szenisch-theatermäßige Darstellungsformen in den Vaudeville-Theatern und Variétés gewohnt war, auf die sowohl die frühen Produzenten von Filmen wie die Filmvorführer, die diese Filme zu Programmen zusammenstellten, Rücksicht nehmen mußten.

Die folgende *Typologie* narrativer Sequenzbildung geht grundsätzlich von der autonomen Einstellung aus, um sie auf unterschiedliche Weise mit anderen Einstellungen zu verbinden:

a. Simultaneität von Aktionen in derselben Einstellung.
Es handelt sich um das narrativ einfachste, wenn auch technisch oft sehr komplizierte Verfahren, unterschiedliche, aber aufeinander bezogene Handlungen so zu verbinden, daß sie in derselben Einstellung angeordnet sind. Dabei geht es um ein lange bekanntes Mittel in Theaterinszenierungen, die Bühne in verschiedene Handlungsräume mit parallelen Handlungen zu gliedern, ein Verfahren, das in der filmischen Wiedergabe von der Bühne direkt übernommen werden kann. Das filmische Äquivalent ist dann die Gliederung des Filmbildes in mehrere Handlungsräume (z. B. werden zwei an verschiedenen Orten miteinander telephonierende Personen in derselben Einstellung gezeigt, indem das Filmbild [cadre] geteilt wird). Auch dieses Verfahren hatte das melodramatische Theater des 19. Jahrhunderts schon vorgemacht, indem Geistererscheinungen, Visionen, Auftritte von Engeln oder Teufeln durch Rückprojektionen auf eine transparente Bühnenwand mit der Laterna magica dargestellt wurden, mit denen sogar unheimliche Bewegungseffekte erzielt werden konnten. Allerdings konnte man das Filmbild durch Abdecken der nicht-belichteten Teile in einer Weise aufteilen, wie das auf der Bühne kaum zu realisieren war, weshalb sich hier genuin filmische Darstellungsweisen durch die Montage im Bild (cadre) entwickelten (Vgl. Hagen, 1979).

b. Die additive Reihung autonomer, inhaltlich aufeinander bezogener Einstellungen.
Etwas verwirrend ist die Tatsache, daß es schon vor 1900 lange Filme mit über 20 Einstellungen gegeben hat: Die »Passion Christi«, die 1898 von Edison im New Yorker Eden Musée gezeigt wurde, hatte 23 Einstellungen, die in den USA nachgestellt werden mußten, nachdem die ursprünglich geplanten Dreharbeiten in Oberammergau nicht realisiert werden konnten. Allerdings war jede der Einstellungen gegenüber den anderen ›autonom‹, ein szenisches Tableau wie im Theater ohne direkte Verbindung zu den benachbarten Einstellungen. Daher konnte jede einzelne Einstellung auch separat im Katalog der Firma Edison zum Verkauf angeboten werden, und der Käufer konnte sich selbst eine mehr oder weniger vollständige Version der »Passion« zusammenstellen. Während in diesem Fall durch die vorgegebene biblische Erzählung der Spielraum eingeengt wurde, hatte der Filmvorführer grundsätzlich bei der Zusammenstellung der Filmprogramme eine relativ große Freiheit, Teile zu einem mehr oder weniger sinnvollen (narrativen) Ganzen in einem Programm zusammenzustellen (die Produzenten machten Vorschläge, was an welcher Stelle erscheinen sollte); er

war es auch, der mit der Laterna magica einzelne erklärende Schrifttafeln einblendete und sogar, wie im »Passion«-Film, den Phonographen mit einem Erzähltext bediente. Man kann sagen, daß der Filmvorführer der eigentliche erste Erzähler im frühen Film gewesen ist, eine Rolle, die später der Cutter in der Filmmontage nur noch selten ausfüllen durfte.

Neu ist an diesem Verfahren, Reihen von Einstellungen zu einem mehrteiligen Film zu addieren, nur gewesen, daß sich die ›Bilder‹ bewegten, denn jeder Laterna magica-Vortrag hatte sich bereits des prinzipiell gleichen Verfahrens bedient: Jede Scheibe illustrierte eine Szene der Erzählung, die entweder bekannt war oder vom Vorführer erzählt wird. In der Sammlung des deutschen Projektionskünstlers Paul Hoffmann (1829–1888) finden sich zum Beispiel 71 Scheiben zu Dantes »Göttlicher Komödie«, 76 zur »Odyssee«, 44 zu den Nibelungen und 47 zum Alten und Neuen Testament (Vgl. Historisches Museum Frankfurt (Hg.), Laterna Magica – Vergnügen, Belehrung, Unterhaltung. Der Projektionskünstler Paul Hoffmann (1829–1888), Frankfurt/M. 1981). Die Reihung von tableauartigen Einstellungen unter einem gemeinsamen Thema setzte diese Tradition unmittelbar fort. Reihenfilme wie die »Passion Christi« konnten gut an die jeweiligen Vorführbedingungen angepaßt und in kleineren oder größeren Portionen gekauft werden. Sie wurden außerdem in den ›Penny Arcades‹ eingesetzt, wo in jedem der Kinetoscope-Guckkästen eine Einstellung zu sehen war; für die Fortsetzung mußte man in den nächsten Kasten wieder einen Penny einwerfen, man konnte selbstverständlich die Reihenfolge selbst bestimmen und zum Beispiel bei den 15 Runden eines Boxkampfes im letzten Kasten schon mal nachsehen, wie der Kampf ausgegangen ist. Überhaupt eignete sich das Verfahren gut für die Darstellung aktueller sportlicher oder politischer Ereignisse (und unsere Film-Wochenschauen und Magazinsendungen des Fernsehens haben diese Struktur erfolgreich übernommen): So konnten zum Beispiel Aufnahmen des amerikanischen Präsidenten McKinley zusammengestellt und durch die sensationellen Bilder von seiner Beerdigung nach seiner Ermordung während des Besuchs einer panamerikanischen Ausstellung in Buffalo 1901 ergänzt werden. Die Hinrichtung des Attentäters Leon Czolgosz auf dem elektrischen Stuhl wurde nachgestellt; eine den Film einleitende lange Parallelfahrt entlang der Gefängnismauern, hinter denen die Hinrichtung stattfand, konnte auf ausdrückliche Empfehlung der Edison Company bei der Vorführung weggelassen werden (Vgl. Musser, 1979, bes. S. 15-21).

Der entscheidende Punkt bei diesen Versuchen, filmische Erzählweisen zu entwickeln, war die Verständlichkeit der dargestellten Handlung für das Publikum. Der Ablauf aktueller Ereignisse wie die Beerdigung Präsident McKinleys oder Kriegsereignisse im spanisch-amerikanischen Krieg, zu dem es erstmals auch Filmberichte gab, waren durch die Presse bereits bekannt, bevor die Bilder auf der Leinwand zu sehen waren; der Film hat die bekannten Ereignisse lediglich ›authentisch‹ illustriert. Aus der Presse wurden auch karikierende Darstellungen politischer Ereignisse, von Politikern oder von Alltagsszenen übernommen; in den USA wurde vor allem ›Teddy‹ Roosevelt gerne in komischen Szenen dargestellt (Musser, 1979), und auch in Deutschland hat Oskar Messter den Stoff für komische Filme aus Witzblättern entnommen (Panofsky, 1940, S. 52). Das Publikum kannte die Vorlagen und war zufrieden, sie in der filmischen Darstellung wiederzuerkennen. Einer der populärsten Romanstoffe um die Jahrhundertwende, Harriet Beecher-Stowe's »Uncle Tom's Cabin«, war fester Bestandteil der populären Theater und Vaudeville-Bühnen (»Das Theaterstück war über eine Viertelmillionmal einem Publikum gezeigt worden, das größer als die Bevölkerung der USA [vor der Jahrhundertwende] war« [Slout, 1973, S. 140]) und hatte immer wieder zu Rassenkonflikten Anlaß gegeben (Vgl. Csida/Bundy Csida, 1978, S. 114-116). Die ›Verfilmung‹ des Romans in 14 Tableaus mit einer Länge von insgesamt 10 Minuten (»eine Serie von insgesamt 14 lebenden Bildern, Tableaux vivants, die mit einem Prolog die noch nicht dagewesene Länge von 1100 Fuß erreichten« [Slout, 1973, S. 143]) mußte jedem unverständlich bleiben, der den Roman nicht bereits kannte; so illustrierten die im Film dargestellten berühmten Szenen – ohne narrative Verbindung untereinander – das kulturelle Wissen, das in den Zuschauern vorausgesetzt werden mußte. Es bestand natürlich auch die Möglichkeit, wie schon bei den Laterna magica-Vorführungen, den Film durch einen Erklärer bzw. Erzähler begleiten zu lassen; Schrifteinblendungen waren mit Hilfe einer Laterna magica möglich und Sache des Vorführers, und sogar Tonaufzeichnungen mit Edisons Phonographen konnten wie zur »Passion Christi« eingesetzt werden.

So war die Grundvoraussetzung für die Verständlichkeit dieser Filme, ob sie aus nur einer Einstellung bestanden oder zu thematischen Reihen zusammengestellt waren, die Gemeinsamkeit der populären Kultur, die sowohl die Filme mit ihrer Umgebung, in der sie gezeigt wurden, teilten, als auch mit dem Publikum, das die Filme in diesem Umfeld populärer Unterhaltung rezipierte. Die Fähigkeit zu erzählen blieb in diesen frühen Filmen äußerlich, nicht sie erzählten, sondern sie wurden durch eine Erzählung in ihrem Zusammenhang organisiert, die entweder dem Publikum bekannt war oder zusätzlich mitgeteilt werden mußte. Das gilt auch für den (noch seltenen) Fall, daß literarische Stoffe ›verfilmt‹ wurden. Stoffe der ›gehobenen‹ Literatur kamen noch kaum in Betracht, weil ihre Kenntnis im Publikum der Vaudeville-Theater, Music-Halls und Varietés nicht vorausgesetzt werden konnte.

»Die Brücke zum Film bildeten die Schmierentheater ebenso wie die Hintertreppenliteratur. [...] Die Freude am Grauenvollen, in den Filmen der Anfangsjahre genährt durch Ritterdramen, Geistererscheinungen, Kriminalszenen usw. war auch Voraussetzung für die Schundliteratur. Auch ihre ungeheure Entwicklung in den Jahren zwischen 1885 und 1913 ist nur aus einem allgemeinen Bedürfnis heraus zu erklären, das zwar stets in gewissem Maße vorhanden, mit dem Anwachsen der Massen aber sprunghaft gestiegen war« (Panofsky, 1940, S. 18 f.)

Ersetzt man das kulturkritische Verdikt ›Schundliteratur‹ durch ›populäre Literatur‹, die auch die Feuilletonromane von Eugène Sue oder Alexandre Dumas, die heute zur Weltliteratur gehören, einschließt, dann trifft die Vorstellung von einer ›Brücke‹ zwischen dieser Literatur und dem frühen Film genau das Richtige. Die ungeheure Popularität dieser Erzählungen machte es möglich, daß sich Bilder der verschiedensten Medien, darunter des Films, im Imaginären dieser Romane einnisten konnten, bis die Filme in der Lage waren, selbständig eigene Geschichten zu erzählen.

Es könnte eingewendet werden, daß es doch mit den Féerien, Zaubereien und Märchen eines Georges Méliès von Anfang an eine Tradition des fiktionalen, narrativen Films gegeben hätte, als Ursprung aller künftigen Filmerzählungen. Und doch sind auch diese Filme ›additive Reihen autonomer, aufeinander bezogener Einstellungen‹ mit dem Unterschied etwa zu Porters ›Lang‹filmen, daß die Einstellungen in den Filmen von Méliès bereits von sich aus eine narrative Folge intendierten; d. h. daß die *Intention* von dargestellten Bewegungen in mehrteiligen Filmen bereits auf eine narrative Verbindung zwischen den Einstellungen aus war, daß es jedoch auch in den Filmen von Méliès zwischen den einzelnen Einstellungen keine unmittelbare Verbindung gegeben hat. Daher hat Georges Sadoul gerade das Theatermäßige und das Fehlen des filmischen Übergangs zwischen den Einstellungen in der Montage von Méliès betont:

»Die Verbindung einer Szene mit einer anderen ist keine Ausdrucksweise, die nur dem Film eigentümlich, sondern auch auf der Theaterbühne als Transformations-Szene üblich ist, womit der Szenenwechsel ohne Senken des Vorhangs bezeichnet wird. Dieses einfache Montage-Verfahren hat Méliès angewandt. Niemals hat er den Übergang von einer Szene zur nächsten anders als in der Art der Transformarions-Szene vollzogen. [...] Die Szenen folgen aufeinander wie die Tableaus im Theater, die Scheiben der Laterna magica oder die Fotos im Stereoskop. In keiner Szene hat Méliès den Aufnahmewinkel verändert. Seiner Meinung nach waren Theater und Film zwei Aspekte derselben Sache. Jede seiner Szenen wurde von der Kamera so gesehen wie von einem Zuschauer aus der Mitte des Theatre Robert Houdin« (Sadoul, 1946, S. 249 f.).

Tatsächlich hat Méliès seine Filme zunächst auch für die Vorführung in seinem Zaubertheater Robert Houdin gedreht, wo die Féerien oder Stoptricks die begrenzten (Zauber-)Möglichkeiten der Theaterbühne erweiterten. Und wie auf der Bühne folgte Méliès auch der Theatertradition, daß alle Darsteller eine Szene erst verlassen haben müssen, bevor der Szenenwechsel vollzogen werden kann, wodurch die Selbständigkeit jeder Szene (oder Einstellung) betont wurde. Andererseits ist es aber auf der Bühne auch möglich, einen narrativen Zusammenhang zwischen den einzelnen Aufzügen dadurch zu betonen, daß die Bewegungsrichtung von Abtritten in der einen Szene durch entsprechende Auftritte in der folgenden Szene beibehalten wird. Dadurch entstehen Anschlüsse, die auf die Kontinuität von Bewegungen zwischen den Einstellungen in einem Film verweisen – ohne daß Méliès diese Möglichkeit filmischer Montage in seinen Filmen bereits verwirklicht hätte, denn diese Filme waren für das Theater gemacht und (noch) nicht für das Kino! Sogar die *jump cuts* der Stoptricks, die Méliès für seine Zauberkunststücke im Film entdeckt hat, hat er als eminent filmische Verfahren doch im Sinne seines Theaters, und das heißt im chronologischen und topographischen Sinne, vorfilmisch verwendet.

c. Prinzipien der raum-zeitlichen narrativen Verbindung zweier Einstellungen.
Grundsätzlich kann ein Text aus nur einem einzigen Satz bestehen, der filmische Text ebenso wie der literarische; und die Binnenstruktur dieses Satzes (bzw. der einen Einstellung) kann die Bedingungen für eine (Mini-)Erzählung erfüllen. Komplexere Erzählungen setzen jedoch auch kompliziertere syntaktische Strukturen voraus, d. h. daß die Verbindung zwischen den Sätzen (oder Einstellungen) zum entscheidenden Problem der Herausbildung größerer narrativer Strukturen in jedem (literarischen und filmischen) Text wird.
Solange der Film in seinem ursprünglichen populär-kulturellen Kontext ›aufgehoben‹ war, folgte er der szenischen Darstellungsweise von Erzählungen, die das Publikum der Vaudeville-Theater,

Music-Halls und Varietés gewohnt war. Welche Möglichkeiten es dabei gab, kann man sich an einem Beispiel deutlich machen:

Nehmen wir an, ein Regisseur hätte irgendwann zwischen 1900 und 1906 folgende Aufgabe zu lösen: In einem Wohnzimmer streitet ein Ehepaar miteinander, die Frau ist eifersüchtig auf die Amouren ihres Mannes und macht ihm eine ›Szene‹, die entsprechend, also wie auf einer Bühne, dargestellt wird. Jetzt reicht's dem Ehemann, er dreht sich um und verläßt den Raum durch eine Tür auf der rechten Seite der Dekoration (also auf der rechten Bildseite). Wie geht die Geschichte weiter?

1. Es bleibt bei *einer Einstellung:* Die Ehefrau sinkt nach dem Abgang ihres Mannes halb ohnmächtig auf einen Stuhl, eine andere Tür im Hintergrund öffnet sich, ihre Kinder kommen herein und laufen weinend auf sie zu, ihnen folgt der Freund des Hauses, der neben ihr stehend sagt (eingeblendete Schrifttafel, die im Film natürlich nicht überliefert ist, weil sie separat mit der Laterna magica projiziert wurde): »Unwürdiger, er ist es nicht wert, diese Frau zu besitzen.« Ausblende, weitere Einstellungen können folgen.

2. Die Ehefrau sinkt wie vorher auf einen Stuhl. Eingeblendet wird nun als Traumbild die Ursache ihres Unglücks, sie erinnert sich an ein zurückliegendes Ereignis: Auf der rückwärtigen Zimmerwand erscheint eine *Rückprojektion,* die ihren Mann beim Flirt mit einem Zimmermädchen zeigt.

3. Im Salon (wohin die Tür auf der rechten Seite der vorangegangenen Einstellung führt). In dieser neuen Einstellung, die *direkt* an die vorangegangene *anschließt,* betritt der Ehemann gerade durch die Tür den Salon und wirft die Tür wütend hinter sich zu. Hier entdeckt er das niedliche Zimmermädchen und macht ihr sofort Avancen.

4. Im Salon. Das Zimmermädchen spitzt die Ohren und wedelt mit dem Staubwedel, *während* sie dem Ehestreit zuhört, der in der vorangegangenen Einstellung zu sehen war; die Tür zum Nebenraum fliegt auf, der Ehemann kommt herein, wirft die Tür hinter sich zu und widmet sich sofort dem Zimmermädchen.

5. Im Salon. Nach dem vorangegangenen Ehekrach flirtet der Ehemann nun mit dem Zimmermädchen.

(Die Varianten 2 bis 5 können ebenfalls durch weitere Einstellungen ergänzt werden.)

In allen Fällen geht es um die *raum-zeitliche Kontinuität* des filmischen Erzählens. In der *ersten Variante* bleibt die Handlung in derselben Szene und Einstellung; da Ort, Zeit und Handlung identisch sind, ist die Kontinuität problemlos und die gleiche wie auf einer Theaterbühne.

Die *zweite Variante* stellt eine Art Übergang von der szenischen, theatermäßigen zur filmischen Lösung des Anschlusses zwischen den Einstellungen dar. Erinnerungen oder Träume wurden schon auf den melodramatischen Bühnen des 19. Jahrhunderts durch Laterna magica-Projektionen verwirklicht, wodurch eine zweite Szene in die erste eingefügt wurde, so auch hier: Die erinnerte oder geträumte Szene wird in die fortdauernde Einstellung eingeblendet. Erinnerte, und das heißt zeitlich vorangegangene Ereignisse können auch in einer neuen Einstellung, die auf die erste folgt, dargestellt werden, dann bedarf es jedoch in der Regel deutlicher Markierungen (zum Beispiel Fettblenden oder Unschärfen), die gerade die Nicht-Kontinuität zwischen beiden Einstellungen betonen. Dieses Verfahren, vorangegangene Ereignisse in der Erinnerung nachzuholen, wird *flashback* genannt.

Die *3. bis 5. Variante* stellen drei Möglichkeiten filmischer Erzählweisen dar, die jeweils mit dem Problem, an eine Bewegung aus der vorangegangenen Einstellung anschließen zu sollen, fertig werden müssen. Da die narrative Fokussierung von der Ehefrau auf den Ehemann übergeht, findet hier auch ein deutlicher Wechsel in der Erzählperspektive statt.

In der *3. Variante* wird die noch heute übliche und inzwischen perfektionierte Möglichkeit des direkten Anschlusses angewendet; unmerklich, weil sie scheinbar die Bewegung kontinuierlich fortsetzt, schließt die zweite an die erste Einstellung an: Die Tür wird geöffnet, der Ehemann ist dabei, im Türrahmen zu verschwinden / cut / der Ehemann betritt durch die geöffnete Tür den Salon und wirft die Tür hinter sich zu. Die Zeit als kontinuierliche Bewegung und auch die Räume schließen kontinuierlich an, alles paßt genau, daher heißt dieser Anschluß *match cut*.

Anders in der *4. Variante*. Hier hatte der Ehemann in der ersten Einstellung bereits die Tür geöffnet und war im Nebenzimmer verschwunden. Jetzt holt die folgende Einstellung zum Teil nach, was im Nebenraum während des Streits des Ehepaares vor sich ging, bis die Tür aufgeht und der Ehemann im Salon erscheint. Diese partielle Gleichzeitigkeit der Handlungen stellt eine sehr enge Verbindung zwischen beiden Einstellungen her, indem sich die Handlungen teilweise überlappen. Diese Verbindung wird *temporal overlap* genannt.

Die 5. *Variante* ist das genaue Gegenteil zur 4. Der problematische Übergang zwischen den beiden Einstellungen wurde einfach ›ausgelassen‹, es entsteht dadurch eine Lücke, die die zeitliche Kontinuität deutlich unterbricht und mehr oder weniger deutlich auch einen räumlichen Sprung bewirkt; ein *jump cut* ist zum Beispiel eine solche Nicht-Kontinuität, bei der die räumliche Kameraperspektive beibehalten und ein zeitlicher Sprung gemacht wird. Solche Auslassungen als deutliche Nicht-Kontinuitäten heißen *Ellipsen.*

Die beiden zuletzt genannten Möglichkeiten *temporal overlap* und *Ellipse* schließen an die Theatererfahrung der Filmemacher und Zuschauer an: Entweder hatte man im Theater das Gefühl, daß die Unterbrechung zwischen zwei Aufzügen zu groß ist, um eine Handlung in der folgenden Szene einfach fortsetzen zu können, und hat deshalb einen Teil der vorangegangenen Szene in der neuen wiederholt. Oder man hat die Unterbrechung zum narrativen Prinzip gemacht, nach dem Muster: ›Nach einiger Zeit, an einem anderen Ort ...‹. Auch die *flashback*-Konstellation gehört hierher, denn auch dabei handelt es sich um eine *Ellipse,* wobei die entstehende Lücke in zeitlicher Umkehrung durch vorangegangene Ereignisse ausgefüllt wird. Der Bruch in der zeitlichen (und womöglich auch räumlichen) Kontinuität ist hier besonders stark und spürbar, weshalb dieses Verfahren, das eigentlich besonders filmisch, weil mit filmischen Mitteln der Montage zu verwirklichen ist, immer als künstlich und aufgesetzt empfunden wurde, denn die Entwicklung des filmischen Erzählens näherte sich der bruchlosen, unmerklichen Montage zeitlicher und räumlicher Kontinuität, dem *match cut.*

Zunächst jedoch herrscht die nicht-kontinuierliche Form des Anschlusses zwischen zwei (oder mehr) Einstellungen vor, die den Film in den populär-kulturellen Kontext der Nummernfolge in den Vaudeville-Theatern und Varietés integriert. Das Publikum verstand diese Form des (szenischen) Erzählens, mit der sich auch der Film verständlich machen mußte, als er anfing, komplexere Geschichten, die sich nicht mehr in einem Satz (einer Einstellung) darstellen ließen, zu erzählen.

Zum Beispiel: Edwin S. Porter: »The Life of an American Fireman.« USA 1903
Der gelernte Elektriker und Telegraphist Edwin S. Porter begann 1896, nur zwei Monate nach der ersten Vorführung von Filmpro-

jektionen mit dem Vitascope in Koster & Bial's Theatre in New York, als Filmvorführer und reiste zunächst mit den Filmvorführungen umher: Seine Kenntnisse als Elektriker waren besonders willkommen, weil im Unterschied zum Kinematographen Lumières der Vitascope von Anfang an elektrisch betrieben wurde. 1898 ließ sich Porter dann in New York als Vorführer im Eden Musée und bald auch als Filmemacher der Edison Company nieder (Vgl. Musser, 1979 bes. S. 4-12 und Musser, 1981). In Porters Entwicklung vom Filmvorführer, der einzelne unzusammenhängende Einstellungen zu einem Programm zusammenzustellen hatte, zum Kameramann, der anfängt, bereits mit der Kamera einen sinnvollen (narrativen) Zusammenhang zwischen einzelnen Filmstreifen zu organisieren und in dieser Phase der Filmproduktion den Ablauf der Einstellungsfolge festzulegen, liegt ein bedeutender Fortschritt in der narrativen Struktur der frühen Filme.

Porter hat zunächst für Edison das ›dokumentarische‹ Filmmaterial über den spanisch-amerikanischen Krieg für die Projektion bearbeitet und ist im Oktober 1900 dann ganz in das erste Studio Edisons in New York übergewechselt. Nach einer Vielzahl aktueller Filme (sogenannter topics), darunter die über Präsident McKinley's Ermordung und die Hinrichtung des Attentäters Czolgosz, und nach einer Reihe kleinerer fiktionaler Filme, sind 1903 jene beiden Filme entstanden, die Porters Namen als Filmemacher berühmt gemacht haben, und zwar in einer Zeit, in der die Namen der Regisseure oder Darsteller noch kaum eine Rolle spielten: Anfang 1903 entstand »The Life of an American Fireman«, Ende desselben Jahres dann »The Great Train Robbery«, der wohl berühmteste Film aus den ersten zehn Jahren der (amerikanischen) Filmgeschichte.

Die Rettungstaten der Feuerwehrleute gehörten schon als Laterna magica-Bilderserien zu den beliebtesten Themen der populären Unterhaltung. Porters Film waren bereits eine Reihe anderer vorangegangen: »Für die Edison Company hatte das Thema der Errettung aus dem Feuer schon im November 1896 seinen kommerziellen Wert bewiesen, als drei Filme gedreht wurden: ›A Morning Alarm‹, ›Starting for the Fire‹ und ›Fighting a Fire‹. In Edisons Katalog waren im September 1902 10 Filme unter diesem Thema aufgeführt, andere fanden sich im Katalog verstreut« (Musser, 1979, S.26).

Porters »The Life of an American Fireman« besteht aus 9 Einstellungen:

1. Im Schlaf sieht ein Feuerwehrmann eine Mutter, die ihr Kind zu Bett bringt. Diese ›Szene in der Szene‹ wird durch eine Rückprojektion einge-

fügt. – Der Feuerwehrmann wacht auf und geht nach rechts ab. (Überblendung)
(Erinnert sich der Feuerwehrmann / flashback / an seine Familie zu Hause, oder ahnt er das Unheil / flash forward /, das auf eine Mutter mit ihrem Kind zukommen wird? Es kann sich auch um eine Allegorie handeln, im Sinne von: ›Die Feuerwehr sorgt sich ständig um die Sicherheit von Mutter und Kind‹.)

2. In einer Großeinstellung sieht man, wie eine Hand einen Feuermelder öffnet, einen Hebel umlegt und den Melder wieder schließt. (Überblendung)
(Es gibt keine Verbindung raum-zeitlicher Kontinuität zur ersten Einstellung. Da sie kein erkennbares Subjekt hat, bleibt diese Einstellung emblematisch und heißt nur ›Alarm!‹. Wer oder was den Alarm ausgelöst hat, ist nicht erkennbar.)
3. Schlafraum der Feuerwehrleute, die zunächst auf ihren Betten liegen, dann aufspringen und an der Stange nach unten rutschen. (Überblendung)
(Die Verbindung zwischen dem Auslösen des Alarms und der Reaktion der Feuerwehrleute ist deutlich nicht-kontinuierlich durch ein *temporal overlap* realisiert. Das gilt auch für den Anschluß an die folgende Einstellung.)
4. In der Feuerwache. Pferde werden vor die Feuerspritzen rangiert, erst jetzt kommen die Feuerwehrleute die Stange heruntergerutscht. Sie steigen auf die Wagen und fahren los. (Überblendung)
5. Die Abfahrt wird wiederholt und von einem anderen Blickwinkel gezeigt: Erst jetzt öffnen sich die Tore der Feuerwache, und die Wagen biegen auf die Straße ein. (Überblendung)

6. Acht Feuerspritzen fahren auf einer Vorstadtstraße an der Kamera von rechts nach links vorbei. (Überblendung)
7. An anderer Stelle fahren noch einmal vier Feuerwehrwagen an der Kamera von rechts nach links vorbei. Dem letzten Wagen folgt die Kamera mit einem Schwenk nach links, wo das brennende Haus sichtbar wird, Feuerwehrleute sind bereits bei der Arbeit. (Überblendung)
8. Ein Raum voller Rauch. Eine Frau erwacht in ihrem Bett, sie stürzt ans Fenster, läuft zur Tür, überall ist Rauch, sie fällt ohnmächtig auf ihr Bett. Ein Feuerwehrmann dringt durch die Tür in den Raum ein, er schlägt das Fenster aus dem Rahmen, hebt die Frau auf und klettert mit ihr aus dem Fenster; dann kehrt er zurück, holt ein Kind aus dem Bett und klettert mit dem Kind auf dem Arm ebenfalls aus dem Fenster. Anschließend kommen zwei Feuerwehrleute durch das Fenster ins Zimmer und beginnen mit dem Löschen. (Überblendung)

9. Vor dem Haus. An einem der Fenster erscheint eine Frau im Nachthemd und winkt verzweifelt. Ein Feuerwehrmann läuft zum Hauseingang und in das Haus. Andere Feuerwehrleute stellen eine Leiter unter das Fenster. Der Feuerwehrmann trägt die Frau aus dem Fenster und die Leiter nach unten. Dort fleht ihn die Mutter an, ihr Kind aus dem Zimmer zu retten. Der Feuerwehrmann klettert die Leiter wieder hoch und trägt anschließend auch das Kind nach unten, wo die Mutter es in ihre Arme schließt. Zwei andere Feuerwehrleute dringen mit dem Schlauch durch die Haustür in das brennende Haus ein.

Bemerkenswert ist vor allem das Verhältnis der beiden letzten Einstellungen 8 und 9 zueinander. Kein Zweifel, dieselbe Handlung wird zweimal gezeigt, einmal von innen aus der Sicht der gefährdeten Mutter und einmal von außen aus der Sicht der Feuerwehrleute. Es sieht so aus, als sollten beide Aspekte der Rettungsarbeit der Feuerwehrleute dargestellt werden. Das war jedoch nur nacheinander möglich, weil das auch die Praxis des Theaters ist, wo das, was gleichzeitig geschieht, ebenfalls nur nacheinander gezeigt werden kann. Also wird die Kontinuität einer gleichzeitig ablaufenden Handlung in zwei nicht-kontinuierliche Blöcke oder Szenen aufgeteilt, die aber durchaus Gleichzeitigkeit meinen! Denn während der Film die Rettungshandlung nicht-kontinuierlich erst innen und dann außen zeigt, erzählt der Edison-Katalog von 1903 die entscheidende Handlungsfolge wie folgt:

(Die Feuerwehren sind angekommen, und die Feuerwehrmänner haben mit ihrer Arbeit begonnen.) »In diesem entscheidenden Augenblick kommt der große Höhepunkt des Films. Wir blenden über ins Innere des Hauses und zeigen ein Schlafzimmer mit einer Frau und einem Kind, die von Flammen eingeschlossen sind und vor Qualm zu ersticken drohen. Die Frau läuft im Zimmer hin und her auf der Suche nach einem Fluchtweg, und in ihrer Verzweiflung lehnt sie sich aus dem Fenster und ruft die Leute vor dem Haus um Hilfe. Schließlich wird sie von dem Rauch ohnmächtig und fällt aufs Bett. In diesem Augenblick wird die Tür von einer Axt in den Händen eines machtvollen Feuer-Helden eingeschlagen. Er eilt in den Raum, reißt die brennenden Vorhänge herunter, bricht das ganze Fenster aus dem Rahmen und dirigiert seine Kameraden mit einer Leiter zu dem Fenster. Sofort erscheint die Leiter, er hebt die hingestreckte Frau auf, wirft sie sich über die Schulter, als wäre sie ein kleines Kind und steigt schnell die Leiter herunter. Wir blenden nun über zur Außenansicht des brennenden Hauses. Die entsetzte Mutter ist wieder zu Bewußtsein gekommen, und nur mit einem Nachthemd bekleidet kniet sie vor dem Feuerwehrmann und fleht ihn an, ins Haus zurückzukehren und das Kind zu retten, etc.« (Edison-Katalog von 1903, zit. nach Jacobs, 1968, S. 40 f.).

Die bloße Erzählung der Handlung kann sich einer (normalen, quasi literarischen) Kontinuität bedienen, die der auf diese Weise beschriebene Film nicht hat. Die *Darstellung* der Ereignisse muß sich der Bühnenkonventionen bedienen, um bei einem Publikum verständlich zu sein, das an die Darstellung einer Handlung auf der Bühne gewöhnt ist, wo es eben nicht möglich war, rasch zwischen den Ereignissen vor dem Haus und im Zimmer hin- und herzuspringen.

Dennoch galt Porter lange Zeit als der erste, der sich mit seinem Film »The Life of an American Fireman« der Parallelmontage, und das heißt einer modernen, von D. W. Griffith unendlich variierten filmischen Erzählform bedient habe. Der Irrtum beruht darauf, daß zunächst überhaupt nur 16 Photogramme des Films bekannt waren, während der Film selbst als verschollen galt. Diese Photogramme waren ›richtig‹, d. h. im Sinne der narrativen Logik angeordnet, als Illustrationen gleichsam der Beschreibung des Katalogs (Deslandes/Richard). Und bevor die Originalversion von 1903 wiedergefunden wurde, war eine andere Version bekannt, die sich tatsächlich des *cross-cutting* oder der alternierenden Montage bediente. (Zum Streit um die Montage von Porters »The Life of an American Fireman« s. Musser, 1979, bes. 29-35; Deslandes/Richard, 1968, S. 369-375; Amengual, 1975; Jacobs, 1968, S. 35-43; Gaudrault, 1979, bes. S. 47-53.)

Die ersten 7 Einstellungen sind identisch, dann:
8. Die Frau erwacht in ihrem Zimmer und läuft zum Fenster.
9. Vor dem Haus, die Frau erscheint am Fenster und winkt.
10. Im Zimmer, die Frau fällt ohnmächtig auf ihr Bett.
11. Vor dem Haus, ein Feuerwehrmann läuft durch den Hauseingang in das Haus.
12. Im Zimmer, der Feuerwehrmann dringt durch die Tür ins Zimmer ein und schlägt das Fenster aus dem Rahmen.
13. Vor dem Haus, Feuerwehrleute lehnen eine Leiter unter dem Fenster an das Haus.
14. Im Zimmer, der Feuerwehrmann hebt die Frau auf und trägt sie durch das Fenster nach außen.
15. Vor dem Haus, der Feuerwehrmann trägt die Frau die Leiter herunter.
16. Im Zimmer, der Feuerwehrmann klettert noch einmal durch das Fenster in das Zimmer und hebt das Kind auf.
17. Vor dem Haus ist die Mutter verzweifelt um ihr Kind besorgt.
18. Im Zimmer klettert der Feuerwehrmann mit dem Kind aus dem Fenster.
19. Vor dem Haus klettert der Feuerwehrmann mit dem Kind die Leiter herunter, die Mutter nimmt ihr Kind glücklich in die Arme.
20. Im Zimmer steigen zwei Feuerwehrleute durch das Fenster herein und fangen an, die Flammen zu löschen.

Es hat sich herausgestellt, daß diese Version, die uns heute als die ›richtigere‹ erscheint, eine Modernisierung der Originalversion nach 1910 war, als sich bereits die Parallel- (oder besser: alternierende) Montage durchgesetzt hatte. Derartige Bearbeitungen waren ganz normal, Porter selbst wußte aus seiner Tätigkeit als Filmvorführer, daß die Filme so, wie sie dem Publikum gezeigt wurden, erst unmittelbar vor der Projektion zusammengestellt wurden – das heißt aber auch, daß der Vorführer (oder Porter mit der entsprechenden Erfahrung) genau wußte, was er seinem Publikum ›zumuten‹ konnte.

Daß das *cross-cutting* in der alternierenden oder Parallelmontage auch vor Porters »The Life of an American Fireman« bekannt war, zeigt ein Film, den der Engländer James Williamson bereits 1901 gedreht hatte und den Porter sicherlich kannte, zumal auch hier wieder das beliebte Thema der Rettungsarbeit der Feuerwehr dargestellt wurde. Der Film »Fire!« besteht aus 5 Einstellungen:

1. Ein Polizist sieht auf seinem Rundgang Feuer, er erkennt, daß er alleine nichts ausrichten kann und läuft los, um die Feuerwehr zu alarmieren.
2. Der Polizist kommt bei der Feuerwache an, alarmiert die Feuerwehrleute, die in kürzester Zeit ausrücken.
3. Die Feuerwehr kommt in vollem Galopp an der Kamera vorbei.
4. Ein Schlafzimmer ist voller Rauch. Einem Mann ist der Fluchtweg nach allen Seiten abgeschnitten. Von außen, durch das Fenster, dringt ein Feuerwehrmann ein, erstickt das Feuer und trägt den auf dem Bett zusammengebrochenen Mann zum Fenster.
5. Vor dem Haus. Der Feuerwehrmann trägt den geretteten Mann die Leiter nach unten. Aus anderen Fenstern wird Bettzeug und Kleidung nach unten geworfen. Ein anderer Feuerwehrmann erscheint mit einem Baby auf dem Arm. Ein Bewohner wird gerettet, indem ein Sprungtuch installiert wird, in das er springt, und anschließend wird der so Gerettete weggetragen (Sopocy, 1978, S. 11).

Sicherlich hat sich Porter vom Thema dieses Films und einzelnen Szenen inspirieren lassen, die narrative Struktur hat er nicht übernommen. Eine mögliche Erklärung für die ungleichzeitige Entwicklung europäischer und amerikanischer narrativer Strukturen des Films bis 1908, dem Jahr, in dem D. W. Griffith entscheidende Änderungen einführt, könnte darin liegen, daß der Film in den USA länger als in Europa fester Bestandteil des (Vaudeville-)Theaters gewesen ist und daher auch länger dessen Darstellungsweisen beibehalten hat, während in Europa der Film schon viel früher auf den Jahrmärkten relativ selbständig vorgeführt wurde und in den ersten Ladenkinos um die Jahrhundertwende bereits erste Schritte zur Institutionalisierung als Kino unternahm. Auch in den USA galt der europäische Film als der fortgeschrittenere, ästhetisch und technisch vollkommnere, was sich jedoch sehr schnell ändern sollte. Während des Ersten Weltkriegs übernahm die amerikanische Filmindustrie, die gerade das sonnige Hollywood für sich entdeckt hatte, endgültig die Führung.

Für eine Geschichte der Beziehungen zwischen Literatur und Film ist es nicht unwesentlich festzustellen, daß der Film das Erzählen keineswegs unter der ›Anleitung‹ der Literatur oder der traditionellen Künste ›gelernt‹ hat, eine Tatsache, von der André Bazin eingeräumt hat, daß sie

»uns beim Film irritiert, [...] daß im Gegensatz zum allgemeinen Ablauf eines künstlerischen Entwicklungsprozesses die Adaption, die Anleihe, die

Imitation nicht in seinen frühen Anfängen stattfinden. Im Gegenteil, die Autonomie der Ausdrucksmittel, die Originalität der Themen sind niemals größer gewesen als in den ersten 25 oder 30 Jahren des Kinos. Man würde erwarten, daß eine neu entstehende Kunst ihre Vorläufer zu imitieren versucht, um nach und nach die ihr eigenen Gesetze und Themen herauszuarbeiten. [...] Die Feststellung, daß das Kino ›nach‹ dem Roman oder dem Theater entstanden ist, heißt nicht, daß es in ihrer Nachfolge und auf der gleichen Grundlage steht« (Bazin, 1975).

Da die Geschichte des modernen (realistischen) Kinofilms sich seit der Institutionalisierung und Literarisierung des Films unter dem Einfluß des literarischen Paradigmas zu einer Kunst, nämlich der, im Zeitalter der technischen Reproduzierbarkeit Geschichten zu erzählen, weiterentwickelt hat, steckt in den nicht-literarischen Anfängen auch die permanente Herausforderung einer anderen, ›genuin kinematographischen‹ Ästhetik des Films; diese wurde von der anti-institutionellen, künstlerischen Avantgarde ebenso aufgenommen, wie sie sich gegenwärtig am Ende des Kino-Films als neue Möglichkeit einer analogen (Video-)Ästhetik oder digitalen Bildproduktion des Films auftut.

2. Die Institutionalisierung und Literarisierung des Films

> »Nicht, weil das Kino eine Sprache ist, kann es uns so schöne Geschichten erzählen, sondern weil es sie uns erzählt hat, ist es zu einer Sprache geworden.« (Christian Metz)

Der allmähliche Wechsel vom nicht-kontinuierlichen zum kontinuierlichen filmischen Erzählen mit seinen unmerklichen *match-cut*-Anschlüssen und einer immer komplexer werdenden Syntax (z. B. alternierenden und Parallelmontagen) vollzog sich zwischen 1906 und 1908.

Diese drei Momente haben wesentlich zu den Veränderungen der Filme beigetragen: a. Die *Fiktionalisierung* der Filme, b. die *Ökonomisierung* der Filmproduktion und c. die *Institutionalisierung* des Films im Kino. Alle drei Momente hängen direkt zusammen; auch wenn es Unterschiede in der europäischen und amerikanischen Entwicklung gegeben hat, gerade diese Phase der Filmgeschichte legt nahe, das amerikanische Beispiel im Auge zu behalten, da hier die Weichen für die künftige Struktur der Filmindustrie und Ästhetik des Films gestellt wurden.

a. Mit der *Fiktionalisierung* des Films ist zunächst einfach die Tatsache gemeint, daß sich das Verhältnis zwischen den ›dokumentarischen‹ (topics, travellogues etc.) und fiktionalen Filmen drastisch verändert und geradezu umkehrt. Um 1900 hatte der Anteil dokumentarischer Filme noch 87 % betragen, 1904 war er bereits halbiert und betrug nur noch 42 %. Zur selben Zeit erreichten Komödien und Trickfilme bereits 50 %, dramatisch-erzählende Filme aber erst 8 % der Gesamtproduktion. Bis 1908 hatte sich die Situation dann vollkommen umgekehrt: Zu diesem Zeitpunkt standen 96 % fiktional-narrativen Filmen nur noch 4 % dokumentierende Filme gegenüber (Vgl. Allen, 1977).

Bemerkenswert ist, daß sich die Fiktionalisierung als Prozeß am deutlichsten an den dokumentierenden Filmen selbst ablesen läßt: Auf dem Höhepunkt der patriotischen Begeisterung während des spanisch-amerikanischen Krieges um Kuba (1896) konnten gar nicht genug Filmreportagen über die kriegerischen Auseinandersetzungen gedreht werden. Das Publikum drängte in die Filmvorführungen und verlangte nach ständig neuen Filmberichten, nicht nur vom Krieg gegen Spanien, sondern auch vom südafrikanischen Kriegsschauplatz des Burenkrieges gegen England. Was lag näher, als die Kampfszenen zu Hause in den USA nachzudrehen? Solche Fälschungen taten der Begeisterung keinen Abbruch und waren wesentlich ökonomischer herzustellen: Die technische Versorgung machte keine allzu großen Probleme mehr, man konnte sich die teuren Reisen sparen, und vor allem, man mußte nicht mehr darauf warten, daß etwas passierte, um dann doch am falschen Ort zu sein, sondern konnte über die Ereignisse verfügen, indem man sie selbst (re-)produzierte.

Dieses Verfahren hatte auch in der bis dahin kurzen Filmgeschichte schon Tradition: Georges Méliès, der anfangs ebenfalls Aktualitäten gefilmt hatte, hatte längst damit begonnen, für sein Zaubertheater auch die Bilder der Wirklichkeit auf wundersame Weise zu vermehren und in *actualités pastiches* u. a. die Affaire Dreyfus, einen Vulkanausbruch oder die Krönung des englischen Königs Edward VII. in seinem Studio in Montreuil zu drehen. Auf diese Weise konnte der Film über die Krönung gleichzeitig mit der Krönung selbst gesehen werden. Die Biograph Company brachte es sogar fertig, »daß das Datum der Filmaufnahmen dem fraglichen Ereignis um einen Monat voranging« (Levy, 1979).

Die Vermischung der dokumentierenden Reportage mit der fiktionalen Erzählung hat sicherlich auch zum realistischen Stil und zur *vraisemlance* der *impression de réalité* im Erzählkino Hollywoods beigetragen – im Gegensatz zur Burleske, die aus der Tradition des Vaudeville-Theaters und seinen Verfolgungskomödien hervorging.

b. Entscheidend war natürlich der Effekt der *Ökonomisierung* der Filmproduktion. Die große Mehrzahl der kurzen dokumentierenden Filme hatte sich schnell auf die Darstellung ›vorhersehbarer‹, ritualisierter Ereignisse konzentriert, wie Paraden, Auftritte gekrönter Häupter, Weltausstellungen etc.; deshalb blieb das Publikum, dem das langweilig wurde, allmählich aus, was zur ersten Krise des Films etwa 1902 führte. In der ›Produktion von Ereignissen‹ ging der Hearst-Pressekonzern so weit, daß er sogar den spanisch-amerikanischen Krieg anzetteln half und es auf diese Weise Edisons Kameraleuten ermöglichte, rechtzeitig am Kriegsschauplatz zu sein, um die Versenkung des Schlachtschiffes ›Maine‹ filmen zu können, die dann den Krieg auslöste.

»Die Entwicklung zum [fiktional] narrativen Film um 1902–1904 half die Industrie stabilisieren, indem sie einen wesentlichen Teil der Produktion regulieren konnte. Zwischen 1906 und 1908 zwang eine enorm steigende Nachfrage nach Filmen die Produzenten, mehr Filme zu produzieren als je zuvor und sie so schnell wie möglich herzustellen. […] Der [fiktionale] narrative Film war sicherlich die geeignetste filmische Form, um den Anforderungen der Industrie entgegenzukommen, die Filme schnell und billig produzieren mußte und deren Erfolg nicht von Bedingungen abhing, die der Produktionssituation äußerlich waren« (Allen, 1977, S. 157), d. h. sich der größtmöglichen Kontrolle durch die Produzenten entzog.

Die Filmindustrie antwortete auf diese Herausforderung mit dem Studiosystem, das den Film als Industrie etablierte. Das Äquivalent dazu und zugleich Auslöser der Industrialisierung der Filmproduktion war die Institutionalisierung des Films im Kino.

c. Zumindest für die USA hat diese *Institutionalisierung* des Films im Kino ein Datum: Am 19. Juni 1905 eröffnete in Pittsburgh das erste *Nickelodeon* mit Porters Film »The Great Train Robbery«, dem bald Tausende dieser oft mit primitiven Mitteln ausgestatteten Ladenkinos folgten. Eine Bedingung dafür, daß der Film im Kino autonom wurde, war die Umstellung des Verkaufs- auf das Verleihsystem bereits 1903; somit konnten nun die Filme durch ortsfeste Kinos zirkulieren und zu immer neuen Programmen zusammengestellt werden. Eine Folge war, wie gesagt, ein enorm ansteigender Bedarf, angeregt durch einen Kinoboom in diesen Gründerjahren des Kinos, auf den die Filmindustrie mit der Fiktionalisierung und Standardisierung der Filmproduktion antwortete. Der Versuch Edisons, über die Patentrechte die gesamte Produktion, Distribution und Konsumtion von Filmen in der MPPC (Motion Picture Patent Comp.) zusammenzufassen, war, wie bereits erwähnt, zwischen 1908 und 1909 der erste Versuch, die Filmindustrie zu monopolisieren.

Die Veränderungen in der Filmproduktion und -rezeption während des ersten Jahrzehnts des 20. Jahrhunderts, die hier mit Fiktionalisierung, Ökonomisierung und Institutionalisierung umschrieben wurden, mußten notwendig nicht nur Filme anders, sondern vor allem auch andere Filme als bisher hervorbringen. Sie sollten möglichst auch ein anderes, noch breiteres Publikum erreichen. Während Edison und die MPPC das Erfolgsrezept der Vielfalt kurzer Filme in einem bunten Programm nicht aufgeben wollten, blickten die ›Unabhängigen‹ (Filmproduzenten) nach Europa, wo Ausstattungsfilme von einer Stunde Länge und mehr große Erfolge hatten und den erhöhten Kapitaleinsatz amortisierten. Adolph Zukor, Präsident der Famous Players' Film Corp., meinte noch 1914, ein Jahr nach dem italienischen »Quo Vadis« (Enrico Guazzoni; $2^1/_2$ Stunden) und ein Jahr vor »The Birth of a Nation« von Griffith (3 Stunden), Pessimisten hätten sich damit zufriedengegeben, »daß europäische Spielfilme amerikanischen Produktionen weit überlegen seien und amerikanische Filme nie den Standard der viel bedeutenderen europäischer Produzenten erreichen können« (Adolph Zukor, The

Supremacy of the Feature Film at Last Conceded, in: Billboard Dec. 19, 1914, in: Csida/Bundy Csida, 1978, S. 199).

In Frankreich vor allem war zuerst der Versuch gemacht worden, zusätzlich zum proletarischen Publikum (der Ladenkinos und Jahrmärkte) und dem Mittelstandspublikum (der Varietés), derer man bereits sicher sein konnte, auch das bürgerliche Publikum in die Kinos zu holen. Das Bürgertum war bisher dem Film gegenüber nicht nur fremd geblieben, sondern hatte sich ihm gegenüber offen feindlich verhalten. Wenn sie diese Schicht erreichen wollten, mußten der Film und das Kino den kulturellen Bedürfnissen der Bürger entgegenkommen (ohne die Bedürfnisse des proletarischen Massenpublikums zu frustrieren, wie das in der *film d'art*-Bewegung drohte):

»Die narrative Struktur der Filme mußte jetzt mehr auf die bürgerlichen Erzähltraditionen abgestimmt werden. Das deutlichste Zeichen dafür sind die Filme, die zwischen 1908 und 1909 auf der Grundlage berühmter Theaterstücke, Romane oder Gedichte entstanden sind. Vor 1908 waren die bevorzugten Quellen für Filme Vaudeville-Burlesken, Märchen, Comic-Strips und populäre Lieder mit spektakulären Effekten und stark körperlichen Aktionen und kaum psychologischen Motivationen. Noch immer steckte der Film in den Anfängen, aber jetzt suchte er nach respektierlichen Erzählmodellen und entsprechenden Inhalten« (Gunning, 1981, S. 16).

Beides würde die anerkannte Literatur des bürgerlichen Realismus in unerschöpflichem Maße liefern; aber um diese Literatur inhaltlich und strukturell verarbeiten zu können, mußte der Film erst seine gesamten Produktionsverhältnisse umwälzen: Produktion und Distribution, aber auch die Zuschauer und ihr Rezeptionsverhalten mußten andere werden.

Institutionalisierung des Films im Kino umfaßt also viel mehr als nur die Einrichtung eines separaten Ortes für Filmvorführungen und die Errichtung einer Filmindustrie. Damit ist auch ein neuer Standard der Filmästhetik gemeint, der auf veränderte Bedingungen reagiert, die am allgemeinsten mit der tendenziellen ›Einschreibung‹ des Films in die Institutionen der bürgerlichen Kultur und Kunst (Vgl. Bürger, 1981) beschrieben werden können. Institutionalisierung

»bezieht sich auch auf eine geistige Maschine, diese andere Industrie, die die Filmzuschauer historisch verinnerlicht haben und die ihnen ermöglicht, Filme zu konsumieren. [...] Die ›institutionalisierte Art der Darstellung‹ *(Institutional Mode of Representation)* nenne ich jene geschriebenen und ungeschriebenen Gesetze, die historisch von Regisseuren und Technikern als unveränderliche Grundlage einer ›Filmsprache‹ verinnerlicht wurden im Rahmen der Institution und die während der letzten fünfzig Jahre unabhängig von oft tiefgreifenden stilistischen Wandlungen konstant geblieben ist. Sie wurde natürlich auch von den Zuschauern verinnerlicht, indem sie meist schon in frühen Jahren die Filme der Institution lesen gelernt haben« (Burch, 1980, s. 24).

Die Elemente dieser ›institutionalisierten Art (filmischer) Darstellung‹ sind jene der Filmsprache, wie sie sich bis heute entwickelt haben, verstärkt und nicht etwa in Frage gestellt durch den Tonfilm.

Die wesentlichen Merkmale der Veränderung gegenüber der vorangegangenen nicht-institutionalisierten Art filmischer Darstellung (in der populär-kulturellen Phase des Films) sind:

Die *Dominanz der Zeit gegenüber dem Raum*. Die Nicht-Kontinuität zeitlicher Abläufe wurde durch die große szenische Nähe in räumlich dominierten Situationen kompensiert, nun ermöglicht die Vorherrschaft des zeitlichen Ablaufs einer Handlung, daß Handlungsorte weit auseinandertreten können. Zwei Handlungen an verschiedenen Orten können zeitlich parallel verlaufen (Parallel-Montage oder Alternation) und schließlich zusammengeführt werden (Gefahr und Rettung ›in letzter Minute‹). Erzählen wird auch im Film zur imaginären Herrschaft über den Raum in der Zeit und nähert sich damit dem literarisch Imaginären an.

Kontinuität des Erzählens. Gegenüber der nicht-kontinuierlichen Verbindung von Einstellungen ist die Filmästhetik künftig darum bemüht, »die Einstellungsfolgen als kontinuierliche, homogene Erzählung, die die Illusion einer sich selbst erzählenden Erzählung hervorbringt« (Gaudrault, 1983, S. 328), zu realisieren. Damit geht die ›Linearisierung‹ (Burch 1983) des filmischen Erzählens einher – nach Metz ist die Linearität der Narration im Film definiert als »eine einzige Zeitfolge [, die] sämtliche im Bild gesehenen Aktionen verbindet« [1972, S. 177] – als Voraussetzung für die Adaption literarischer Erzählstrukturen.

Die *Etablierung des diegetischen Horizontes als imaginärem Referenten filmischen Erzählens*. Die nicht-kontinuierliche Erzählweise hatte im dominanten dokumentierenden, aber auch im fiktionalen Film ihren Referenten außerhalb der Erzählung: in der populären Kultur und im Wissen ihrer Mitglieder. Die kontinuierliche, homogene Erzählweise tendiert dazu, sich nicht mehr wie bisher auf ein referentielles Umfeld kultureller Codes, etwa des Jahrmarktes oder der Varietés, das kulturelle Wissen und die Lebenspraxis ihrer Benutzer zu beziehen, sondern eine eigene, in sich stimmige, verstehbare, homogene Welt zu inaugurieren. Diesen Horizont erzählter imaginärer Welten teilen sich künftig Literatur und Film.

Diese neue narrative Struktur, die die alte des literarischen Erzählens der realistischen Literatur des 19. Jahrhunderts ist, wird sich mit ihrer Linearisierung des Erzählens im Sinne einer kontinuierlich vorgestellten Handlung in der Filmproduktion der USA und dann auch in Europa bis zum Ersten Weltkrieg durchgesetzt haben.

Äußeres Zeichen der sozialen Veränderungen, die mit diesem Paradigmawechsel in der Filmgeschichte einhergehen, sind auffallende Veränderungen auch der Kinos. Kaum daß sich das Kino allgemein als Ort für den Film durchgesetzt hatte, entstanden in den USA bereits die ersten Kinopaläste für ein Massenpublikum, dessen proletarisch-kleinbürgerlichem Teil imponiert und dessen bürgerlicher Teil kulturell hofiert werden sollte, das vor allem aber ökonomisch und sozial als Massenpublikum in die Kinos geholt wurde. Die kleinen Ladenkinos konnten das halbstündige Programm nur relativ wenigen Zuschauern zeigen, die alle halbe Stunde ausgewechselt wurden; indem die Filme immer länger wurden, nahm die Frequenz der Erneuerung des Publikums rapide ab, was nur durch die Vergrößerung der Kinosäle ausgeglichen werden konnte, da auch der Erhöhung der Eintrittspreise Grenzen gesetzt waren. Für dieses neue Massenpublikum öffneten die ersten Kinopaläste in den USA mit über 1000 Plätzen bereits vor 1914 ihre Tore (Anne Paech, Kino zwischen Stadt und Land, 1985).

Aber nicht erst das Kino, sondern auch die Literatur, die künftig die materielle Basis vieler Filme für das Kino abgeben sollte, hatte bereits für sich ein Massenpublikum in der zweiten Hälfte des 19. Jahrhunderts konstituiert. Die Verbindung dieser Literatur der Feuilletonromane von Dumas Vater und Sohn, Victor Hugo, Eugène Sue oder Jules Verne u.v.a. und ihrer spezifischen Erzählweise, mit der sich auch die ihr zugrundeliegende bürgerliche Denkstruktur im Kino durchsetzte, begründete erst den Film im modernen Sinne als kontinuierlich erzählender, zunehmend realistischer Fiktionsfilm für das Kino als Massenmedium.

Zwei wichtige Zwischenschritte machen den Übergang von der alten, nicht-kontinuierlichen zur neuen kontinuierlichen, linearen, zeitdominierten Erzählweise besonders anschaulich:
Der Film »L'assassinat du Duc de Guise«, der 1908 in Frankreich von der Firma Film d'art hergestellt worden war, hat der Linearisierung filmischer Erzählweisen auf interessante Weise zugearbeitet und eine spezifische Anschlußweise von Einstellungen entwickelt, die in diesem Fall von den Erfahrungen des Theaters ausgehend zu filmischen Lösungen geführt hat. Kurz vor der Ermordung des Herzogs sieht man ihn auf einen Durchgang im Hintergrund der

(Theater-)Szene zugehen, wo die Leute des Königs Heinrich III. auf ihn warten. D. h. man konnte bereits in die Szene hineinsehen, die nun in der nächsten Einstellung um 180° gedreht (also im Gegenschuß) in dem angrenzenden Zimmer weitergeht, wo die Mörder im Auftrag des Königs über den Herzog herfallen werden, wenn er dieses Zimmer betreten haben wird.

Die Tiefe des szenischen Raumes wird hier im Sinne des *overlap*-Prinzips gebraucht, nicht jedoch als zeitliche, sondern als räumliche Verbindungskonstruktion. Der Gang des Herzogs von einem Raum in den anderen kann kontinuierlich gezeigt werden, was auch im Umschnitt zwischen zwei Einstellungen erhalten bleibt, weil die *räumliche* Kontinuität als Konstanz den zeitlichen Ablauf unterstützt. Dieses Verfahren drückt sich gewissermaßen davor, die filmische Montage ganz der Dominanz der Zeit über den Raum zu überlassen, und weil es sich noch immer um Theater handelt, ist die Dominanz des Raumes als szenisches Prinzip von vornherein ästhetisch gerechtfertigt; sofern es sich um Film handelt, bleibt die Kamera an die Szene gefesselt.

Umso fruchtbarer ist eine Entwicklung geworden, die aus den unmittelbaren Anfängen des Films sich populär-kultureller Erfahrungen bedient hat und direkt in die neue narrative Struktur mündete.

Lumières Film »L'arroseur arrosé« endete in einer kleinen Verfolgungsjagd, bis der Gärtner den Übeltäter gefangen hatte und sich an ihm rächen konnte. Solche Verfolgungsjagden in weitaus größerem Ausmaß beherrschten die Burlesken der Vaudeville-Theater; da wurde in Eimer getreten und mit Torten geworfen, Fallen wurden gestellt und Gruben gegraben, in die der Urheber am Ende womöglich selber fiel ... Die Regel war, daß man in derartigen Verfolgungen tatsächlich auch das Verfolgen selbst sehen konnte, d. h. Verfolger und Verfolgter mußten zumindest vorübergehend gleichzeitig auf der Bühne zu sehen sein, bevor die Jagd dann auch ›off-stage‹ weiterging (und nur noch zu hören war). Die frühen Filme haben dieses Prinzip übernommen und Verfolgungen über mehrere Einstellungen so gedreht, daß beide Partner in jeder Einstellung zusammen zu sehen waren. Was für den Ausgangspunkt und das Ende der Jagd obligatorisch war, galt also auch für den Weg, der dazwischen lag.

James Williamson, dessen Film »Fire!« schon erwähnt worden ist, hat 1901 folgenden dreigliedrigen Verfolgungsfilm gedreht (Vgl. Burch 1983, S. 34/35; Sopocy, 1978, S. 8 f.; Jacobs, 1968, S. 60–61): »Stop Thief!« zeigt in der ersten Einstellung als Exposition, wie ein Tramp einem Fleischer aus einem Trog, den er auf den Schultern trägt, eine Keule stiehlt. Der Tramp läuft damit weg, der Fleischer hinterher. – Die zweite Einstellung ist die Durchführung des Verfolgungsthemas mit einer zusätzlichen Variante, Hunde nämlich nehmen auch noch die Verfolgung auf, der Fleischer und sie, alle laufen durch eine Straße. – Das Ergebnis der Verfolgung mit lustiger Pointe bringt die dritte Einstellung: Der Tramp kommt vor einem Faß an, das (mitten im Bild) vor ihm steht; er wirft seine Beute hinein und klettert hinterher. Die Hunde erreichen das Faß, laufen drum herum und springen hinein, bis auf einen, der zu kurze Beine hat. Jetzt kommt der Fleischer beim Faß an, vertreibt die Hunde und zieht den Tramp aus dem Faß und findet von der Keule nur noch den Knochen. – Die rasche Bewegung der Verfolgung möchte gern kontinuierlich dargestellt und raum-zeitlich ausgedehnt werden; da aber nur die Szene, die das starre Bild der Einstellung zeigt, durchlaufen werden kann, wird ein Teil der Verfolgung in die Ellipsen zwischen den Einstellungen als reine vergangene Zeit ohne (sichtbaren) Raum verlagert. Der Raum nämlich muß wieder als Szene der Verfolgung vorgestellt werden, wo der zeitliche Ablauf die simultane Darstellung der Handlung in demselben Raum ist. – Man könnte nun den Raum, der durchlaufen wird, dadurch ausdehnen und die Verfolgung ausführlicher und spannender machen, wenn man beide korrespondierenden Bewegungen trennt und erst den Verfolgten und dann den Verfolger durch die Szene laufen läßt. Sobald aber nicht mehr beide gemeinsam im Bild sein müssen, kann man ihnen auch unterschiedliche Räume zuweisen, die durch den zeitlichen Ablauf der Verfolgungshandlung verkettet bleiben. Solange zwei Handlungen zeitgleich aufeinander bezogen sind, können sie räumlich beliebig weit voneinander getrennt werden. Die Kontinuität ist dann offensichtlich keine räumliche (szenische) mehr, sondern sie ist primär an die erzählte Gleichzeitigkeit von Handlungen an demselben Ort oder an verschiedenen Orten gebunden: Und das ist die Freiheit literarischen Erzählens, über Zeit und Raum gleichermaßen verfügen zu können; diese adaptiert der Film mit der Struktur und den Inhalten des literarischen Erzählens.

Ein sicheres Zeichen unter vielen anderen für die beginnende Literarisierung des Films ist die Tatsache, daß die Filmemacher aus der Anonymität kollektiver Produktion, die charakteristisch für den populär-kulturellen Zusammenhang ihrer Arbeit gewesen ist (das gilt auch für Porter), heraustreten: Der Film fängt an, Individuen zu produzieren, die als ›Autoren‹ ihrer Filme auch deren Stil beeinflussen (analog zu ihren literarischen Kollegen); die Konkurrenz der Produzenten wird zur Konkurrenz der (Star-)Regisseure und (Star-)Schauspieler. David Wark Griffith ist der erste Star-Regisseur in der Filmgeschichte, der seit 1908 als Regisseur der amerikanischen Biograph-Company wesentlich zur Herausbildung der neuen narrativen Strukturen beigetragen hat. Weil er der erste war, der mit seinem Namen als film-künstlerische Persönlichkeit mit den in dieser Zeit entstehenden neuen Ausdrucksmöglichkeiten des Films in Verbindung gebracht werden konnte, wurden sie ihm als persönliches Verdienst des ›Genies‹ (Balázs) Griffith angerechnet. Und wenn gesagt wird, daß die ›Sprache‹ des Films oder die Filmkunst überhaupt erst mit Griffith beginnen würden, dann ist auch das ein Ausdruck der Institutionalisierung des Films in einer Filmgeschichtsschreibung, die sich seitdem an den künstlerischen Individuen (›Autor‹-Regisseuren, Schauspieler-Stars) orientiert, obwohl es sich weiterhin um einen kollektiven Produktionsprozeß handelt. Nicht die Anerkennung der großen Leistung dieses ersten Filmregisseurs im modernen Sinne, sondern seine Rolle als der »geniale Schöpfer dieser ersten neuen Formen« (Balázs, 1973, S. 165) des Films, die alle Filme vor ihm zur bloßen Vor-Geschichte des Films und ihre Produzenten zu den ›Primitiven‹ des frühen Films degradieren, steht zur kontroversen Debatte. Zu bedenken ist, daß die Entwicklung vom nicht-kontinuierlichen zum kontinuierlichen filmischen Erzählen, die zur Herausbildung wesentlicher Montageprinzipien beigetragen hat, ein Prozeß innerhalb der Institutionalisierung des Kinos gewesen ist, der zwar zur Linearisierung des filmischen Erzählens geführt hat, aber keinesfalls selbst linear verlaufen ist; nicht Griffith, sondern James Williamson hatte schon 1901 in seinem in England entstandenen Film »Fire!« damit begonnen, kontinuierliche Anschlüsse im Sinne der Logik linearen Erzählens zu verwenden. Darauf hat auch Georges Sadoul hingewiesen und gemeint:

»Es geht darum, die richtige Frage – Was heißt Montage? – zu stellen, und dann muß die Antwort lauten: Wer war der erste Regisseur, der die Einstellung einer Totalen mit einer Großaufnahme eines Gesichts oder eines Gegenstands alternierend verbunden hat? Wenn man so fragt, lautet die Antwort gewöhnlich, daß Griffith der Erfinder dieser Montage war. Das ist unrichtig. Terry Ramsaye (Ramsaye, 1986), einer der ganz großen Filmhistoriker, hat gesagt, daß Griffith die *Syntax des Films* entwickelt hat. Er sei der erste gewesen, der die Montagetechnik vollständig und systematisch angewandt und sie so an die Welt weitergegeben hat. Allerdings hatte er diese Sprache nur definiert. Er stellte die Gesetze einer Filmsprache auf, die längst in Gebrauch war« (Sadoul, 1946, S. 50 f.).

Weiter einschränkend muß man sagen, daß Griffith auch nur angefangen hat, die heute üblichen Verfahren der filmischen Ausdrucks- und Erzählweise anzuwenden und weiterzuentwickeln; sein großes Verdienst ist sicherlich, daß er zumindest die Grundformen der narrativen Syntax des kontinuierlich erzählenden Films, die alternierende und die Parallelmontage, zur Perfektion gebracht hat.

»Griffith' Verwendung der Parallelmontage in den Biograph-Filmen schuf nicht nur eine narrative Form, sondern auch eine Form des Erzählens, einen Erzähler, der eine Geschichte erzählen konnte. Mit der Parallelmontage konnte Griffith Spannung erzeugen, indem er Handlungen unterbrach und Informationen zurückhielt, er konnte moralische Aussagen machen, die Wünsche von Figuren unterstreichen und Motivationen entstehen lassen. Alle diese Techniken erfüllten wesentliche Bedingungen einer neuen bürgerlichen Erzählform, die sie zum Rivalen des Theaters und des Romans machte« (Gunning, 1981, S. 23 f.).

Im folgenden wird jeweils ein Beispiel für die Verwendung der (chronologischen) alternierenden und der (a-chronologischen) Parallelmontage gegeben. In der Systematik der »Großen Syntagmen im Film« von Christian Metz (Metz, 1972, S. 151-198; Tabelle der großen Syntagmen im Film, S. 198) ist das parallele Syntagma so definiert: »Die Montage bringt zwei oder mehrere Motive zusammen und verflechtet sie miteinander, d. h. sie läßt sie im Wechsel wiederkehren, ohne daß die Annäherung ein präzises (zeitliches oder räumliches) Verhältnis zwischen den genannten Motiven konstituiert« (S. 173). Zum alternierenden Syntagma heißt es: »Durch den Wechsel in der Montage werden zwei oder mehr Ereignis-Serien so dargestellt, daß innerhalb jeder Serie die zeitlichen Beziehungen der Konsekution eingehalten werden, aber zwischen den en bloc aufgenommenen Serien Simultaneität herrscht« (S. 177). Die folgenden zwei Beispiele für die alternierende und die Parallelmontage sollen die Verwendung dieser wichtigsten Formen kontinuierlichen filmischen Erzählens nachvollziehbar machen. Kontinuierliche Montage heißt nicht, daß die zuvor diskutierten Anschlüsse zwischen zwei

Einstellungen nicht mehr verwendet werden; wo es darum geht, eine Bewegung in einem Raum über mehrere Einstellungen als kontinuierliche Bewegung darzustellen, wird so weit wie möglich die *match-cut*-Verbindung vorherrschen (die allerdings in den immer komplexer werdenden Filmerzählungen eine immer geringere Rolle spielt); das, was sie leistet, nämlich, einen ›weichen‹ *(smooth),* unmerklichen Anschluß auch dort herzustellen, wo geschnitten werden mußte (wie beim Übergang von einem Raum in einen anderen), muß durch eine Reihe zusätzlicher Regeln erreicht werden, wenn eine Bewegung (Handlung) nicht mehr nur von einem Blickpunkt aus, sondern durch eine zunehmende Zahl unterschiedlicher Perspektiven dargestellt werden soll. Die narrative Struktur des realistischen Romans (z. B. in der Verführungsszene zwischen Emma und Rudolf in Flauberts »Madame Bovary«, s. u.) organisiert die ›Montage‹ einer Fülle von Blickpunkten, von denen im nachhinein gesagt wurde, daß sie ›filmisch‹ seien: Detailbeschreibungen wechseln mit alternierenden Erzählstandpunkten etc. ab; Sprünge über größere Lücken (›blancs‹) in der chronologischen Abfolge von Bewegungen und Handlungen gehören zu den Charakteristika dieses literarischen Erzählens. Ihre Adaption erfordert vom Film die Fähigkeit, geradezu das Gegenteil raum-zeitlicher Kontinuität von *match-cut*-Anschlüssen, nämlich die Verbindung heterogener Blickpunkte womöglich divergenter räumlicher Situationen zur Vorstellung einer homogenen erzählten Zeit, realisieren zu können (bzw. umgekehrt lernt der Film in der Adaption dieser literarischen Erzählweisen, auch heterogene Handlungsmuster und die Erzählung von widersprüchlichen Inhalten zu bewältigen).

Um zu verstehen, was Kontinuität in diesem Zusammenhang bedeutet, muß der Blick von der Signifikanten-Ebene der Montage zur Signifikatsebene erweitert werden; bzw. die Montage (z. B. einer Bewegung) ist nicht mehr nur ihre möglichst an der (kontinuierlichen?) Realwahrnehmung orientierte filmische (Re-)konstruktion vor filmischer Tatsachen, sondern darüber hinaus ihre (narrativ realisierte) Intention, die zu erreichen der Zuschauer künftig ›mitarbeiten‹ muß: Seine Alltagserfahrung, sein Raum- und Zeitbewußtsein müssen ihm helfen, die Regeln der zu rezipierenden Kontinuität (ein ganzes Bündel von Codes) als Folge›richtigkeit‹ der dargestellten Ereignisse in der Form ihrer Darstellung zu erkennen und anzuwenden. Und hier kommt dem Zuschauer die Leseerfahrung ebenso zugute wie dem Filmregisseur; (darauf wird gleich noch im historischen Kontext zurückzukommen sein.)

In den folgenden Beispielen funktioniert eine kontinuierliche Montage also insbesondere auf folgenden Ebenen:

– als Fortsetzung der kontinuierlichen (Kamera- oder Objekt-) Bewegung mit den Mitteln der Montage (kontinuierlichen Reihung) von Einstellungen *(match-cut);*
– als Konstruktion einer raum-zeitlichen Einheit aus divergierenden Kamerapositionen (die Herstellung der Homogenität aus der Großaufnahme eines Gesichts oder eines Gegenstandes mit der raum-zeitlichen Situation oder die Definition von Schuß-Gegenschuß-Montagen sprechender Köpfe als ›Gespräch‹ sind Leistungen des Zuschauers, die erlernt sein wollen.);
– als Alternation von Handlungen an verschiedenen Orten mit der Bedeutung von Gleichzeitigkeit (1. Beispiel) oder inhaltlichem Zusammenhang (Parallelität von arm und reich im 2. Beispiel).

1. Beispiel: *David Wark Griffith: »The Lonedale Operator«.*
»The Lonedale Operator« wurde im März 1911 uraufgeführt und gehört mit 97 Einstellungen und ca. 13 Minuten Länge zu den umfangreicheren Filmen, die Griffith bis dahin für Biograph gedreht hat. Das narrative Schema des Films ist charakteristisch für eine ganze Reihe von Filmen, in denen ein Retter herbeieilen muß, um seine Geliebte oder seine Familie aus einer Bedrängnis zu befreien. Mit dieser narrativen Struktur wird notwendig die szenische Lokalisierung in eine temporale Beziehung zwischen Orten aufgelöst: Die Rettung ist ein Kampf mit der Zeit auf einem Weg, der zwischen den Orten zurückgelegt werden muß, um schließlich zur *last minute's rescue* und also zum *happy end* noch gerade rechtzeitig einzutreffen. Gegenüber den *chase comedies* und ihren sehr handfesten Anlässen für Verfolgungen ist das Muster schon dadurch verändert, daß nun nicht mehr z. B. ein Dieb verfolgt wird, sondern es ist die Zeit selbst, die auf dem Weg zur Rettung zu entfliehen droht und eingeholt werden muß. Es sind andere Erfahrungen anderer Menschen, die von nun an in solchen Handlungsmustern konkretisiert werden; die Spannung, die aus dem Entfliehen der Zeit bei der Rettung der Geliebten resultiert, ist den Bürgern als *time is money* durchaus geläufig.

In seiner Analyse des Films hat Raymond Bellour festgestellt, daß »man hier beobachten [kann], wie sich die Systematik herausbildet, die für das große klassische amerikanische Kino charakteristisch ist und die von der Erweiterung einer Grundform des kinematographischen Diskurses ausgeht: der Alternation« (Bellour, 1980, S. 69). Die Alternation konstruiert die Einheit der Zeit aus der Dekonstruktion der Einheit des Raumes, die erst als Ergebnis der Handlung und das heißt im Paradigma der Zeit wieder hergestellt wird. Die Gleichzeitigkeit als zeitliche Einheit ist einem Verfahren der Narration vorausgesetzt, das ihre sämtlichen Objekte in Beziehungen auflöst und schließlich (er)löst. Die Beziehungen zwischen Orten werden durch die Beziehungen zwischen Menschen definiert, die zunächst zusammen, dann getrennt und unter dem Aspekt der Rettung wieder zusammen sind. Daher beginnt das Schema der Alternation wie hier in »The Londale Operator« nicht erst in dem Augenblick, in dem die Bedrohung erkennbar und der Retter auf dem Weg ist, sondern schon mit den ersten Einstellungen des Films: Ein Mann und eine Frau bewegen sich zunächst in getrennten Einstellungen von verschiedenen Orten (ihren Wohnungen) aufeinander zu, bis sie in derselben Einstellung als Paar vereint sind - vorläufig, denn erst ihre Trennung und heroische Wiedervereinigung ist die Bedingung für ihre künftige, womöglich endgültige Vereinigung als (Ehe-)Paar.

Sie ist Telegraphistin auf einer Bahnstation, und er ist Lokomotivführer, beide gehen gemeinsam zur Bahnstation (A). Er fährt mit seiner Lokomotive davon, sie bleibt alleine in der Bahnstation, denn ihr Vater fühlte sich nicht wohl und ist auf Drängen der Tochter nach Hause gegangen; seine Pistole nimmt er mit, Frauen könnten damit doch nicht umgehen. (Bellour übrigens erwähnt in seiner Analyse weder den Vater noch die Pistole, die nicht zuletzt für psychoanalytische Aspekte des Films, für die sich Bellour besonders interessiert, von Bedeutung sind, hier macht sich das Problem unterschiedlicher Fassungen der Filme unangenehm bemerkbar, die aus verschiedensten Gründen für Filmvorführungen hergestellt und so überliefert wurden. Die Frage nach dem ›Original‹ oder einer kritischen Ausgabe von Filmen ist ein fast unlösbares und vielleicht auch unangemessenes Problem für die Frühgeschichte des Films.)

Auf einem anderen Bahnhof (B) wird eine Geldtasche verladen, was von zwei Landstreichern beobachtet wird. Sie fahren mit dem Zug mit und verlassen ihn wieder, als sie sehen, daß die Geldtasche der Telegraphistin auf ihrem Bahnhof (A) übergeben wird. Als der Zug weitergefahren ist, versuchen sie in die Bahnstation einzudringen, die die Telegraphistin gerade noch verschließen konnte. Sie telegraphiert um Hilfe, aber der Telegraphist am anderen Ende (Bahn-

station C, wo sich ihr Lokomotivführer aufhält) döst; vor Angst fällt die junge Dame in Ohnmacht, da erwacht der Telegraphist, sieht den Hilferuf, erhält keine Rückantwort mehr und schickt sofort den Lokomotivführer zu seiner Geliebten, die offenbar in Not ist; der bekommt eine Pistole, und ein Heizer begleitet ihn. Die Telegraphistin ist inzwischen aus ihrer Ohnmacht erwacht, und als die Diebe durch die aufgebrochene Tür eindringen, bedroht sie sie mit einer Schublehre, die jene für eine Pistole halten.

Da nahen auch schon die Retter mit dem echten Revolver, die Diebe sind beschämt, daß sie sich von einer Frau haben reinlegen lassen; für die anderen wiederholt das Ende den Anfang, die Vereinigung des Paares. Und diese Wiedervereinigung und Affirmation des (Ehe-)Paares war schließlich auch Zweck der ganzen Aufregung, das Ende hat im *happy end* den Anfang zu bestätigen:

»In dieser Zeit wird das *happy end* als Bestandteil aller Filme durchgesetzt. Dieser etwas gewaltsame Optimismus schien in Einklang mit den Vorstellungen des Mittelklassen-Publikums zu sein. Ein Beitrag in der Zeitschrift Nickelodeon stellt fest: ›Wir leben in einem glücklichen, schönen und männlichen Zeitalter. [...] wir wollen keine Seufzer oder Tränen [...] wir alle suchen nach Glück, sei es durch Geld, eine gute Stellung oder in unserer Vorstellung. Es ist unsere Aufgabe, allen Versuchen, uns mit unglücklichen Vorstellungen zu kommen, zu widerstehen« (Gunning, 1981, S. 15).

Nicht nur das glückliche Ende entspricht diesem Wunsch, sondern auch die spannende Art und Weise, wie es zustandegekommen ist. Brecht wird später (1932) dazu anmerken: »Ein Bildschnitt und eine Einstellung, die den Hauptwunsch haben, angenehm zu sein, entsprechen einer Dramaturgie, die denselben Hauptwunsch hat« (Brecht, 1973, S. 174). Man sieht, der Wunsch ist alt und seine Erfüllung ebenfalls.

2. Beispiel: *David Wark Griffith: »A Corner in Wheat«.*

Der Film »A Corner in Wheat«, der 1909 ebenfalls bei der Biograph Company entstanden ist, enthält kein *happy end,* und auch seine narrative Struktur unterscheidet sich im Gebrauch der Alternation von dem in »The Londale Operator«. Wenn man wie Christian Metz die Alternation wesentlich auf den Wechsel der Handlung(-sorte) in der Simultaneität der Ereignisse bezieht (Vgl. Metz, 1972, Probleme der Denotation im Spielfilm, S. 177), aber die alternierend gezeigte Annäherung der Lokomotive mit den Rettern und die Bemühungen der Diebe, in die Bahnstation einzudringen, gleichzeitig an verschiedenen Orten, die abwechselnd gezeigt werden, geschehen, dann wird in dem Film »A Corner in Wheat« die

Alternation zugunsten des Prinzips der Parallelität verändert, deren Merkmal eine a-chronologische und primär thematische Beziehung ist (z. B. wie hier das Nebeneinander von arm und reich).

Der Film erzählt in 24 Einstellungen und 14 Minuten von einer Weizenspekulation, die den Bauern Armut und Hunger, dem Spekulanten Reichtum und schließlich den Tod im Weizensilo bringt – der Spekulant erstickt wörtlich an seinem unrechtmäßig erworbenen Reichtum. (Die kursiven Titel geben die im Film vorhandenen Schrifttafeln wieder.)

Die Armen	*Die Reichen*
Mit dem kostbaren Saatgut brechen die Bauern zum Feld auf.	
2. Aussaat. Sehr mühsam ist die Arbeit auf dem Felde.	
	3. *Der Weizenkönig. Planung der großen Spekulation.*
	4. *An der Weizenbörse. Das letzte Dreschen.*
	5. *Die Antwort auf das Flehen des zugrundegerichteten Mannes: Holen Sie es sich von der Börse, wo ich es herhabe.*
	6. *Das Gold des Weizens.* Bankett des Siegers.
7. *Die Spreu des Weizens.* Im Brotladen: Wegen des gestiegenen Mehlpreises kostet der Laib Brot jetzt statt 5 C 10 C.	
	8. Bankett
9. Schlange im Bäckerladen, bewegungslos.	
	10. Bankett

11. Die Familie des Bauern hat kein Brot für die von der Feldarbeit heimkehrenden Männer.
12. *Der hohe Preis kürzt die Brotzuteilung.* Für viele ist kein Brot übrig.

13. *Ein Besuch im Getreidespeicher.*
14. Die Besucher auf dem Speicher.
15. Der Weizen fließt in den Silo.
16. Die Besucher gehen auf dem Speicher weiter. Ein Bote überbringt eine Nachricht an den Weizenkönig:
16a (Insert:) »Sie kontrollieren jetzt den gesamten Weltmarkt; der gestrige Tag hat Ihr Vermögen um 4 Mill. Dollar vergrößert.«
17. Der Weizenkönig taumelt vor Glück und stürzt in den Silo ...
18 ... wo er sofort von dem nachfließenden Weizen zugedeckt wird.

19. Im Brotladen. Hungernde verlangen Brot, die Polizei stellt mit Knüppeln die Ordnung wieder her.

20. Im Silo erstickt der Weizen den Weizenkönig und begräbt ihn unter sich.
21. Die Besuchergruppe verläßt den Speicher.
22. In seinem Kontor wird der Weizenkönig vermißt.
23. Der tote Weizenkönig wird aus dem Silo gezogen.

24. Ein Bauer allein bei der Aussaat. (Lange Ausblende)

Zwei Lebensbereiche, denen zwei unterschiedliche, bzw. antagonistische Klassen angehören, sind allein durch das Produkt ›Weizen‹ in Beziehung gesetzt, darüber hinaus berühren sie sich nicht. (In anderen Filmen ist es gewöhnlich die Liebe, die die Klassen versöhnt.) Da Weizen aber mehr ist als ein beliebiges Produkt oder Spekulationsobjekt, sondern zugleich Lebensmittel für die Produzenten und Ursache des unverdienten Reichtums und Todes des Spekulanten, entsteht ein Wirkungsverhältnis zwischen beiden Seiten oder Klassen. Dieses Verhältnis ist jedoch einseitig, da die Spekulation des Weizenkönigs neben der Verarmung eines Mitglieds seiner eigenen Klasse vor allem zum Hunger der Produzenten, der Bauern also, führt, nicht aber dazu, daß die Hungernden reagieren und sich aktiv gegen ihre Verelendung zur Wehr setzen. Diese Apathie der Bauern kommt am deutlichsten in der bewegungslosen Menschenschlange im Brotladen zum Ausdruck; darin entspricht sie durchaus der *literarischen* Vorlage für diesen Film, »A Deal in Wheat«, von Frank Norris:

Sam Lewiston hat durch Weizenspekulationen sein Land verloren und kann in Chicago keine Arbeit finden. Mit Hunderten anderer Arbeitsloser steht er nach Brot an. »Da stand er und der Nieselregen hüllte ihn ein, er war durchweicht und betäubt vor Hunger. Vor und hinter ihm dehnte sich die Schlange aus. Niemand sprach. Kein Ton war zu hören. Die Straße war leer. Es war so still, daß das Vorbeifahren der Straßenbahn in einer nahen Unterführung kreischte wie das ausgedehnte Rollen einer Explosion, in unendlichen Fernen beginnend und sich wieder verlierend. Der Nieselregen fiel unaufhörlich. Nach langer Zeit schlug es Mitternacht. Es war etwas Unheilvolles und tief Beeindruckendes in dieser unendlichen Reihe dunkler Figuren, eng zusammengepreßt, lautlos; eine Menge, absolut still; eine eng gedrängte, lautlose Reihe, wartend, wartend in der völlig leeren nächtlichen Straße; wartend ohne ein Wort, ohne sich zu bewegen, dort, unter der Nacht und dem sich langsam bewegenden Regendunst« (Frank Norris, A Deal in Wheat, zit. nach George Pratt, Spellbound in Darkness, Greenwich, N.Y. 1973, S. 74 [Übers. JP]).

Übriggeblieben ist die völlig bewegungslose Menschenschlange – konfrontiert mit dem lauten Getöse des Siegesbanketts des Weizenkönigs, dessen Tafel sich unter der Last der Speisen und Getränke biegt. Die lautlose Reihe der Hungernden und das Bankett sind nicht mehr zwei alternierend dargestellte Teile derselben Situation, sondern es handelt sich um zwei unterschiedliche Situationen, die ›durch Welten‹ getrennt sind und deren Zusammenhang erst behauptet und narrativ entwickelt werden muß. Diese Parallel-Montage von arm und reich stellt zwar die Situation der Armen und Reichen nebeneinander und weiß, daß die Ursache des Hungers der Armen die Unersättlichkeit der Reichen ist, dennoch bleibt es bei Parallelen und, wie das bei den Parallelen nun einmal so ist, sie berühren sich nicht. Der Tod des Weizenkönigs steht für die Rache eines anonymen Schicksals, das ihn an seinem Reichtum hat ersticken lassen; und der Hunger bedeutet für die Bauern ebenso ihr Schicksal wie ihre Bestimmung, im nächsten Frühjahr wieder die Saat auszubringen.

Béla Balázs hat zwar zu Unrecht die Geschichte des Films als Kunst mit dem Genie Griffith beginnen lassen, andererseits hat er jedoch das, was sich hiermit als neue Erzählweise durchsetzt, jedenfalls als Ausdruck der gesellschaftlichen Verhältnisse, als Struktur ihrer Ideologie, erkannt:

»Die Revolution in der Kunst, die der Film hervorbrachte, hat ihre Wurzeln in der revolutionären Ideologie der jungen und traditionslosen Kultur Amerikas. [...] Sicher ist es kein Zufall, daß der geniale Schöpfer dieser ersten neuen Formen, David Wark Griffith, in seinen Werken auch inhaltlich revolutionär gewesen ist« (Balázs, 1973, S. 165).

Nie wieder hat ein Regisseur in der amerikanischen Filmindustrie soviel Bewegungsfreiheit gehabt wie der erste Regie-Star der Filmgeschichte Griffith; daß er deshalb gleich zum künstlerischen und gesellschaftlichen Revolutionär wurde, ist mehr als fraglich. Balázs spricht zwar von »Intolerance« (Griffith, 1916), aber für den früheren Film »A Corner in Wheat« müßte dasselbe zutreffen, daß es nach Balázs Meinung künftig kaum mehr Filme gegeben hat, die »eine so scharfe revolutionäre Kritik am Kapitalismus enthalten hätte[n], wie dieser Griffith-Film, in welchem der Planwechsel zum erstenmal zum Gestaltungsprinzip des Films geworden ist. Aus dem revolutionären Geist des Inhalts konnte die vollkommen neue revolutionäre Form entstehen« (S. 166).

Was die sozialkritischen Inhalte betrifft, so waren das Themen, die ein Massenpublikum angesprochen haben, das sich ebenso mit den dargestellten Problemen identifizierte wie mit den Melodramen und Komödien, mit denen es sich amüsierte. Daß der Film eine Ware in einer kapitalistischen Unterhaltungsindustrie ist, deren Gesetzen er allemal folgt, steht seit Griffith ebenso fest, wie es die Aufgabe der verwendeten Mittel (des filmischen Erzählens z. B.) ist, diese Ware für diese Gesellschaft operational zu machen. Gerade die ›neue‹ narrative Struktur der Filme seit Griffith zeigt, daß es durchaus nicht um revolutionäre Veränderung ging (Griffith stand mit seinem Herzen sicherlich auf der Seite der Armen); die Parallelmontage bildete zwar die gesellschaftliche Schichtung in oben und unten, reich und arm ab, sorgte aber auch dafür, daß sich die beiden

Ebenen nicht ins Gehege kommen, es sei denn, daß der Klassenantagonismus im harmonisierenden *happy end* suspendiert wird.

Unverständlich ist daher auch, daß Eileen Bowser, die sich als Leiterin der Filmabteilung des Museum of Modern Art in New York um die Rekonstruktion von »A Corner in Wheat« bemüht hat, feststellen konnte, »daß die Wurzeln einiger von Eisensteins Montagevorstellungen in Griffiths Biograph-Filmen existierten. Meine These war – im Gegensatz zu dem, was Eisenstein selbst gesagt hat (!) –, daß Griffith nicht nur eine Reihe von Filmen gemacht hat, die sozialen Protest ausdrücken, sondern auch die Kontrastmontage für diese Filme entwickelt hat« (Bowser, The Reconstitution of »A Corner in Wheat«, 1976, S. 42).

Eisenstein, der sich mit Griffith intensiv auseinandergesetzt hat und dessen Filme sehr bewunderte, hatte indes andere Vorstellungen von den Wurzeln der narrativen Struktur dieser Filme: Er führte sie auf Traditionen des literarischen Erzählens des 19. Jahrhunderts zurück und konnte sich dabei auf Griffith selbst stützen, der seine Erfahrungen als Leser dieser Literatur in die Konstruktion seiner Filme investiert hat.

Während die Anfänge des Films in einer wesentlich nicht-literarischen populären Kultur der Varietés, Vaudeville-Theater, Music-Halls und des Jahrmarktes zu suchen sind, die auch die Nicht-Kontinuität der narrativen Struktur der frühen Filme bestimmt hat, schließt die Entwicklung des Films seit etwa 1908 deutlich an die Tradition literarischen Erzählens an, deren Paradigma der realistische Roman des 19. Jahrhunderts ist. Die Literarisierung bedeutet nicht nur, daß explizit literarische Werke und ihre narrative Struktur dem Film künftig als Grundlagen dienen, sondern auch dessen allgemeine Integration in die bürgerlich-literarische Kultur, die allein die Institutionalisierungs-Bestrebungen der Filmindustrie absichern konnte. Die künftigen Debatten um den ›Film als Kunst‹ drehen sich um die Rolle des Films innerhalb der etablierten Kulturinstitutionen. Nichts konnte dieser Rolle wirksamer dienen, als den Film so nahe wie möglich an die anerkannte Literatur anzunähern, sowohl indem Stoffe der Weltliteratur ›verfilmt‹ wurden, als auch, indem die Literaturgeschichte selbst zur Vorgeschichte des Films apostrophiert wurde.

3. Literaturgeschichte als Vorgeschichte des Films

> »Im Grunde ähnelt ›Citizen Kane‹ in seiner Struktur wahrscheinlich am meisten dem ›Kater Murr‹ von E.T.A. Hoffmann«.
> (Sergej Eisenstein)

Im November 1908 drehte D. W. Griffith in Anlehnung an den Roman von Tennyson »Enoch Arden« (1864) den Film »After Many Years«, ein Drama um einen verschollenen Seemann und seine junge Frau, die sieben Jahre lang wartete, bis sie diesen wieder in die Arme schließen konnte. Während Enoch Arden verschollen ist, geht seine Frau Annie Lee immer wieder an den Strand, um sehnsüchtig nach ihm Ausschau zu halten, denn solange sie keine Gewißheit über seinen Tod hat, glaubt sie fest an seine Rückkehr.

An dieser Stelle macht Griffith etwas Bemerkenswertes: Das Gesicht der aufs Meer schauenden Annie Lee montiert er mit einer Szene, die Enoch Arden als Schiffbrüchigen auf einer fernen Insel zeigt. Beide Einstellungen zeigen zwei (möglicherweise) zeitlich parallele Handlungen, deren Gleichzeitigkeit ihre Verbindung motiviert. Die syntaktische Nähe der beiden Einstellungen setzt jedoch semantisch das Bewußtsein der räumlichen Trennung voraus, die zwischen dem Strand in der Heimat Annie Lees und der Insel des Schiffbrüchigen Enoch Arden liegt. Die große Entfernung zwischen beiden Handlungsorten macht die syntaktische Nähe der beiden Einstellungen zum Problem: Annie Lee kann ihren Mann nicht sehen, weil er weit weg ist, und sie darf ihn auch nicht sehen können, weil sonst der Effekt der Spannung bis zu seiner überraschenden Rückkehr verloren wäre. Der Zuschauer ist syntaktisch aufgefordert, eine Beziehung der Gleichzeitigkeit zwischen zwei Szenen herzustellen, deren räumliche und handlungsorientierte Verbindung (zwei entfernte Schauplätze des Sehens und Gesehenwerdens) er zugleich trennen muß zugunsten der dominanten Funktion des Erzählens. Film und Zuschauer operieren nun mit einer Gleichzeitigkeit getrennter Handlungen, der die Möglichkeit (Enoch Arden ist gerettet) der Annäherung und das *happy end* bereits eingeschrieben sind. Auf diese Weise ist eine äußerst komplizierte narrative Struktur möglich geworden, die mit räumlicher Trennung und temporaler Gleichzeitigkeit verfahren kann, die die (ursprünglich szenische) Verbindung zwischen dem Blick und seinem Gegenstand aufheben und narrativ operational machen kann, indem im Bild der Trennung die künftige (narrative) Wiedervereinigung der Liebenden vorweggenommen ist.

Jacques Aumont, der sich auf die gleiche Montage in einer 1911 entstandenen Version dieses Films bezieht, sieht darin die Bestätigung der Rolle von Griffith als ›Erfinder‹ des Hollywood-Stils:

»Mir scheint wesentlich zu sein, daß Griffith sich hier zweifach als Vorläufer erweist: Er ›erfindet‹ nichts Geringeres als die Parallelmontage und stellt zugleich die Prinzipien dessen auf, was künftig das Wesen der Behandlung des Raumes im narrativen Hollywood-Film sein wird: Eine Heterogenität (die Zerstörung einer vor-filmischen und phantasmatisch referentiellen Homogenität nach den Bedürfnissen der narrativen Produktion), die mit Macht und unaufhörlich und mit tausend Tricks wieder homogenisiert wird; das ist, wie man weiß, auch u. a. der Sinn der berühmten ›Anschlüsse‹, die noch heute eherne Gesetze der Montage sind« (Aumont, 1980, S. 59).

Allerdings ist gegenüber der von Aumont behaupteten Modernität dieses Montageverfahrens von Griffith David Bordwells Einwand ernstzunehmen, daß auch diese Montagesequenz innerhalb der historischen Entwicklung filmischer Formen des Erzählens gesehen werden müsse (statt ständig den genialen ›Erfinder‹ neuer Formen zu bemühen): Die Verbindung zwischen beiden Einstellungen ist selbstverständlich auch psychologisch motiviert, d. h. die Szene der Rettung des schiffbrüchigen Enoch Arden entspricht auch den Gedanken und Hoffnungen von Annie Lee, die sich in ihrem Blick ausdrücken (daher die Einschränkung nur möglicher Parallelität, da die Rettung als bloße subjektive Wunschprojektion Annie Lees gedeutet werden kann). Derartige Gedankenbilder sind bereits auf der melodramatischen Bühne des 19. Jahrhunderts und in den frühesten Anfängen des Films (z. B. als *flashbacks)* durch ›Projektionen‹ dargestellt worden.

Griffith deutet beide Möglichkeiten der Montage an, die der zeitlichen Parallelität und der psychologischen Motivation:

»Das *switch-back* ist die einzige Möglichkeit, die Handlung in zwei gleichzeitigen Ereignissträngen darzustellen. Der psychologische Wert dieses Verfahrens ist jedoch noch größer. Durch den *switch-back* zeigt man, was jemand denkt oder wovon er spricht. Zum Beispiel sieht man in der einen Szene jemand an etwas denken; die nächste Einstellung *switches back* zu seiner Liebsten und dann wieder zurück zu ihm. Auf diese Weise weiß man, woran der Mann gerade denkt« (Griffith, 1915, S. 39, zit. nach Bordwell, 981, 2-6, 1982, 1, S. 129).

Indem er nur die subjektive, psychologische Motivation für diese Montagesequenz gelten läßt, ordnet Bordwell sie ganz in die Konventionen nicht-kontinuierlichen, szenischen Erzählens des frühen Films ein: Die Identität des Ortes bleibt gewahrt, weil die ›andere Szene‹ nur Emanation des Wunsches von Annie Lee ist.

Offensichtlich ist, daß von Griffith beide Strategien auf geschickte Weise für den dominanten narrativen Effekt verwendet wurden: Dem subjektiven Wunsch Annie Lees entspricht auch eine dargestellte Wirklichkeit (die Rettung Enoch Ardens), die zunächst nur der Zuschauer kennt, was ihn in eine bestimmte Position des Wissenden gegenüber den Verstrickungen der Handlung versetzt (ein Verfahren, das Hitchcock für den *suspense-Effekt* seiner Filme benutzt hat).

Das psychologisch motivierte *flashback-* (oder *switch-back-*) Verfahren ist, wie sich herausgestellt hat, keineswegs neu, sondern Bestandteil der szenischen Montageauffassung. Aber auch das, was Aumont ›Erfindung‹ nennt und Griffith als dem Vorläufer des Hollywood-Films zuschreibt, hat eine in diesem Fall *literarische* Vorgeschichte. Richtig ist, daß es zu den Grundprinzipien der Hollywood-Dramaturgie bis heute gehört, daß zunächst getrennt werden muß, was dann durch die Erzählung des Films in einer neuen, imaginären Einheit wiedervereinigt wird. Dieses Verfahren der imaginären Vereinheitlichung oder Homogenisierung setzt die Uneinheitlichkeiten, Differenzen, Widersprüche oder Trennungen (auch als gesellschaftliche Referenz-Erfahrung) voraus, die, indem sie erzählt, zugleich homogenisiert und (als imaginäre) ›gelöst‹ werden. Daß kontinuierliches Erzählen und Heterogenität des Erzählten kein Widerspruch sind, das wurde schon an der Diskussion der beiden Griffith-Filme »The Londale Operator« und »A Corner in Wheat« erkennbar.

»After many Years« als ›Literaturverfilmung‹ nach Tennysons »Enoch Arden« ist selbst ein Beispiel dafür, daß dieses Montageverfahren in der Auseinandersetzung mit dem literarischen Erzählen von Griffith für den Film entwickelt wurde. Besonders aufschlußreich ist die folgende Anekdote aus der Entstehung des Films: Als Griffith den Vorschlag machte, die Einstellungen von Annie Lee und Enoch Arden wie oben diskutiert zu schneiden, waren die Bosse der Biograph-Company völlig verständnislos:

»›Wie kann man eine Geschichte erzählen, indem man solche Sprünge macht? Die Leute werden nicht wissen, was los ist.‹
›Aber‹, sagte Mr. Griffith, ›schreibt Dickens nicht auf die gleiche Weise?‹
›Schon, aber das ist Dickens, so schreibt man Romane, das ist etwas anderes‹.
›Gar nicht so sehr, das hier sind Bildergeschichten: die sind gar nicht so anders‹« (Arvidson, 1968, S. 66; vgl. dazu auch Eisenstein, 1961, S. 96 f.).

Griffith hat also bewußt dieses Montageverfahren in die Tradition des literarischen Erzählens, besonders eines Charles Dickens, gestellt. Das wird an anderer Stelle noch deutlicher:

»Ich habe die Idee [des *cross-cutting* von einer Szene zu einer anderen, um die Spannung zu erhöhen] eingeführt [...], aber es war keineswegs meine eigene Idee. Ich habe sie in den Werken von Dickens gefunden. Er war immer mein Lieblingsautor gewesen, und indem ich seine Werke gelesen habe, wurde ich von der Wirksamkeit dieses Verfahrens des *switching-off* überzeugt. Man kann es in allen seinen Büchern finden. Erst führt er eine Menge Figuren und Ereignisse ein, dann bricht er plötzlich ab und wechselt von einem zum anderen, und am Ende faßt er alle die scheinbar losen Enden wieder zusammen und rundet das Ganze ab« (Griffith, zit. nach Petri, 1975, S. 187).

Der Filmemacher Griffith ist hier offensichtlich in die Rolle des literarischen Erzählers geschlüpft, weil sie ihm weit über die viel zu eng gewordenen Grenzen szenisch organisierter Handlungen hinaus Operationen in einem narrativen System ermöglicht, dessen solide und im realistischen Roman des 19. Jahrhunderts ausreichend erprobte Struktur ihm und den Zuschauern nun die Beherrschung einer großen Anzahl und eines Gewirrs von Figuren, Situationen, Ereignissen und Details eröffnet, die in viel höherem Maße auch der Realitätserfahrung der Menschen des beginnenden 20. Jahrhunderts entspricht. Der Film, selbst Produkt der Industrialisierung der Wahrnehmung und Kommunikation, erweist sich als legitimer Erbe der literarischen Erzähltradition des 19. Jahrhunderts, die auf ähnliche Voraussetzungen in der (gesellschaftlichen) Realität mit derartigen Erzählstrukturen reagiert hatte, so daß man auch für die Literatur des 19. Jahrhunderts sagen kann:

»Es ist merkwürdig und wohl auch bezeichnend, daß man feststellen kann, daß während des ganzen 19. Jahrhunderts Schriftsteller ihre Verfahren des Beschreibens in einem Maße perfektioniert haben, daß einige Jahre vor der Erfindung des Films einige von ihnen nicht nur davon geträumt haben, den Diskurs wie eine Kette bewegter Bilder zu konstruieren, die den Eindruck von Bewegung und Lebendigkeit geben, sondern auch mit Verfahren des Schreibens experimentiert haben, die die Grundlage der Filmkunst abgeben sollten« (Borrely, 1975, S. 321).

Das bedeutet allerdings, daß nicht nur die Filmemacher Anleihen bei der Literatur des 19. Jahrhunderts gemacht haben, sondern daß diese Literatur bereits vor dem Film Aspekte des Filmischen im literarischen Erzählen vorweggenommen hat, die Literaturgeschichte also gleichsam die Vorgeschichte des Films ist, was gewisse Affinitäten erklären würde, wenn man klären könnte, wie eine Literaturgeschichte des Filmischen vor dem Film möglich ist.

Sergej Eisenstein hat in seinem 1944 geschriebenen einflußreichen Aufsatz: »Dickens, Griffith und wir« auf die strukturellen und referenziellen Gemeinsamkeiten zwischen dem literarischen Erzählen des 19. Jahrhunderts, besonders bei Dickens, der kapitalistischen Struktur der Industriegesellschaft und der Adaption dieser narrativen Struktur durch Griffith aufmerksam gemacht (um zugleich auf der grundsätzlichen Differenz zur nach-revolutionären sowjetischen Gesellschaft und ›ihrer‹ Filmkunst zu bestehen).

»Selbst wer sich nur oberflächlich mit dem Werk des großen englischen Romanciers beschäftigt, wird sofort erkennen, daß Dickens der Filmkunst bedeutend mehr Anregungen geben könnte und gegeben hat als nur die Montage der Parallelhandlung.
Dickens steht den Elementen der Filmkunst – in Methode, Manier, Besonderheit der Sicht und Darstellung – tatsächlich erstaunlich nahe.
Und vielleicht ist in diesen sowohl der Filmkunst als auch Dickens eigenen Elementen ein gut Teil des Geheimnisses für den Massenerfolg zu suchen, den beide den Besonderheiten einer solchen Handschrift und Darlegung – neben der Themen- und Sujetwahl – verdankt haben und noch verdanken.
Was bedeuten Dickens' Romane für seine Zeit? Was bedeuten sie für seine Leser? Es gibt nur die eine Antwort: Das gleiche, was für jene Gesellschaftsschichten heutzutage der Film bedeutet« (Eisenstein, 1961, S. 72).

Die Grundlage dieser Gemeinsamkeiten ist die gemeinsame Erfahrung prinzipiell gleicher gesellschaftlicher Verhältnisse, die sich bis in die innere Struktur der literarischen bzw. filmischen Erzählweise fortsetzt, ihre Montageform:

»Das montagegerechte Denken ist nicht zu trennen von den allgemeinideellen Grundlagen des Denkens überhaupt. Die Gesellschaftsordnung, die sich in der Konzeption der Griffithschen Montage widerspiegelt, ist die bürgerliche Gesellschaft« (S. 109).
»So wirkt die Methode der klassischen Griffithschen Montagefilme wie ein Splitter von jener Gesellschaftsordnung, die er täglich vor Augen hatte« (S. 110).

Griffiths Montageform ist wie ein »[...] Spiegelbild seiner dualistischen Auffassung von der Welt, einer Welt nämlich, die in den zwei parallelen Linien der Armen und der Reichen zu einer nebelhaften, hypothetischen ›Versöhnung‹ gelangt, sobald [...] sich die parallelen Linien treffen, das heißt in der Unendlichkeit, die genauso unerreichbar ist wie die verheißene ›Versöhnung‹ selbst« (S. 113).

Diese homologe Beziehung zwischen narrativer und Gesellschaftsstruktur, die in der Klassengesellschaft auf der Parallelität zweier sich berührender Schichten beruht und sich in der narrativen Struktur der literarischen oder filmischen Erzählung abbildet, kennzeichnet den bürgerlichen Roman wie den (vor allem amerikanischen) Film, gerade dann, wenn deren Inhalte sich mit sozialen Themen beschäftigen – sei es im »Oliver Twist« bei Dickens oder in »A Corner in Wheat« bei Griffith –, um in der Vorstellung von Versöhnung und Gerechtigkeit die getrennten Linien wieder zu vereinigen.

Indem Eisenstein die kapitalistische Gesellschaftsform als gemeinsame Grundlage für die literarischen und filmischen Montagen bei Dickens (u. a.) und Griffith betonte, hat er andererseits auch auf dem Bruch mit dieser Form der Montage paralleler Handlungsstränge in der russischen Filmkunst nach der Revolution bestanden (s. dagegen Eileen Bowsers Bemerkung o. S. 44):

»Unsere Montagekonzeption ist weit über die klassische dualistische Montage-Ästhetik Griffiths hinausgewachsen, deren charakteristisches Merkmal die Unvereinbarkeit zweier parallel verlaufender, sich untereinander verflechtender thematisch verschiedener Linien ist, die sich zur Steigerung von Unterhaltung, Spannung und Tempo gegenseitig vorwärtstreiben.
Für uns wurde die Montage zu einem Instrument, das es uns gestattet, zur Einheit der höchsten Ordnung vorzudringen, durch das Montagebild die organische Verkörperung einer einheitlichen ideologischen Konzeption zu erreichen, die alle Elemente des einzelnen, des Details des Filmwerkes umfaßt« (S. 135).
»Dem amerikanischen Parallelismus und der Aufeinanderfolge von Großaufnahmen stellt unser Film ihre Einheit in der Verschmelzung gegenüber: den Montage-Tropus!« (S. 118)

Wenn Griffith also narrative Strukturen in seinen Filmen wie die Parallelmontage auf seine Lektüre der Romane von Dickens zurückführt und Eisenstein diesen Zusammenhang als Homologie von narrativer und Gesellschaftsstruktur bestätigt, dann liegt es nahe, das *literarische Erzählen in den realistischen Romanen des 19. Jahrhunderts als Vorläufer oder Vorform für das filmische Erzählen des 20. Jahrhunderts zu verstehen.* Wenn die Parallelmontage etwa in den Romanwerken von Dickens, Flaubert, Zola u. a. präfiguriert, dann fragt man sich, in welcher Weise sie bereits ›filmisch‹ ist oder ob ihre Verwendung bei Griffith noch ›literarisch‹ ist. Damit hängt die Frage zusammen, ob das 19. Jahrhundert bereits (gesellschaftlich bedingte) Wahrnehmungsweisen entwickelt hat, die zunächst literarisch wiedergegeben werden, um erst im Film ihren adäquaten Ausdruck zu finden (s. Balázs), oder ob sich der Film seit Griffith in eine literarische Kultur mehr oder weniger illegitim einzunisten beginnt und, wie Kulturkritiker seitdem nicht müde werden zu betonen, diese allmählich verschlingt (zu ›ver-filmen‹).

Die Behauptung der ›Literaturgeschichte und im Anschluß daran der Kulturgeschichte als Vorgeschichte des Films bzw. des Kinos‹ provoziert diese und eine Reihe anderer Fragen, die im Folgenden diskutiert werden sollen. Zunächst ist an einigen Textbeispielen zu untersuchen, ob sich in der Literatur des 19. Jahrhunderts vor der Einführung des Films aus unserer heutigen Filmerfahrung so etwas feststellen läßt, was provisorisch ›filmische Schreibweise‹ genannt werden könnte.

1. Es lohnt sich wiederum, Eisensteins unermüdlichem Spürsinn für geeignete Beispiele aus der Literaturgeschichte (und darüber hinaus der Geschichte der Bildenden Kunst, Musik ...) zu folgen:

»(...) so seltsam es auch klingen mag: Bei Flaubert findet sich eines der vorzüglichsten Vorbilder einer ›Überkreuz‹-Montage mit deutlich ausgeprägter Tendenz zu ausdrucksvoller Zuspitzung mittels dieses Verfahrens. Gemeint ist die Szene auf der Landwirtschaftsausstellung, wo sich Emma und [Rudolf] (›Madame Bovary‹) zum erstenmale näherkommen. Hier sind zwei Gespräche ineinandergeflochten: die Rede eines offiziellen Referenten und das erste Gespräch des zukünftigen Liebespaares« (Eisenstein, 1974, S. 263).

Am Jahrestag der Landwirte, einem festlichen Ereignis in dem Provinzstädtchen Yonville, kommt es erneut zu einem Zusammentreffen zwischen Rudolf Boulanger und Emma Bovary. Wie zufällig tauchen beide im Menschengewühl auf, sie haben Mühe, die aufdringlichen Nachbarn abzuwimmeln. Während der Festrede des Regierungsrates ziehen sich die beiden ins Rathaus zurück.

»Mittlerweile waren Rudolf und Emma in den ersten Stock des Rathauses gestiegen, in den Sitzungssaal. Da dieser leer war, erklärte Boulanger, das wäre so der rechte Ort, das Schauspiel bequem zu genießen. Er nahm zwei Stühle von dem ovalen Tisch, der unter der Büste von Majestät stand, und trug sie an eines der Fenster. Die beiden setzten sich nebeneinander hin.«

Die gegenseitige Verführung, die sich nun zwischen den beiden entwickelt, bedeutet für Emma, daß sie subjektiv mit gesellschaftlichen Konventionen bricht, die sie nach außen jedoch aufrechterhält:

Außen, das ist die Öffentlichkeit, die durch die Jahresversammlung der Landwirte exemplarisch repräsentiert wird. Getrennt davon haben sich Emma und Rudolf in einen Innenraum zurückgezogen, der zwar als Sitzungszimmer des Rathauses Öffentlichkeit bedeutet (»unter der Büste von Majestät«), den sie aber mehr und mehr zum Ort ihrer Privatheit machen. Indem sie die Festversammlung als ein Schauspiel beobachten, trennen sie diese Szene von der eigenen. Zwischen diesen beiden Szenen, die zeitlich parallel, räumlich nah und im Sinne der Handlungsintention zunehmend voneinander getrennt sind, verläuft jetzt die Erzählung.

Flaubert montiert beide Szenen, die im Rathaus und die vor dem Rathaus, als parallele Handlungen, wobei der Blickpunkt *(point of view* oder POV) mal bei Emma und Rudolf, mal bei der Festversammlung und ihrem Redner ist, ohne daß jeweils die andere Szene völlig abwesend ist, denn zumindest die Geräusche, die vom Festplatz zu hören sind, insbesondere die Rede des Regierungsrates, bleiben auch akustisch anwesend, wenn Emma und Rudolf miteinander sprechen. D. h., daß es nicht nur einen ständigen Wechsel der Erzählperspektive im Sinne einer alternierenden Montage beider Szenen gibt, sondern auch die (lineare) Möglichkeit der Integration vor allem der öffentlichen Szene in die Erzählperspektive Emmas und Rudolfs, indem die Festrede akustisch anwesend bleibt und Rudolf immer wieder inhaltlich auf sie reagiert: Dadurch wird der gesellschaftliche Raum so lange wie möglich als ganzer behauptet, aber auch als unentrinnbare Anwesenheit des gesellschaftlich Konventionellen, dem Emma gerade durch ihre Beziehung zu Rudolf zu entkommen versucht.

»Unten auf der Estrade ging es lebhaft her. Alles plauderte und tuschelte. Da erhob sich der Regierungsrat von seinem Sitze.«
[Es beginnt die Rede des Regierungsrats. Unvermittelt wechselt der POV zu Rudolf:] »»Vielleicht setze ich mich ein wenig zurück‹, sagte Rudolf, ›Warum?‹ fragte Emma. In diesem Augenblick bekam die Stimme des Regierungsrats besonderen Schwung.«
[Der POV bleibt bei Emma und Rudolf, nur die Stimme des Sprechers außerhalb ist zu hören. – Inzwischen hat Rudolf eine erste versteckte Avance gewagt:] »Rudolf begleitete seine Worte mit Gebärden. Er preßte die Rechte auf sein Gesicht wie jemand, den es schwindelt. Dann ließ er sie auf Emmas Hand sinken. Sie zog sie weg. Der Rat sprach immer weiter.«
[Als man die Worte des Redners hört:] »»... durchdrungen von der Achtung vor den Gesetzen und dem Gefühle der Pflichterfüllung ...‹«
[nimmt Rudolf direkt auf das Gehörte Bezug:] »»Pflichterfüllung!‹ wiederholte Rudolf. ›Immer und überall die Pflicht! Wie mich das Wort anwidert‹« [und das Gespräch nimmt daraufhin ganz im Sinne Rudolfs die Wendung auf die Frage nach der Moral und ob man sich über sie hinweg-

setzen darf] »›Aber man muß sich doch ein wenig nach den Leuten richten und sich ihrer Moral fügen‹, meinte Emma. ›So!, das ist dann eben die doppelte Moral‹ eiferte er. ›Die eine: die kleinliche, die herkömmliche, die der Leute, die in einem fort ein anderes Gesicht zieht, immer ach und weh schreit, im Trüben fischt und auf dem Erdboden kriecht. Das ist die der versammelten Trottel da unten. Und die andere: die göttliche, die um uns ist und über uns wie die Landschaft, die uns umprangt und der blaue Himmel, der über uns leuchtet ...‹.« [An dieser Stelle, als Rudolf Emma die doppelte Moral schmackhaft macht, wechselt der Blickpunkt] »Lieuvain [der Redner] wischte sich den Mund mit dem Tuche, dann sprach er weiter:« [es folgt ein längerer Teil der Rede, schließlich :] »›Der Flachsbau hat in den letzten Jahren einen bedeutenden Aufschwung genommen, auf den ich Ihre Aufmerksamkeit ganz besonders hinlenken möchte‹ . . . Dieser Appell war eigentlich unnötig, denn die Menge lauschte offenen Mundes und ließ sich kein Wörtchen entgehen. Der Bürgermeister, der zur Seite des Redners saß, horchte mit aufgerissenen Augen, Derzerays schloß die seinen hin und wieder voller Andacht. Und der Apotheker, der seinen Platz etwas weiter weg hatte, hielt sich eine Hand ans Ohr, um Silbe für Silbe ordentlich zu verstehen. Die übrigen Preisrichter ...« [und so weiter, Flaubert läßt den Blick über die Honoratioren und schließlich über den Platz und die angrenzenden Häuser streifen, wo auch in den Fenstern Zuhörer lagen. Ganz entfernt, auf dem Markt, warteten Tiere darauf, für preiswürdig befunden zu werden. Dann ein plötzlicher Blickpunkt-Wechsel:] »Rudolf war dicht an Emma herangerückt und flüsterte ihr hastig zu: ›Muß einen denn diese Tyrannei der Gesellschaft nicht zum Rebellen machen? ...‹ [und so weiter, Emma, die durchaus bereit war, zu rebellieren, schürt durch ihre Zurückhaltung Rudolfs Feuer, bis Rudolf drängt:] »»War es nicht vielmehr in beiden ein geheimer Drang, der uns gegenseitig einander zuführte, wie zwei Ströme ineinander fließen‹, jeder von weiter Ferne her?‹ Er ergriff wiederum ihre Hand. Sie entzog sie ihm nicht. ›Preis für gute Bewirtschaftung ...‹ rief unten der Redner. ›Denken Sie doch daran, wie ich zum erstenmal in Ihr Haus kam ...‹ ›Herr Bizet aus Quincampoix!‹ ›Wußte ich damals, daß wir so bald gute Freunde werden sollten?‹ ›Siebzig Franken...‹ ›Hundertmal habe ich reisen wollen, aber ich bin immer wieder zu Ihnen gekommen und hiergeblieben ...‹ ›Für Erfolge im Düngen‹ ...« (Gustave Flaubert: Madame Bovary. Frankfurt 1976, S. 193-203)

Und so weiter. Auf dem Höhepunkt der erfolgreichen Verführung kommen sich nicht nur Emma und Rudolf, sondern auch die beiden Linien der Handlung nahe, sie umschlingen sich, wie Emma und Rudolf einander umschlingen wollen, d. h. während dort heiße Schwüre und auf dem Platz Trivialitäten geredet werden, bekommt die Struktur der Erzählung als Parallelmontage zusätzliche Signifikanz aus der erotischen Annäherung, die zugleich eine moralische Distanzierung (Emmas) ist, und der ständigen Durchdringung der Blickpunkte in der alternierenden Montage. Und Eisenstein hat recht, wenn er in diesem narrativen Verfahren Flauberts eine Struktur exemplarisch vorweggenommen sieht, die dann der Film in seinem Bestreben, kontinuierlich zu erzählen, wieder aufnehmen wird: Ausgangspunkt ist eine einfache Einheit (ein bürgerliches Fest in »Madame Bovary«, ein Paar in »The Lonedale Operator«), die in zwei parallele Aktionen aufgebrochen wird (die Trennung der Schauplätze bei Flaubert als Ausdruck der Distanzierung und Privatisierung bzw. die Bewegung des Paares an verschiedene Orte bei Griffith). Darauf folgt schließlich die erneute Verflechtung beider Linien in der alternierenden/parallelen Folge von Blickpunkten zu einem ›zopfartigen‹ narrativen Gebilde, an dessen Ende die Katastrophe oder das ›happy end‹ stehen, gleichviel, wenn es nur zur Lösung und zu einem Ende kommt (Emma Bovary kann sich aus der Verstrickung nicht lösen, während die Telephonistin ihren Lokomotivführer am Ende glücklich umarmen kann).

In der Hollywood-Verfilmung von Flauberts »Madame Bovary« (Vincente Minnelli, 1949) wurde das Verfahren auf die Parallelaktion hin vereinfacht; die akustische Kulisse des Festes bleibt als Hintergrund für die Verführungsszene, auf die sich das Interesse konzentriert; die Kontinuität des filmischen Erzählens hält sich an das Schicksal des Individuums und degradiert die Verwobenheit in die gesellschaftlichen Verhältnisse zur Geräuschkulisse, vor der das exemplarische Individuum, der Star Jennifer Jones, agiert.

2. Wie sehr die Erzählstruktur der alternierenden Montage mit der Organisation von Blickpunkten, dem Sehen und der Herausbildung historisch bedingter und also auch veränderbarer Wahrnehmungsweisen zu tun hat, macht folgendes Beispiel deutlich: In der Großstadt London spielt Edgar Allan Poe's Erzählung »Der Mann in der Menge«. Sie beginnt damit, daß der Erzähler in einem Café an einer belebten Londoner Straße sitzt und auf das Menschengewühl blickt.

»Ich überschaute die verschiedenen Gruppen der Vorübergehenden und stellte mir ihre Beziehungen zueinander vor. Bald jedoch ging ich mehr auf Einzelheiten ein und studierte mit sorgfältigstem Interesse die unzähligen Verschiedenheiten an den Gestalten, an der Kleidung, der Haltung, den Gesichtern und dem besonderen Ausdruck der Züge.«

Der Beobachter, der über seine Wahrnehmungen berichtet, ist zunächst an seinen Platz fixiert; sein Blick (als Wahrnehmungsintention) engt sich jedoch immer weiter ein und ›nähert sich‹ den vorübergehenden Passanten immer mehr an (von den ›Gruppen der Vorübergehenden‹ zu dem ›besonderen Ausdruck der [Gesichts-]Züge‹). »Ich bemerkte, daß sie ihre Hüte immer mit beiden Händen zurechtrückten und große goldene Uhrketten von unmodernen Mustern trugen.« Mit zunehmender Dunkelheit nimmt die Deutlichkeit der Detailwahrnehmung ab und wird durch die Imagination des Beobachters ersetzt; das Gaslicht verändert die Szenerie:

»Diese phantastische Beleuchtung regte mich wieder zur Betrachtung der einzelnen Gesichter an, und wenn die Geschwindigkeit, mit der die Personen an dem Lichtscheine meines Fensters vorüberglitten, es auch unmöglich machte, mehr als einen flüchtigen Blick auf einen Vorübergehenden zu werfen, so war's mir doch, als könne ich in meinem seltsamen hellseherischen Zustande auch in diesem kurzen Augenblick die Gesichter langer, langer Jahre lesen. - So studierte ich also, die Stirn an die dunstige Fensterscheibe gedrückt, die vorüberhastende Menge, als mich plötzlich [!] ein Gesicht bannte, das da draußen auftauchte [...] Und plötzlich [!] faßte mich das unwiderstehliche Verlangen, den Mann im Auge [!] zu behalten, mehr von ihm zu erfahren. Ich zog eiligst meinen Überrock an, ergriff Stock und Hut, bahnte mir meinen Weg auf die Straße hinaus und drang in die Richtung, die der Mann genommen hatte, durch die Menge vor; denn er selbst war inzwischen meinen Blicken natürlich entschwunden. Doch schon bald erblickte ich ihn wieder, näherte mich und folgte ihm aber so vorsichtig, daß er mich nicht bemerkte.«

Der Weg führt Verfolger und Verfolgten durch die Straßen, um Häuserecken, durch ein Kaufhaus (!), eine Kneipe und wie zufällig wieder zurück bis vor das Café, wo der Erzähler den ›Mann in der Menge‹ endgültig aus den Augen verliert.

»›Dieser alte Mann‹, sagte ich endlich zu mir selbst, ›ist die Verkörperung, ist der Geist des Verbrechens. Er kann nicht allein sein. Er ist der Mann in der Menge. Es wäre vergebens, ihm noch weiter nachzugehen, denn ich würde doch nichts von ihm, nichts von seinen Taten erfahren‹.« (Edgar Allan Poe: Der Mann in der Menge. In ders., Erzählungen in zwei Bänden. München 1966. Bd. 1, S. 207-220)

Die eigentlichen Themen dieser Erzählung sind das Sehen und das Verbergen, sind Licht und Dunkelheit, Beleuchtung und Schatten; die Beobachtungen des Flaneurs im Caféhaus reduzieren die ›Welt‹ auf den Ausschnitt des Fensters, dessen Rahmen das Gesehene zum bewegten Bild werden läßt. Die Erzählperspektive bleibt durchgehend beim Erzähler, aber die Wahrnehmungsperspektive verändert sich ständig, sie reicht vom Blick auf die Menge bis zum Muster auf dem Uhrdeckel eines der Passanten und bis zu den Gesichtszügen eines anderen. Und es ist die Wahrnehmungsperspektive (das Sehen), die die Erzählperspektive (die Darstellung des Gesehenen) strukturiert: Der Rahmen des bewegten Bildes korrespondiert mit der fixen Position des Betrachters, während die Bewegung des Erzählers durch die Stadt als Folge schockartiger Wahrnehmungen ›montiert‹ ist. Natürlich ist man versucht, die Erzählsituation als kinohaft zu deuten, den Erzähler als Zuschauer vor einer Kinoleinwand zu sehen und die Verfolgung des ›Mannes in der Menge‹ als Identifikation des Zuschauers mit einer im Film dargestellten Handlung, die zudem im ›Kino‹, d. h. im Café wieder ankommt. (Etwa 100 Jahre später wird der kinobegeisterte Surrealist Philippe Soupault sein Gedicht »Café« folgendermaßen beenden: »Hinter der Scheibe beobachte ich den immergleichen Film. Laß nur! Gerade wurde das Licht angeschaltet.« Philippe Soupault, Café, aus »Rose des vents« [1920], in: ders., Poèmes et poésies, Paris 1973, S. 33.) Möglicherweise besteht hier ein Zusammenhang, allerdings genau umgekehrt: Die Entwicklung der Wahrnehmungsverhältnisse in den sich ausbreitenden Städten durch künstliche Beleuchtung, Verkehr und Bevölkerungsdichte etc. hat zu Erzählstrukturen in der Literatur des 19. Jahrhunderts geführt, die im Kino endlich ihren exemplarischen ›Ort‹ bekommen haben. (Vgl. hierzu Benjamin über Baudelaire: Benjamin, 1974, S. 123). Darauf wird noch genauer einzugehen sein.

3. Die ›Wirklichkeit des Imaginären‹, in die der Erzähler Poes aus dem Café auf die Straße hinausstürzt (um gleichsam ›hinter die Leinwand‹ des Caféfensters zu gelangen), hat in der bürgerlich-kapitalistischen Gesellschaft des 19. Jahrhunderts diese eine, alles beherrschende Gestalt: die Ware; und im Kaufhaus haben die Waren einen Ort bekommen, den Emile Zola in seinem Roman »Au Bonheur des Dames« (aus dem Romanzyklus »Rougon-Macquart«) wie eine Kathedrale der Neuzeit beschrieben hat.

Das Kaufhaus öffnet seine Pforten (der ›Vorhang hebt sich‹), und ...

»Was die Damen am Weitergehen hinderte, war der wundervolle Anblick der großen Weißwarenausstellung. Zunächst umgab sie das Vestibül [...]. Dahinter dehnten sich in strahlendem Weiß die Galerien, ein Ausblick in den hohen Norden, eine wahre Schneelandschaft, die die Unendlichkeit mit Hermelin bespannter Steppen und in der Sonne leuchtende Gletschermassen zeigte. [...] Nichts als Weiß, alle weißen Artikel aus sämtlichen Rayons, eine Schwelgerei in Weiß, ein weißes Gestirn, dessen stetiges Strahlen zunächst blendete, so daß man in diesem unvergleichlichen Weiß keine Einzelheiten unterscheiden konnte. Bald gewöhnten sich die Augen daran: zur Linken zeigte die Galerie Monsigny in langer Reihe die weißen Vorgebirge der Leinen- und Kattunsorten, die weißen Felsen der Bettlaken, Servietten und Taschentücher, während zur Rechten die Galerie Michodière, die von den Kurzwaren, den Wirkwaren und den Wollsachen eingenommen wurde, weiße Bauten aus Perlmutterknöpfen, eine große, aus kurzen weißen Strümpfen zusammengesetzte Dekoration, einen ganz mit weißem Molton ausgeschlage-

nen, von einem fernen Lichtstrahl erhellten Saal zur Schau stellte. [...] Die Ladentische verschwanden unter dem Weiß der Seiden und der Bänder, der Handschuhe und der Tücher. Um dünne eiserne Säulen wallte, hier und dort durch weißen Foulard gerafft, weißer Musselin, die Treppen waren mit weißen Behängen geschmückt [...]; und dieses aufsteigende Weiß bekam Flügel, drängte sich zusammen und verlor sich wie eine Schar ziehender Schwäne. Dann fiel das Weiß von den Wölbungen herab, Daunen ergossen sich, eine breite, schneeige Bahn aus großen Flocken: weiße Bettdecken, weiße Plumeaubezüge flatterten, wie Kirchenbanner aufgehängt, in der Luft; lange Gipürestreifen waren durch den ganzen Raum gespannt, wirkten wie Schwärme weißer Schmetterlinge, die mit unbeweglichem Schwirren in der Luft hingen. [...] Und das Wunderbarste, der Altar für diesen Kult aus Weiß, befand sich über der Seidenabteilung in der großen Halle: ein Zelt aus weißen Vorhängen, die von dem Glasdach herniederhingen. [...]
›Oh, ganz außerordentlich!‹ sagten die Damen immer wieder. ›Unerhört!‹
Sie wurden dieses Gesanges vom Weiß, den die Stoffe des ganzen Hauses sangen, nicht müde. [. . .] Nichts als Weiß, und niemals dasselbe Weiß, alle Tönungen von Weiß, deren jede sich von den anderen abhob, einen Gegensatz zu ihnen bildete, sie ergänzte und die alle zusammen zu einem schallenden Ausbruch von Licht gelangten. [...]
»Nun«, sagte Frau de Boves, ›wir müssen dennoch weitergehen. Hier können wir nicht bleiben.‹
Seit sie eingetreten war, ließ der Inspektor Jouve, der in der Nähe des Eingangs stand, sie nicht aus den Augen. Als sie sich umwandte, trafen sich ihre Blicke. Nachdem sie sich dann wieder in Bewegung gesetzt hatte, gönnte er ihr einen kleinen Vorsprung und folgte ihr von weitem, scheinbar ohne sich noch um sie zu kümmern.

›Schauen Sie doch, die Veilchen!‹ sagte Frau Guibal, die bei der ersten Kasse wieder mitten im Gedränge stehenblieb. ›Das ist ein netter Einfall!‹« (Emile Zola: Paradies der Damen. München 1976 [Ü: Hilda Westphal] S. 622-626)

Der von einem Meer von Weiß geblendete Blick der faszinierten ›Opfer‹ dieser weißen Falle, der durch die Kathedrale der Waren geschweift war, wird schließlich an das Ziel dieser weißen Kaskaden geführt, wo auf den eigentlichen Zweck der Inszenierung ›durch die Blume‹, Sträuße weißer Veilchen, die an die Kundinnen verteilt wurden, hingewiesen wird: Alle Wege durch das »Paradies der Damen« (Titel der deutschen Ausgabe) führen zur Kasse, wo die Waren von ihrer Verzauberung ›erlöst‹ werden, um sich in klingende Münze zurückzuverwandeln. Als Wächter auf diesem Weg der Rückverwandlung der Waren in Geld begleitet der Hausdetektiv Jouve die Damen durch das Paradies, damit es zu keinem Sündenfall kommt ...

Sergej Eisenstein hat diesen Text als Beispiel »›symphonischer‹ Strukturen bei Zola« ausführlich zitiert, und zwar »[...] gerade auch, weil es hier farblich um einen Ton geht, bei zugleich blendender Vielfalt von Strukturen und Materialschattierungen« (Eisenstein, 1980, S. 199 f.). An anderer Stelle, wenn es um Methode oder ›Kunstgriff‹ des Pathos in der (literarischen oder filmischen) Rhetorik geht, kommt Eisenstein auf die Strukturen der Darstellung bei Zola zu sprechen:

»Bei Zola sind das geschilderte Milieu, seine Details, die einzelnen Phasen der Ereignisse in jeder einzelnen Szene immer so gewählt und dargestellt, daß sie sich faktisch und physisch in dem auf Grund der Struktur notwendigen Zustand befinden. Das ist bei allen Kompositionsstrukturen Zolas der Fall, besonders anschaulich jedoch ist es dort, wo Zola in Pathos gerät und Ereignisse, die mitunter an sich keineswegs pathetisch sind, auf die Höhe des Pathos erhebt« (Eisenstein, 1973, S. 176 f.).

Was das Pathos (als Kompositionsstruktur) mit dem Milieu (dem Warenhaus) und den dargestellten Ereignissen verbindet, hat Viktor Sklovskij in seiner Eisenstein-Biographie sehr deutlich gesagt:

»Der Triumph des Ausverkaufs nimmt das ganze letzte Kapitel [von Zolas »Au Bonheur des Dames«] ein. Es ist vollgestopft mit Substantiven. Waren defilieren an uns vorüber. Es ist ein Karneval der Waren. Aber sie scherzen nicht – sie werden verkauft, sie blenden die Menge der Damen.« Hier wird der »Triumph der Waren dargestellt. Das Wachstum, mit dem die Menge der Dinge zunimmt, die Gier der Massen nach den Dingen, der Sieg des Warenhauses über die kleinen Läden.« [...] »Die Menschen werden durch die Beziehungen der Dinge dargestellt« (Viktor Sklovskij, Ejzenstejn, Reinbek 1973, S. 211-213).

Aber was sind das für phantastische Beziehungen! Schneelandschaften aus Bettlaken, Gebirge aus Linnen, Felsen aus Servietten und Taschentüchern, Schmetterlinge aus Spitzen... Die Dinge verflüchtigen sich in den phantasmagorischen Schein zum Pathos ihrer Inszenierung und (literarischen) Darstellung. Die Verdinglichung der Beziehung der Menschen in der Warenwelt gibt ihnen den Schein des Imaginären, Phantastischen zurück: in der Literatur und schließlich im Kino. Deshalb, sagt Eisenstein,

»finden wir bei Zola eine große Zahl von Elementen, die für Filmleute überaus wichtig sind [...]. Schlagen sie eine beliebige Seite von Zola auf. Sie ist dermaßen plastisch *augenfällig* geschrieben, daß man anhand dieser Seite buchstäblich ›Exzerpte‹ machen kann, beginnend mit Regieanweisungen [...], mit genauen Hinweisen für den Dekorateur, den Beleuchter, den Requisiteur, die Darsteller usw.« (Eisenstein, 1977, S. 62).

Das Erzählen im realistischen oder naturalistischen Roman (Eisenstein vergleicht Balzac mit Zola) ist inspiriert von den phantasmagorischen Beziehungen, die von den Dingen als Waren gestiftet werden, von Projektionen, die schließlich im Kino sogar den Schein der Anwesenheit der Dinge in die Darstellung ihrer Beziehungen einbeziehen können. Es sind die Dinge als Waren, die die Regieanweisungen geben für ihre Inszenierung, die erst im Kino(-film) ihre adäquate Darstellungsweise zu finden scheint.

Das ›Augenscheinliche‹ der Dinge ist ihr Imaginäres, nicht etwa ihre schnöde materiale Gegenständlichkeit, zu der man besser Abstand hält, um sie ›im Zusammenhang‹ ihrer Inszenierung genießen zu können (zumal die Waren selbst signalisieren: ›berühren verboten‹, bis mit dem Kauf ihr Gebrauchswert eingehandelt wurde).

4. In der idealen Position dem Treiben der ›Welt‹ gegenüber ist der Vetter an seinem Eckfenster in E.T.A. Hoffmanns später Erzählung. Diesen Vetter, der Invalide ist und sein ganzes Vergnügen darin findet, aus seinem Mansardenfenster auf das Marktgewühl vor dem Haus zu sehen, besucht der Erzähler. Schon von weitem sieht er des Vetters Mützchen im Fenster, dann kann er seinen Schlafrock, schließlich den Pfeife rauchenden Vetter selbst erkennen (die Versuchung ist groß, diese Annäherung in Form einer Kamerafahrt zu beschreiben). Für den Invaliden ist das Fenster ein

»›Trost, hier ist mir das bunte Leben aufs Neue aufgegangen, und ich fühle mich befreundet mit seinem niemals rastenden Treiben. Komm, Vetter, schau hinaus!‹
Ich setzte mich dem Vetter gegenüber auf ein kleines Tabouret, das gerade noch im Fensterraum Platz hatte. Der Anblick war in der Tat seltsam und

überraschend. Der ganze Markt schien eine einzige, dicht zusammengedrängte Volksmasse, so daß man glauben mußte, ein dazwischengeworfener Apfel könne niemals zur Erde gelangen. Die verschiedensten Farben glänzten im Sonnenschein, und zwar in ganz kleinen Flecken; auf mich machte das den Eindruck eines großen, vom Winde bewegten, hin und her wogenden Tulpenbeets, und ich mußte mir gestehen, daß der Anblick zwar recht artig, aber auf die Länge ermüdend sei [...].«
Der Erzähler gesteht seinem Vetter, daß er den Ausblick auf die Dauer langweilig findet. Der Vetter:
»Vetter, Vetter! nun sehe ich wohl, daß auch nicht das kleinste Fünkchen von Schriftstellertalent in dir glüht. Das erste Erfordernis fehlt dir dazu, um jemals in die Fußstapfen deines würdigen lahmen Vetters zu treten; nämlich ein Auge, welches schaut [!]. Jener Markt bietet dir nichts dar als den Anblick eines scheckichten, sinnverwirrenden Gewühls des in bedeutungsloser Tätigkeit bewegten Volkes. Hoho, mein Freund, mir entwickelt sich daraus die mannigfachste Szenerie des bürgerlichen Lebens. [...]
Auf, Vetter, ich will sehen, ob ich dir nicht wenigstens die Primizien der Kunst zu schauen [!] beibringen kann. Sieh einmal gerade vor dich herab in die Straße, hier hast du mein Glas, bemerkst du wohl die etwas fremdartig gekleidete Person mit dem großen Marktkorbe am Arm, die, mit einem Bürstenbinder in tiefem Gespräche begriffen, ganz geschwinde andere Domestika abzumachen scheint, als die des Leibes Nahrung betreffen?«« Der Erzähler: »Ich habe sie gefaßt. Sie hat ein grell zitronenfarbiges Tuch nach französischer Art turbanähnlich um den Kopf gewunden, und ihr Gesicht, so wie ihr ganzes Wesen, zeigt deutlich die Französin. Wahrscheinlich eine Restantin aus dem letzten Kriege, die ihr Schäfchen hier ins trockne gebracht.« (E.T.A. Hoffmann. Des Vetters Eckfenster. in: Späte Werke, München 1969 S. 597-600)

Die Anordnung und Organisation des Sehens und der Wahrnehmung hat Ähnlichkeit mit jener, die Emma Bovary und Rudolf Boulanger am Rathausfenster plazierte, wenngleich das Treiben vor dem Fenster von ihnen nur akustisch ›gesehen‹ wurde. In ganz der gleichen Position dagegen ist der Erzähler im Café, der das Treiben auf der Straße hinter der Fensterscheibe beobachtet (»Der Mann in der Menge«). Seine Beziehungen zu diesen Passanten sind ebenfalls imaginär, und will er einen der Menschen fassen, entwischt er ihm, und es bleibt die Vorstellung, die bloße Phantasmagorie (des personifizierten Verbrechens) (Vgl. dagegen Benjamin, 1974, S. 124). Die Frauen im Kaufhaus »Au Bonheur des Dames« können zwar in einem Meer von Waren baden, die aber ebenfalls nur den Blicken und erst an der Kasse auch dem Gebrauch zugänglich sind. Der geheimnisvolle Glanz der Waren erlischt, sobald sie aus dem Zusammenhang gerissen und nach Hause getragen werden.

Unter diesen Umständen erweist sich der Vetter an seinem Eckfenster als der wahre Realist. Er hat Posten bezogen *gegenüber* der

Welt, deren Handel und Wandel, Leidenschaften und Vergeblichkeiten ihm nur das Material liefern, damit er sie weiterspinnen und ausphantasieren kann. Im Unterschied zu einem seiner modernen Vettern, L. B. Jefferics, der sich am ›Fenster zum Hof‹ sitzend – gemeint ist natürlich der Film von Alfred Hitchcock »Das Fenster zum Hof« (Rear Window, USA 1954) – eine Mordgeschichte zusammenphantasiert, die sich aber als real herausstellt und in die er eingreift, würde sich dieser Vetter hüten, den Objekten seiner Beobachtung zu nahe zu kommen. Der Ausschnitt, den ihm der Fensterrahmen von der ›Welt‹ bietet, ist das bißchen Wirklichkeit, das er benötigt, um Beziehungen, Schicksale von Menschen, die er auf dem Marktplatz von ferne gesehen hat, weiterzuphantasieren. Die Lähmung, die den Vetter vor das Fenster fesselt, resultiert aus den bürgerlichen Verhältnissen in Deutschland um die Mitte des 19. Jahrhunderts, und E.T.A. Hoffmann selbst hat sich in einer Doppelexistenz als preußischer Beamter und phantastischer Dichter und Musiker eingerichtet. Die Szenerie der bürgerlichen Gesellschaft, die er von seinem Fenster aus erblickt, schließt den Beobachter in einer Anordnung (einem ›Dispositiv‹, s. u. S. 65, 75) zusammen, die den gesellschaftlichen Bedingungszusammenhang (das ›Milieu‹, hatte Eisenstein gesagt) ausdrückt, dem sie sich verdankt.

Das Erzählen paralleler Handlungen (der Armen und Reichen bei Dickens zum Beispiel) hat auch die Erfahrung der Trennung des Gegenstandes von seiner Vorstellung zur Voraussetzung; diese Trennung hat den Beobachter vor einer Szene oder, wie Walter Benjamin ihn im Anschluß an Charles Baudelaire genannt hat, den Flaneur hervorgebracht. In der Literatur des 19. Jahrhunderts wird die bloße Vorstellung im literarisch Imaginären gegenständlich, im Kino werden die Gegenstände in der Vorstellung (als Veranstaltung des Imaginären) zurückkehren.

Der Sinn, der von der Realität der Gegenstände oder gegenständlichen Realität zu ihrer bloßen Vorstellung vermittelt, ist der Gesichtssinn, insbesondere das Sehen: »Unvergleichlich ist bei Dikkens das Gedächtnis des Auges« (Eisenstein, 1961, S. 75). Und bei Poe und Hoffmann ist nur noch dem (imaginierenden) Auge eine Realität zugänglich, die, indem sie wahrgenommen wird, bereits Vorstellung ist.

Die bürgerlich-realistische Literatur des 19. Jahrhunderts ist geprägt von einer Hypertrophie des Sichtbaren, die allerdings erst im 20. Jahrhundert ihre adäquaten Medien Kino und Fernsehen bekommen wird, um in der Literatur des vergangenen Jahrhunderts die geeigneten Stoffe vorzufinden. In jedem Fall entspricht der Dominanz des Sichtbaren eine Strategie des Verbergens. Die so ungemein realistisch vorgestellte Welt ist in der Tat vor die Welt gestellt, die dahinter den unansehnlichen Alltag der bürgerlichen Wirklichkeit verdeckt. In den Abenteuerromanen von Eugen Sue, Alexandre Dumas, Gabriel Ferry, John Retcliffe, Karl May und Jules Verne (u. a.) haben die Helden das muffige Alltagsmobiliar heimischer Bürgerlichkeit (scheinbar) zurückgelassen, wenn sie durch Savannen streifen, mit U-Booten in die Meere tauchen oder sich auf den Mond schießen: Die Mondrakete Jules Vernes schleppt allerdings die ganze Wohnzimmereinrichtung mit sich, in der sie phantasiert wurde.

»Via Fantasie entschädigt [die Gattung der Abenteuerromane] den Zeitgenossen für die unansehnlichen und uneinsehbaren Verkehrsformen von Kapital und Industrie, die sein Alltagsleben prägen. Gleich doppelt begegnen die neuen Romane diesen Verstörungen, indem sie Veranschaulichung als einen Prozeß auf zwei Ebenen betreiben. Als Erzählprozeß des Autors und als Handlungsprozeß des Helden. Der Erzählprozeß stellt die abenteuerliche Welt als prinzipiell anschauliche dar, die nur zeitweilig entstellt ist durch die Machenschaften übler Widersacher. Genau dieser Mangel wird im Lauf der Erzählung behoben. Und der Handlungsprozeß des Helden besteht allzumal darin, hinterhältige und untergründige Widersacher zu fassen und unschädlich zu machen, Verborgenes ans Tageslicht zu bringen, gewaltsam Zerstückeltes ebenso gewaltsam wieder zusammenzufügen« (Klotz, 1979, S. 211 f.).

In dieser narrativen Strategie kündigt sich an, was als Leistung der kontinuierlichen Montage für die Homogenisierung des Heterogenen beschrieben und an anderer Stelle das Verfahren des »klassisch-realistischen Filmtextes« genannt werden wird. Es leitet sich direkt aus der realistischen Literatur des 19. Jahrhunderts her: Der Erzähler (der in E.T.A. Hoffmanns »Des Vetters Eckfenster« gleichsam seine ›Initiation‹ erhält), behält den Überblick, verfügt aus seiner distanzierten Position (am ›Fenster zur Welt‹) über die Sicherheit des Wissens, das er erzählend veranschaulicht und zur wahrnehmbaren, sichtbaren Realität des Erzählten macht; sein Medium ist der Held, der als Detektiv, Fährtensucher, Sohn/Tochter des verschollenen Vaters oder Geliebter/Geliebte das Unsichtbare (Verbrechen, die Verschollenen etc.) sichtbar machen muß. Im Verhältnis zwischen dem Erzähler und dem, was er erzählt, findet dasselbe statt, was am Ende den verschollenen Vater den Kindern, die Geliebte dem Geliebten etc. zuführt; das allmächtige Wissen und das unbegreifliche Schicksal kommen zusammen.

Der amerikanische Filmregisseur Griffith hatte am Beginn der Literarisierung des Films den Parallelismus als dominante Struktur seiner Filmerzählungen damit begründet, daß er dieselbe Struktur in den Romanen eines Charles Dickens gefunden hätte. Sergej Eisenstein war diesem Zusammenhang nachgegangen und hat grundsätzlich in der Romanliteratur des 19. Jahrhunderts diese ›Montage‹-Struktur analysiert. In Flauberts »Madame Bovary« konnte man gleichsam den Ursprung dieser Parallelisierung aus der Entwicklung der bürgerlichen Gesellschaft erkennen (als einen »Strukturwandel der Öffentlichkeit« [Habermas]). In den Erzählungen Poes und Hoffmanns wird der dargestellte Parallelismus zum Prinzip des Darstellens selbst, indem der Erzähler seine Position der vorgestellten Welt gegenüber einnimmt und zu ihrem privilegierten Zuschauer wird. Zugunsten des allmächtigen Wissens auf der einen (Erzähler-)Seite, das im erfolgreichen Sichtbarmachen des bis dahin Unsichtbaren (Guten oder Bösen) einsichtig wird, wird damit auch der Parallelismus als grundsätzliche Trennung (des Gegenstands von seiner Vorstellung, des Zeichens von seiner Bedeutung, des Warenwerts vom Gebrauchswert etc.) festgeschrieben, um so deutlicher, als diese Trennung im Imaginären des Erzählten immer wieder aufgehoben wird.

Die ›Literaturgeschichte als Vorgeschichte des Films‹ mündet im Dunkel des Kinos. Nun war bisher vom Vergleich narrativer Strukturen in Literatur und Film am Beginn der Literarisierung des *Films* die Rede. Diese Literarisierung und mit ihr das Anknüpfen an narrative Strukturen (und Stoffe) der Literatur des 19. Jahrhunderts war ein Aspekt der ›Institutionalisierung‹ des Films – u. a. auch im Kino: Es ist kein Zufall, daß die Literarisierung des Films zugleich der Beginn des Kinofilms ist. Nicht nur die narrativen Strukturen des literarischen und filmischen Erzählens entwickeln sich künftig homolog, sondern auch das Kino als Veranstaltungsform literarisierter Filme weist eine homologe Struktur zu den Vorstellungen des Sichtbaren im 19. Jahrhundert auf, von denen die realistischen Romane ein Teilbereich sind.

Obwohl es konsequent zu sein scheint, als Ergänzung zur Vorgeschichte des Films in der Literatur analog auch von einer Vorgeschichte des Kinos zu sprechen (die Trennung zwischen dem Wirklichkeitseffekt der Spiele aus Licht und Schatten auf der Kinoleinwand und dem Zuschauer ist sinnfällig), muß man sich vor den »Mythen vom totalen Kino« (André Bazin) in acht nehmen.

4. Kulturgeschichte als Vorgeschichte des Kinos

»Sieh nämlich Menschen wie in einer unterirdischen, höhlenartigen Wohnung, die einen gegen das Licht geöffneten Zugang längs der ganzen Höhle hat. In dieser seien sie von Kindheit an gefesselt an Hals und Schenkeln, so daß sie auf demselben Fleck bleiben und auch nur nach vorne hin sehen, den Kopf aber herumzudrehen der Fessel wegen nicht vermögend sind. Licht aber haben sie von einem Feuer, welches von oben und von ferne her hinter ihnen brennt.« (Platon, Politeia, 7. Buch, I. Kap.)

Literaturgeschichten halten es in der Regel für überflüssig, neben der am Autor orientierten Produktionsgeschichte des literarisch Imaginären und der innerhalb der literaturwissenschaftlichen Disziplin sich bewegenden Rezeptionsgeschichte privilegierter Lektüren auch noch die Formen und materiellen Bedingungen zu berücksichtigen, unter denen ›Literatur‹ als Produkt, Ware und Konsumgegenstand hergestellt, getauscht und verbraucht wird. Dabei kann es für die Literatur keineswegs gleichgültig sein, ob sie als Flugblatt, Prachtband oder Paperback im ruhigen Bibliothekszimmer, in der U-Bahn oder bei laufendem Radio oder Fernsehapparat konsumiert wird: Das ›pocket-book‹ für unterwegs hat nicht nur seine äußere Gestalt als Buch, sondern auch seine Struktur, seine Erzählweisen und -inhalte den veränderten Bedingungen der Rezeption angepaßt.

Die Filmgeschichte weiß vom Kino ebenso wenig wie die Literaturgeschichte vom Buch (da Bücher der Literaturwissenschaft grundsätzlich zugänglich sind, kann man davon ausgehen, daß ein Forscher seinen Gegenstand zur Kenntnis genommen hat, was man von der Filmgeschichtsschreibung nicht einmal sagen kann, da die Filme häufig entweder nicht mehr existieren, verstümmelt oder aus urheberrechtlichen, archivalischen etc. Gründen nicht erreichbar sind. Das arbeitet einer ›idealistischen‹ Filmgeschichte natürlich zu, da es oft nur die durch die Forschungsliteratur geisternde Idee von einem Film gibt).

Welche entscheidende Rolle das Kino als Rezeptionssituation und als Institution für den Film spielt, erhellt ohne weiteres aus den technisch-ökonomischen Bedingungen der Filmrezeption und ist aus den hier vorangegangenen Darstellungen sicherlich auch deutlich geworden. Noch kaum ist jedoch bisher das Kino als Inhalt einer (Rezeptions-) Form, d. h. als eine Struktur ernstgenommen worden, die einen gleichberechtigten Anteil an dem hat, was wir als ›Film‹ beschreiben (ausgenommen vielleicht die Arbeiten der Filmologie zur Psychologie der Filmrezeption wie z. B. die Aufsätze von Michotte van den Berck in: Revue Internationale de Filmologie, Paris 1947 f.; s. dazu: Dudley Andrew, The Neglected Tradition of Phenomenology in Film Theory, in: Wide Angle 2, 1978, 2, S. 44-49). Weil jedoch die Rezeptionssituation des Kinos so wesentlich ist, fließt sie unreflektiert z. B. als »Realitätseindruck« des Films oder Zuschaueridentifikation in filmtheoretische Konzepte ein, die sich dann mit Vermutungen über Wirkungen der Abbildungsschicht des Films oder seiner Dramaturgie begnügen.

Für eine ›Vorgeschichte des Films‹ stellt sich die Frage nach dem Kino auf folgende Weise: Das Auftauchen filmischer Wahrnehmungsweisen, die in entsprechenden Schreibweisen der Literatur des 19. Jahrhunderts erkennbar, ›lesbar‹ werden, kann historisch zwar nicht den Film, der erst am Ende des Jahrhunderts erscheint, voraussetzen. Es kann aber wohl eine Art von Realität, die im weiteren, sozioökonomisch-technischen und im engeren, dispositiven, d. h. auf den Rahmen einer spezifischen Situation in einer konkreten ›Anlage‹ (einem ›Dispositiv‹) hin beschreibbaren Sinn bestimmte Voraussetzungen für die Erklärung einer ›filmischen‹ Wahrnehmung bereitstellen. Das würde bedeuten, daß die Literatur auf dieselben Realitäten auf ihre – literarische – Weise reagiert hat, die am Anfang des 20. Jahrhunderts ihren paradigmatischen Ausdruck in der Kombination Kino und Film gefunden haben.

Derartige Vorstellungen sind nicht neu und lange schon Teil eines »Mythos vom totalen Kino«, der aber, wie das Mythen eigentümlich ist, seinen Gegenstand undifferenziere enthält (wie das französische *cinéma* für Kino und Film), so daß vor allem die verstreuten Elemente relevanter Wirklichkeiten des 19. Jahrhunderts aufgesucht werden müssen, die sich schließlich zum Kino/Film zusammensetzen.

»Der Mythos vom totalen Kino« heißt ein Aufsatz, den André Bazin 1946 veröffentlicht hat und in dem er eine Vorgeschichte des Kinos im Sinne einer hegelschen Ideengeschichte konzipiert hat:

»Das Kino ist ein idealistisches Phänomen. Die Vorstellung, die sich die Menschen davon gemacht haben, existierte bereits vollkommen ausgebildet in ihrem Kopf wie im platonischen Himmel; erstaunlich ist vielmehr der beharrliche Widerstand der Materie gegenüber der Idee, der Vorschläge der Technik gegenüber den Vorstellungen der Forscher« (Bazin, 1981, S. 19).

Die Vorstellungen der Propheten des Kinos

»[...] haben die kinematographischen Ideen mit einer vollständigen und vollkommenen Darstellung der Realität verbunden, sie haben unmittelbar die Wiederherstellung einer perfekten Illusion der äußeren Welt mit Ton, Farbe und Dreidimensionalität vorhergesehen« (S. 22).

Weil nicht klar ist, welches der ›Stoff‹ für diese Träume nach einer illusionären zweiten Wirklichkeit ist, wird auch nicht deutlich, welches ihre Mittel über die der *Darstellung* der Realität hinaus sind; dabei gibt der ›platonische Himmel‹ selbst ein Modell für die im Sinne der filmischen Illusionsbildung wesentlichen Bedingungen der *Rezeption* (s. das Motto aus Platons Höhlengleichnis über diesem Kapitel und die Bemerkung von Paul Valéry: »Was ist die berühmte Höhle Platons anderes als eine Dunkelkammer, und zwar die größte, die, glaube ich, jemals verwirklicht wurde?« (Paul Valéry, Tout le reste est littérature, in: L'Arc 1963, No. 21, S. 64).

Diese zugegebenermaßen idealistischen Vorstellungen von einer Vorgeschichte des Kinos haben Schule gemacht. Der amerikanische Filmwissenschaftler Gerald Noxon etwa hat 1964 auf der Suche nach dem Ursprung filmischen Erzählens die Malereien aus dem Paläolithikum in den Höhlen von Lascaux als Darstellungen beschrieben, »die weit mehr mit dem Kino zu tun haben als irgendeine Gemäldeausstellung in einer Galerie oder einem Museum« (Noxon, 1964, S. 26). Andere Vorläufer des Kinos und des filmischen Erzählens waren für ihn chinesische Rollbilder aus der Sung-Dynastie des 10. Jahrhunderts oder die Wandteppiche von Bayeux mit der Bildergeschichte von William the Conquerer.

Angeregt durch Eisensteins Aufsatz »Dickens, Griffith und wir« hatte sich in den 50er Jahren besonders in Frankreich eine filmwissenschaftliche ›Forschungs‹richtung etabliert, die sich vermeintlich im Sinne Eisensteins (»Eisenstein auf der Suche nach seinen Vorfahren« – Denis Marion) nach weiteren Vorläufern des Kinos umsah (Vgl. Léglise, 1960; Marion, 1960; Agel, 1960; Fuzellier, 1960 u. v. a.). Henri Agel kam zu dem Ergebnis, daß die »Odyssee« von Homer ebenso dem pré-cinéma zuzuschlagen sei wie selbstverständlich Shakespeare (René Lalou) oder die Malerei des Mittelalters (Etienne Fuzellier). Paul Léglise hatte die Frage: »Pré-cinéma: Mythos oder Wirklichkeit?« bereits zugunsten der Existenz einer Vorgeschichte des Kinos beantwortet und u. a. die »Äneis« des Vergil einer kinematographischen Lektüre unterzogen (Léglise, 1958).

Nun kann man schlecht leugnen, daß Menschen, solange es sie gibt, Bewegung bewußt wahrgenommen und darzustellen versucht haben, zunächst nur als Objektbewegung wie die bewegte Beute, wofür die Höhlenmalereien von Lascaux und Altamira die schönsten Beispiele sind. Ebenso haben Menschen immer schon ihre eigene Entwicklung in Mythen erzählt und tradiert und dabei ihre Erzählungen gegliedert und anschaulich gestaltet. Aber das heißt noch lange nicht, daß unsere Vorfahren zu diesem Zweck aus ihren Höhlen Kinos gemacht haben oder daß sie vom Film träumten, wenn sie ihre Mythen erzählten, um ihre Geschichten künftig filmisch wiedergeben zu können, bis sich ihr Traum dann am Ende des 19. Jahrhunderts zu verwirklichen begann.

Derartige idealistische und ahistorische Konstruktionen einer ›Vorgeschichte des Kinos‹ sind auch immer wieder entschieden kritisiert worden, besonders von marxistischer Seite. Armand Mattelard etwa sieht eine deutliche

»Tendenz, die Massenkultur als Erbe mehr oder weniger künstlerischer Ausdruckformen zu akzeptieren, die ihrer massenhaften Verbreitung vorangingen. Also zieht man eine direkte Linie zwischen den Jahrhunderten, die die Teppiche von Bayeux mit der Darstellung der Eroberung Englands durch William den Eroberer, den Höhlenmalereien oder sogar den kleinen Figuren auf der Trajanssäule verbindet, zu Comic strips [und Filmen]. Was Produkt moderner Kultur ist, wird auf diese Weise zum Höhepunkt kultureller Akkumulation befördert als Krönung des nationalen Kunsterbes. Dieser Aneignungsprozeß schmückt sich mit allen Tugenden der Gelehrsamkeit, um umso besser die Tatsache verbergen zu können, daß er jeder soziologischen Grundlage entbehrt. Lenin hat denen, die behaupten, Kapital und Kapitalismus existierten schon vor der Herausbildung der kapitalistischen Produktionsweise, erwidert: ›Das bedeutet, Groß-Rom mit Groß-Britannien vergleichen‹. Mit derartigen Assimilationen vermeidet man nur, sich die Produktionsbedingungen der Massenkultur klarmachen zu müssen« (Mattelard, 1979, S. 42).

Diese Produktionsbedingungen sind indes erst zum Beginn des 19. Jahrhunderts so weit entwickelt, daß sie sich auf die künstlerische Produktionsweise auszuwirken beginnen. Selbst C. W. Ceram hat in seiner »Archäologie des Kinos« festgestellt:

»So beginnt Kinematographie, Produkt dynamisch gewordener Wissenschaften, im 19. Jahrhundert, und nicht bei den im statischen Lebensgefühl schlummernden Erkenntnissen des Heron von Alexandria, des Klaudios Ptolemaios, das Ibn al Haitam. So ist das Rätselraten um die paar dunklen Zeilen über ›sich regende Bilder‹ bei Lukrez Unfug. Noch unsinniger ist der Versuch, von den Höhlenbildern von Altamira, den ägyptischen Reihenreliefs, den Friesen von Mausolaion und Parthenon Brücken zu schlagen zum ›lebendigen Reihenbild‹ des 19. Jahrhunderts. Das alles resultiert aus der Neigung zu den mechanischen Evolutionstheorien, die die Geschichte der Kulturmenschen als einen fünftausend Jahre währenden kontinuierlichen Fortschritt nehmen« (Ceram, 1965, S. 13 f.; zu den erwähnten und weiteren Beispielen von Herleitungen des Kinos aus der Frühzeit und dem Altertum s. von Zglinicki, 1979, bes. S. 9-31. Zur Kritik an v. Zglinicki s. Herlinghaus 1958, S. 240 f.).

Aber auch die Anerkennung, daß die Kinematographie grundsätzlich mit der Entfaltung der Produktivkräfte zu Beginn des 19. Jahrhunderts verbunden ist, schützt nicht vor falschen Analogien. Unaufhörlich werden Beispiele der Literatur (s. Harry Levin, The Gates of Horn: A Study of Five French Novelists, New York 1963; Gill, 1973, S. 206-217; Spiegel, 1976, bes. S. 28-39) und der Malerei (s. u. a. Heinrich Lützeler (Hg.), Die Eisenbahn in der Malerei, Bonn 1971) ›filmisch‹ gelesen und auf Kamerabewegungen, Kameraperspektiven etc. hin untersucht, als hätten Balzac, Flaubert, Dickens oder Zola in ihren Romanen Einstellungsgrößen und Bildmontagen noch literarisch und Maler wie Turner oder Monet Bewegung noch malerisch darstellen müssen, weil das, was sie tatsächlich benötigt hätten, die Filmkamera, noch nicht erfunden war. Daß sich Schriftsteller wie Zola und Tschechow und natürlich auch Maler des Fotoapparates bedienten, bedeutete keineswegs, daß damit auch ›filmische‹ Wahrnehmungsweisen verbunden waren. »Für den Schriftsteller wie für den Maler wie überhaupt für jedermann war die Photographie damals jedoch nur ein Mittel, die Wirklichkeit wiederzugeben. Es zeigt, was man gesehen hat. Es handelt sich viel weniger um das Bild einer Sache als um eine im Bild wiedergegebene Sache, um ihren durch die einfache Wirkung des Lichts und einer photochemischen Reaktion hinterlassenen Abdruck« (Mitry, 1975, S. 10; zu Zola s. Zola, 1979).

Nun hat auch Sergej Eisenstein die Entwicklung des filmischen Erzählens mit Mitteln der Montage bis zu den bürgerlich-realistischen Romanen des 19. Jahrhunderts zurückverfolgt und entsprechende literarische Montageformen vor allem bei Dickens, Puschkin, Flaubert, Zola u. v. a. beschrieben. Allerdings behauptet Eisenstein nicht, daß diese Autoren sich filmischer Mittel bedienen, daß sie ›Kino‹ mit ihren Romanen gemacht hätten. Wenn es Gemeinsamkeiten zwischen Dickens und Griffith gebe, dann deshalb, weil *vergleichbare äußere Bedingungen zu ähnlichen Lösungen und Formen des Erzählens in unterschiedlichen Medien geführt hätten*!

»Unsere Vorstellung von Dickens und dem ›gemütlichen‹ alten England läßt uns leicht vergessen, daß sich die Werke des großen Briten auf dem Hintergrund nicht nur der englischen, sondern auch der Weltliteratur dieser Epoche als urbanistische Kunstwerke aufzeichneten. Dickens war es, der Fabriken, Maschinen und Eisenbahnen in die Literatur einführte.
Doch nicht nur in der Thematik finden sich bei Dickens urbanistische

Züge, sondern auch und gerade in dem schwindelerregend schnellen Wechsel der Eindrücke, mit denen Dickens die Stadt in der Art eines dynamischen (Montage-)Bildes malt; und diese Montage vermittelt durch ihren Rhythmus eine Vorstellung von dem ungeheuren Tempo dieser Zeit – es handelt sich um das Jahr 1838, die Vorstellung von einer dahinjagenden [...] Diligence!« (Eisenstein, 1961, S. 86).

Die der Literatur und später dem Film gemeinsame Montageform rührt von Veränderungen, die das Leben der Menschen im 19. Jahrhundert insgesamt betreffen: Die Industrialisierung hat mit ihren Fabriken, Maschinen, Eisenbahnen und neuen Großstädten Wahrnehmungsweisen geschaffen, die ihren Ausdruck in der literarischen und schließlich filmischen Montageform gefunden haben. Weil sie ihre Realität entsprechend wahrgenommen haben, nicht weil sie ›Kino‹ vorwegnehmen wollten, haben sich die Autoren des bürgerlichen Realismus im 19. Jahrhundert formaler Mittel bedient, die denen der Filmemacher im 20. Jahrhundert unter ähnlichen Bedingungen vergleichbar sind.

Gegenüber allen vorangegangenen künstlerischen Repräsentations- und Artikulationsweisen ist ›Film‹ vor allem Bewegungsdarstellung (während es kaum ›neue‹ Inhalte gegeben hat). Das bedeutet, daß sich seit der Industrialisierung, Urbanisierung etc. insbesondere in der Wahrnehmung von Bewegung wesentliche Veränderungen vollzogen haben müssen: Der für die Entwicklung von Wahrnehmungsweisen, die schließlich ihren Ausdruck im Film gefunden haben, entscheidende Bruch ist der zwischen bis dahin ›natürlicher‹ und von nun an ›mechanischer‹ Fortbewegung; die einflußreichste ›Sensation‹ des 19. Jahrhunderts war die mechanisch hervorgebrachte Geschwindigkeit.

An einem Beispiel aus dem 32. Kapitel von Dickens' »Nicholas Nickleby«, das Eisenstein zitiert, läßt sich die Veränderung an der Beschreibung einer Postkutschenfahrt nachvollziehen:

»[...] ›Seltsam war die Reihenfolge der Dinge, wie sie im beharrlichen Wechsel vor den Augen der Vorbeifahrenden auftauchten. Läden voll prächtiger Kleider, deren Stoffe aus allen Teilen der Welt herbei geschafft waren, lockende Vorräte aller Art, um den gesättigten Appetit aufzustacheln und dem oft wiederholten Schlemmermale einen neuen Reiz zu geben; Gefäße aus blankem Gold und Silber in den ausgesuchtesten Vasen-, Teller- und Schalenformen; Flinten, Säbel, Pistolen und andere Zerstörungsmaschinen; Ketten für die Gauner, Leinen für die neugeborenen Kinder, Arzneien für die Kranken, Särge für die Gestorbenen und Kirchhöfe für die Begrabenen - all das schwang sich durcheinander, häufte sich Seite an Seite und flog vorüber wie in einem wilden Tanz . . .‹«

Der Blick, den Dickens hier im Jahre 1838 (zwölf Jahre nach der er-

sten Eisenbahnfahrt) beschreibt, ist der Blick aus der sich ›rasend schnell‹ fortbewegenden Postkutsche (diligence), der immerhin zuläßt, die Auslagen in den Geschäften, an denen die Postkutschenfahrt vorüberführt, in vielen liebevollen Details zu beschreiben. Die Darstellung selbst ist bereits eine Montage aus dem Nebeneinander von Waren, deren Beziehung untereinander in ihrer Ausstellung als ›lockende Vorräte‹ in den Schaufenstern ihre Darstellung als bloße Gebrauchswerte abgelöst hat. Der beharrliche Wechsel der Gegenstände, deren Durcheinander sie schließlich ›wie in einem wilden Tanz‹ vorüberfliegen läßt, deutet bereits auf einen Blick, der von der Erfahrung mechanisch produzierter Geschwindigkeit geformt ist.

Eisenstein ist es auch, der in einem Text von Thomas de Quincey (»The English Mail-Coach«, 1849–1854) auf eine verblüffende Darstellung der zeitlichen Gliederung in der Konfrontation zweier sich aufeinander zu bewegender Kutschen hingewiesen hat. Wie in einer musikalischen Fuge (de Quincey spricht von einer ›Traum-Fuge‹) konstruiert der Autor die phasenweise Annäherung einer Kutsche kurz vor einer drohenden Kollision:

»Zwischen (jener Kutsche) und der Ewigkeit gab es nach menschlichem Ermessen nur noch anderthalb Minuten. O Himmel, was soll ich tun? Rufen, handeln, wie kann ich helfen? […] Ich schrie – und der junge Mann hörte mich nicht. Ich schrie noch einmal – und nun hörte er mich und hob den Kopf. […] Er sah, begriff, welche Vernichtung drohte. […] Sieben Sekun-

den lang, von den verbleibenden siebzig, konzentrierte der Fremde seinen Ausdruck ganz auf uns, als ob er jedes Element im Konflikt vor ihm ausmachen und beurteilen wollte. In den nächsten fünf von den siebzig Sekunden saß er bewegungslos, wie jemand, der über etwas grübelt. In den folgenden fünf saß er mit nach oben gerichteten Augen, als ob er in Kummer unter äußersten Zweifeln um Erleuchtung beten wollte für die richtige Entscheidung. Dann stand er plötzlich auf, stand aufrecht, und mit einem kräftigen Ruck an den Zügeln riß er die Vorderfüße seiner Pferde vom Boden, drehte sich auf den Hinterfüßen der Pferde herum und brachte die Kutsche in eine etwa rechtwinklige Position zur unseren. Noch hatte sich seine Situation nicht verbessert; nur ein erster Schritt zu einem möglichen zweiten war getan. Wenn er nicht mehr tat, war nichts getan; denn die kleine Kutsche stand immer noch mitten auf unserem Weg, allerdings in anderer Richtung. Und auch jetzt konnte es noch nicht zu spät sein, fünfzehn von den siebzig Sekunden waren noch verblieben; ein gewaltiger Sprung konnte das Hindernis entfernen. Beeil dich! Denn die verfliegenden Augenblicke, sie eilen! Oh, beeil dich, junger Mann, die grausamen Hufe unserer Pferde, sie eilen! Schnell sind die verfliegenden Augenblicke, noch schneller sind die Hufe unserer Pferde.
[...] Nun war sein Rücken uns zugewandt, so daß er nicht länger der Gefahr ins Auge sehen konnte; aber das Rattern unserer Kutsche meldete seinem Ohr getreulich, daß, was seinen Teil betraf, alles vorüber war« (Quincey zit. nach S. M. Eisenstein, »El Greco y el cine«, in: ders., Cinématisme. Peinture et cinéma, Paris 1980, S. 28-33 [Übers. JP]).

Obwohl de Quincey die beinah eingetretene Kollision zweier Kutschen beschreibt, hat die Art der Wahrnehmung nichts mehr mit deren organischer Bewegung zu tun. Mit gleichsam mechanischer Unerbittlichkeit folgen Phasen des Bewegungsablaufs aufeinander, analog zu einem zeitlichen Verlauf, der eine bestimmte zur Verfügung stehende Zeitmenge in Teilmengen von Zeit gliedert. Die Geschwindigkeit, mit der sich die beiden Kutschen aufeinander zu bewegen, führt nicht zur Verkürzung, sondern zur Dehnung des dargestellten Ereignisses in einzelne Phasen des Ablaufs (der ›Fuge‹) wie in einer ›Zeitlupe‹; das Plötzliche (»The Vision of Sudden Death« hat de Quincey das Kapitel überschrieben) wird vom Mittel dramatischen zum Gegenstand epischen Erzählens. Das filmische Erzählen wird die Linearität des epischen Verlaufs von Bewegungen auf ganz ähnliche Weise dramatisieren und in Parallelmontagen diese Kollision zweier Bewegungen im (mechanischen) Wechsel der Blickpunkte zu einer Kette von Plötzlichkeiten, zu einer Serie von alternierenden Momentaufnahmen machen.

Die gleichförmige mechanische Bewegung, zu der die (Post)Kutschenfahrt durch die Eisenbahnfahrt wird, kennt in ihrem linearen zeitlichen Verlauf keine Zufälle mehr, wohl aber das Plötzliche, den

Schock: Darin folgt de Quinceys Darstellung bereits der neuen Wahrnehmungsweise, die durch Industrialisierung und Mechanisierung geprägt ist und der exemplarisch die Erfahrung der Eisenbahnreise zugrundeliegt. In der persönlichen Konfrontation mit dem Wagenlenker auf der anderen Seite dagegen besteht noch ein Stück Romantik der Kutschenzeit fort, die bald der Anonymität des Reisens gewichen sein wird.

4.1 Die Eisenbahn

Die Eisenbahnfahrt war bei ihrer Einführung in England 1826 und auf dem Kontinent Mitte der 30er Jahre nicht schneller als die Postkutsche; die unterschiedliche Art der Fortbewegung hat dagegen zu den folgenreichsten Veränderungen in der Realitätswahrnehmung und entsprechend auch in der (künstlerischen) Wiedergabe von Wirklichkeit seit dem 19. Jahrhundert geführt. Solange Pferde den Wagen zogen, konnte man die Geschwindigkeit an der Anstrengung der Tiere erkennen (»Die lebendige Erfahrung, das Gefühl für die Tiere ließ keinen Zweifel an unserer Geschwindigkeit aufkommen [...], sie war in die feurigen Augenbälle des edelsten unter den Tieren eingeschrieben, in die geöffneten Nüstern, zuckenden Muskeln und donnernden Hufe« [de Quincey, 1897, S. 284]). Die Fortbewegung der Postkutsche blieb der Landschaft verbunden, und wenn es bergauf ging, mußten die Reisenden mitunter aussteigen und konnten am Wegesrand Blumen pflücken. Die Eisenbahnfahrt dagegen folgt nur noch ihren Bedingungen als Ensemble von Schiene und Maschine, das sich nicht der Landschaft, sondern die Landschaft seinen Anforderungen in Form von Brücken, Einschnitten oder Tunnels unterordnet.

In einem Gedicht von 1852 beklagte Justinus Kerner den Verlust der romantischen Postkutschenfahrt:

> Kein Postzug nimmt mit lust'gem Knallen
> bald durch die Stadt mehr seinen Lauf
> und wecket mit des Posthorns Schallen
> zum Mondenschein die Städter auf.
>
> Auch bald kein trautes Paar die Straße
> gemütlich fährt im Wagen mehr
> aus dem der Mann steigt und vom Grase
> der Frau holt eine Blume her
> (Justinus Kerner; Im Eisenbahnhofe. Zit. nach: Mahr, 1982, S. 68 f.).

Stattdessen ist der Reisende in seinem Abteil einer Bewegung ausgeliefert, die er nicht mehr als seine eigene Bewegung wahrnimmt: Selbst unbewegt, wird er durch eine Landschaft bewegt, zu der er den Kontakt (das Rütteln der Postkutsche auf der Landstraße oder beim Aussteigen) verloren hat. Im Abteilfenster sieht er *das bewegte Bild einer Landschaft*, die keinen Vordergrund mehr hat, die sich zu schnell am Fenster vorbeibewegt. Was sich dem Blick aus dem Abteilfenster der fahrenden Eisenbahn bietet, ist nurmehr *ein Bild der Bewegung*, die scheinbar unabhängig von der Bewegungslosigkeit des Reisenden in seinem Abteil nur noch der visuellen Wahrnehmung zugänglich ist.

Diese schockierende Erfahrung der mechanischen Fortbewegung, deren (zunehmende) Geschwindigkeit nur als Veränderung der Realitätswahrnehmung kenntlich wird, ist in der Kunst des 19. Jahrhunderts ausführlich verarbeitet worden, in der Malerei besonders von den Impressionisten (Turner, Monet u. a.), sowie in der Literatur:

Theophile Gautier:
»[...] die Bäume fliegen rechts und links wie entgegenkommende Truppen vorbei; Kirchtürme verschwinden am Horizont, die grüne, mit weißen Punkten gesprenkelte Erde sieht aus wie ein Perlhuhnschwanz; die Sterne der Margeriten, das Gold des Raps verlieren ihre Form und zerhacken den Hintergrund der Landschaft in Streifen; Wolken und Wind scheinen zu schnauben, während sie uns folgen« (Théophile Gautier, zit. nach Pichois, 1973, S. 26 [Übers. JP]).

Victor Hugo:
»Es ist eine großartige Bewegung, die man gefühlt haben muß, um sich über sie klarzuwerden. Die Geschwindigkeit ist außerordentlich. Die Blumen am Weg sind keine Blumen mehr, es sind vielmehr Flecken oder rote und weiße Strahlen; keine Punkte mehr, alles wird zum Strich; das Getreide wird zu großen, gelben Pferdeschwänzen, Klee zu großen, grünen Flechten. Die Dörfer, Kirchtürme und Bäume tanzen und vermengen sich verrückt am Horizont; von Zeit zu Zeit taucht ein Schatten auf, eine Gestalt, ein aufrecht stehendes Gespenst erscheint und verschwindet wieder wie ein Lichtstrahl unter der Tür; das war dann ein Signal, das ständig den Arm zum militärischen Gruß hebt« (Victor Hugo, zit. nach Pichois, 1973, S. 26 [Übers. JP]).

Heinrich Heine (1843):
»Welche Veränderungen müssen jetzt eintreten in unserer Anschauungsweise und in unseren Vorstellungen! Sogar die Elementarbegriffe von Zeit und Raum sind schwankend geworden. Durch die Eisenbahn wird der Raum getötet, und es bleibt nur noch die Zeit übrig« (Heinrich Heine, Lutezia, Berichte über Politik, Kunst und Volksleben, zit. nach Mahr, 1982, S. 7).

Der Verlust des Raumes läßt ein Zuviel an Zeit zurück. Und weil der Blick aus dem Abteilfenster außer Bewegung nichts mehr sieht, wendet er sich nach innen. Der Reisende beginnt, sich seinen eigenen Gedanken und Träumen zu widmen oder in Büchern zu lesen, die von den aufkommenden Eisenbahnbüchereien (zum Beispiel ›Hachette‹) angeboten werden. Das (literarisch) Imaginäre füllt nun den leeren Raum zwischen den beiden Punkten Abfahrt und Ankunft aus. Und ist es nicht folgerichtig, wenn später einmal an die Stelle des Abteilfensters eine Kinoleinwand tritt, die dem bloßen Bild der Bewegung mit bewegten Bildern die Inhalte zurückgibt, die mit der Eisenbahnfahrt aus dem Blick geraten sind? (Paech, Unbewegt bewegt, 1985, S. 40-49).

Die Erfahrung der Eisenbahnfahrt hat die Menschen zu Zuschauern einer Bewegung gemacht, der sie ausgeliefert sind und die sie doch nur als fremde, äußerliche wahrnehmen. Und kann es nicht sein, daß diese Bewegung überhaupt nur eine Sinnestäuschung ist? Ein Pastor Stanley hat bei der Eröffnung der Eisenbahnlinie Liverpool-Manchester notiert:

»Bei der raschen Bewegung dieser Lokomotiven tritt eine bemerkenswerte optische Täuschung auf. Ein Zuschauer, der ihr Herankommen beobachtet, wenn sie sich mit äußerster Geschwindigkeit nähern, kann sich kaum der Vorstellung erwehren, daß sie sich nicht bewegen, sondern vielmehr vergrößern und an Umfang zunehmen. Ich weiß nicht, wie ich mich besser ausdrücken könnte, als daß ich auf die Vergrößerung von Gegenständen in einer Phantasmagoria hinweise. Zuerst ist das Bild kaum zu erkennen, aber wenn es vom Brennpunkt aus sich nähert, scheint es über jede Grenze hinaus zu wachsen. So scheint eine sich nähernde Lokomotive schnell größer und größer zu werden, als wolle sie den ganzen Raum zwischen den Bahndämmen ausfüllen und alles in ihrem Wirbel verschlingen« (zit. nach Klingender, 1976, S. 129).

Und entsprechend bietet sich dieses Bild demjenigen, der aus dem Eisenbahnwaggon auf die Zuschauer neben dem Zug sieht; sie sind es, die sich in Bewegung zu befinden scheinen, nicht der Zug, der tatsächlich an den Menschen am Bahndamm vorüberfährt: »Die langen, endlosen Zuschauerreihen schienen wegzugleiten wie die gemalten Figuren, die schnell vor dem Tubus einer Laterna magica vornbergezogen werden« (S. 129). So bleibt von der Bewegung schließlich nur noch der (optisch/technisch reproduzierbare) Eindruck von Bewegung, der unter bestimmten Bedingungen auch unabhängig von einer Eisenbahn, die sich auf Schienen durch eine Landschaft bewegt, hergestellt werden kann. Wesentlich ist dann die Anordnung, das ›Dispositiv‹. Baudry unterscheidet die Begriffe Apparat und Dispositiv: »Grundsätzlich unterscheiden wir den Basis-Apparat, der die zur Film-Produktion und -Projektion notwendigen Apparaturen und Operationen umfaßt, vom Dispositiv, das ganz allein die Filmprojektion meint, in die das Subjekt [der Zuschauer] als Adressat der Projektion eingeschlossen ist« (Baudry, 1975, S. 58). Die Anordnung ermöglicht den Eindruck von Bewegung: Ein selbst bewegungsloser Zuschauer ist der Betrachter eines bewegten Bildes, das sich nicht mehr nur die durchfahrene Landschaft, sondern darüber hinaus die äußere Welt und die Träume, Ängste, Hoffnungen, kurz, das Imaginäre eingeschrieben hat. Das Kino hat das Dispositiv der Eisenbahnfahrt ökonomisiert: Die Anordnung ist die gleiche, aber die Inhalte der bewegten Bilder vor dem Abteilfenster sind im Kino entfesselt; zu Recht wartete der ›Reisende‹ darauf, daß er seine Eisenbahnlektüre auch als projiziertes Bild am ›Abteilfenster des Kinos‹ betrachten kann ... (In einem Werbespot für die Firma Campari hat Federico Fellini das Kino wieder auf die Eisenbahnfahrt zurückbezogen: In einem Abteil versucht eine junge Frau ihren männlichen Mitreisenden von sich abzulenken, indem sie mit der TV-Fernbedienung immer neue Landschaften als Ausblick aus dem Abteilfenster ›einschaltet‹; erst der schiefe Turm von Pisa mit einer Campari-Flasche stimmt beide versöhnlich ...)

4.2 Das Panorama

Es reicht indes nicht aus, festzustellen, daß das Kino mit der Eisenbahnfahrt wesentliche dispositive Übereinstimmungen teilt, die zu einer ›Ökonomisierung der Eisenbahnreise im Kino‹ führen; auch die Inhalte, die das bewegte Bild auf der Kinoleinwand zeigen wird, müssen ebenfalls schon als von der eigenen Bewegung getrennt erfahren worden sein. Das Reisen z. B. mußte selbst schon eine Sache der Vorstellung geworden sein, damit es zur Kinovorstellung werden konnte.

Den Aufklärer Friedrich Nicolai hatte bereits 1781 die Frage interessiert: »Wie ist unter der Voraussetzung des Reisens ein Zuhausebleiben möglich?« (zit. nach Piechotta, 1979, S. 258 f.) Und Jules Verne z. B. hat in seinen Romanen diese Frage damit beantwortet, daß er seine unendlich vielen Reisenden in Innenräumen untergebracht hat, die ihnen ermöglichten, an jedem Punkt ihrer Reise (auf dem Mond oder in den Tiefen des Ozeans usw.) in ihrer Stube bei sich zu Hause sein zu können. Die Illusionsmalerei der Panoramen, das Kino an der Ecke und schließlich das Fernsehen haben diese Frage analog, aber genau umgekehrt beantwortet, indem sie das Reisen an Ort und Stelle, in der Heimatstadt und in der eigenen Stube ermöglichten.

Die Literatur des 19. Jahrhunderts ist ganz wesentlich auch Reiseliteratur. Sie kam mit ihren mehr oder weniger wissenschaftlichen Reisebeschreibungen, sentimentalen Reisen und Abenteuerreisen demselben Bedürfnis entgegen wie die beliebtesten ›Massenmedien‹ der Epoche, die Panoramen, Dioramen, optischen Zimmerreisen und anderen optischen Sensationen, bevor das Kino sie ablöste (um nun selbst vom Fernsehen abgelöst zu werden).

Das Panorama beruht auf einer doppelten Täuschung. Einmal gewährt es den Überblick über eine Landschaft, die von ihrer höchsten Erhebung aus dargestellt ist; verbunden damit ist das Gefühl der Überlegenheit und des Besitzergreifens, das die Bürger auf Kirchtürme steigen und Eroberer Fahnen auf Berggipfeln kolonialisierter Länder hissen läßt. Zu diesem Gefühl der Überheblichkeit kommt die Selbsttäuschung über das Wahrgenommene. Natürlich weiß der Betrachter, daß das Rundbild vor ihm gemalt ist, und zwar so, daß er sich über eben diese Tatsache täuschen kann. Er tut es gerne, denn der Genuß rührt aus dieser Täuschung: Die Panoramen waren immer zugleich für das, was sie abbildeten (Städte, Schlachten, etc.), und die Geschicklichkeit, mit der sie etwas darstellten, berühmt. Die Illusion der Tiefe einer abgebildeten Landschaft resultiert aus der perspektivischen Abbildung auf dem Rundhorizont, die dem Betrachter nur ei-

nen möglichen Platz in der Mitte des Kreises zuweist, von dem aus die Illusion und also der Genuß vollkommen sind. Der panoramatische Blick ist so ideologisch (besitzergreifend) wie gewaltsam (den Betrachter ›fesselnd‹ mit dem Versprechen des ›Augengenusses‹). Wie sehr das Panorama und alle nach ihm kommenden illusionistischen Abbildungsverhältnisse (deren Seh-konstruktion sich von der Renaissance- Perspektive herleiten) Gewaltverhältnisse sind, erhellt aus einem besonderen Panorama, das als ›Gefängnis des Blicks‹ konstruiert wurde: Der Plan für das ›Panopticon‹, das der Engländer Jeremy Bentham 1787 vorgeschlagen hat, sah ein Gefängnis vor, in dem die Gefangenen, die in Zellen in einem Rundbau untergebracht sind, die nach innen offen einsehbar sind, von einem Ort in der Mitte ständig gesehen werden können, ohne daß diese sehen können, ob sie beobachtet werden. Ihre Sichtbarkeit funktioniert hier als Falle:

»Daraus ergibt sich die Hauptwirkung des *Panopticon:* die Schaffung eines bewußten und permanenten Sichtbarkeitszustandes beim Gefangenen, der das automatische Funktionieren der Macht sicherstellt. Die Wirkung der Überwachung ist permanent, auch wenn ihre Durchführung sporadisch ist; die Perfektion der Macht vermag ihre tatsächliche Ausübung überflüssig zu machen; [...]. Das Panopticon ist eine Maschine zur Scheidung des Paares Sehen/Gesehenwerden« (Foucault, 1979, S. 258 f.).

Dieselbe (Unter-)Scheidung haben künftig die Massenmedien nicht minder gewaltsam sanktioniert, und man muß nicht George Orwells »1984« herbeizitieren, um das Prinzip ebenso in unserem alltäg-

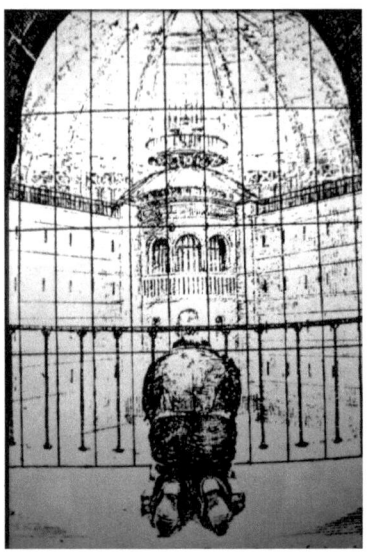

lichen Umgang mit Kino und Fernsehen verwirklicht zu sehen, wo sich mit dem Kabelfernsehen inzwischen sogar die Rollenverteilung ankündigt, die Bentham für sein Panopticon vor(her)gesehen hatte.

Das Panorama teilt mit den anderen zeitgenössischen Medien, darunter die Literatur, die Hypertrophie des Sichtbaren (s. u. a. Klotz, 1979 und Wolfgang Iskra, Die Darstellung des Sichtbaren in der dichterischen Prosa um 1900, Münster 1967), ebenso wie es mit dem Kino das Dispositiv gemeinsam hat, das den an seinem Seh-Ort plazierten Betrachter zur Illusion einer Realität(sabbildung) in Beziehung setzt. Literarisches Erzählen und panoramatisches Sehen schaffen gemeinsam die Voraussetzung für das kontinuierliche filmische Erzählen nach der Literarisierung des Films: So ist die Illusion der abgebildeten Realität auf dem Rundhorizont nur vollkommen, wenn sie bruchlos, der Horizont geschlossen und die Wahrnehmung auf diese Weise kontinuierlich ist. Der Rundhorizont hat kein Außen mehr, die Illusion spiegelt eine Transparenz zu einer Wirklichkeit vor, deren Wirklichkeitseffekt erst daraus resultiert, daß es keine andere als die abgebildete (Ir-)Realität gibt.

Die Kinematographie hat später mit der ›panoramatischen Einstellung‹ diesen Effekt kontiunierlicher Wahrnehmung zugunsten der Steigerung der ›impression de réalité‹ und der Kinoillusion übernommen:

Béla Balázs:
»Diesen schnittlosen Wechsel nennt man in der Fachsprache Panorama, er wird von der modernen Kinematographie häufig gebraucht. [...] Der moderne Film verwendet diese außergewöhnliche technische Fäbigkeit der Kamera schon deshalb gerne, weil mit ihrer Hilfe die Glaubwürdigkeit [!] der Aufnahme naturgemäß gesteigert wird. Das gleichzeitig mit der bewegten Kamera bewegte Bild geleitet den Zuschauer durch den ganzen realen Raum der Szene. Der Zuschauer kann den Raum sozusagen mit den Augen austasten. Nichts wird übersprungen [!]. Das Panorama kann nicht ›trügen‹ [!] – wie der Schnitt es kann –, und es ermöglicht dem Zuschauer im Bildraum eine genaue Orientierung. Panoramen werden auch deshalb verwendet, weil man so den im Raum bewegten Menschen und gleichzeitig den Raum selbst, mit den Augen dieses Menschen gesehen, zeigen kann« (Balázs, 972, S. 124).

Die panoramatische Einstellung schafft den bruchlosen Illusionsraum, auf den das kontinuierliche Erzählen des literarisierten Films im Sinne des filmischen Realismus zielt, dessen wichtigster Theoretiker, André Bazin, den Realismus im Film ebenfalls von der kontinuierlichen Einstellung und dem (panoramatischen) Blick in die Tiefe des Bildes abhängig gemacht hat:

»[Man kann feststellen], daß die Tiefenschärfe den Zuschauer in eine Beziehung zum Bild setzt, die enger ist als seine Beziehung zur Realität. Man kann deshalb zu Recht sagen, daß selbst unabhängig vom Inhalt des Bildes dessen Struktur realistischer ist« (Bazin, 1975, S. 40).

Das schließlich ist die Konsequenz: Die Realität wird dem Menschen dieses Jahrhunderts (und des folgenden) zum Gegenstand der Betrachtung in der illusionären Abbildung, der Blick aus dem Abteilfenster der Eisenbahn wird zum panoramatischen Blick auf eine Landschaft, an der sich der Zug vorbeibewegt. Das läßt die im Panorama konstituierte Landschaft in ihrem Abbild wirklicher erscheinen, als es eine empirische Erfahrung zuvor vermochte. *Verbürgt wird dieser Realismus nicht durch die Wahl der Inhalte, sondern allein durch die Struktur, mit der die dargestellten Inhalte zum Betrachter in Beziehung gesetzt sind.*

4.3 Das Warenhaus

Die Eisenbahnfahrt und das Panorama sind exemplarische Dispositive, die ihre Benutzer in der Weise zu einer realen oder illusionären Seh-Veranstaltung anordnen, daß das Wahrgenommene unterschiedslos zu einem Wirklichkeitseffekt wird. Der ›Realismus der Struktur‹ setzt die empirische Trennung vom Wahrnehmungsgegenstand voraus, um den Betrachter um so enger in einer illusionären Beziehung an diesen Gegenstand als vorgestellten zu binden. Diese Anordnung stellt sich im Warenhaus zu jedem einzelnen ausgestellten Gegenstand her (sofern er eine Ware ist). Ware und Käufer trennt eine (mehr oder weniger unsichtbare) Barriere: ›Nicht berühren!‹, solange die Ware nicht gekauft, d. h. vom Tauschwert zum Gebrauchswert ›erlöst‹ ist. Bis dahin sind die Waren als Gegenstände irreal, dem Gebrauch entzogen, sie dürfen nicht verändert, beschädigt oder gebraucht werden, sie dürfen nicht altern, sondern müssen zeitlos identisch bleiben. Damit sie erlöst wird, ›träumt‹ die Ware im Käufer den Traum von ihrem Gebrauchswert. Solange die Ware ausgestellt ist, ist ihre Gegenständlichkeit als Gebrauchswert real nur in der Vorstellung des Kunden, der zum Kauf ›verführt‹ werden soll. Aber zu diesem Zweck muß die Ware nicht einmal anwesend sein, da die Vorstellung von ihrer Gegenständlichkeit ausreicht, um den Gebrauch zu imaginieren. Die Konsequenz sind die Werbung und der Kauf nach Katalog. Ob die Ware selbst oder nur als Bild anwesend ist, gleichviel, als Ware ist sie so angeordnet, daß sie in der Vorstellung des Käufers wirklicher ist denn als materieller Gegenstand, dessen Wirklichkeit gerade die Ware mit Verfall bedroht, solange sie noch nicht (wie Dornröschen hinter der Absperrung und Schneewittchen in der gläsernen Auslage von ihrem Prinzen) an der Kasse des Warenhauses ›erlöst‹ wurde.

Der Umgang mit dem Waren-Imaginären ist so alt wie der Warentausch; aber erst im 19. Jahrhundert hat sich mit der zunehmenden Konkurrenz der Waren durch die industrielle Produktionsweise und die Entstehung der Warenhäuser das Dispositiv den Raum geschaffen, in dem derart opulente Inszenierungen des (Waren-)Imaginären möglich wurden, wie Zola sie im »Paradies der Damen« geschildert hat.

Das Warenhaus und in noch viel grundsätzlicherer Weise die Weltausstellungen sind (neben den »Passagen«, die Walter Benjamin herausgehoben hat) die Kathedralen des Waren-Imaginären des 19. Jahrhunderts. Der 1856 für die Londoner Weltausstellung erbaute »Kristallpalast«, den Zola immer wieder fotografiert hat, ist

ebenso zum Wahrzeichen des Jahrhunderts geworden wie der Eiffelturm und die Pavillons zur Pariser Weltausstellung 1900.

»Zweifellos übernehmen die Weltausstellungen die Funktion der Warenmärkte, doch unterscheiden sie sich durch ihren ideologischen Aufwand und ihre weltanschauliche Programmatik. Sie dienen weniger dem direkten Umsatz als der Repräsentation. Zwischen Erzeuger und Käufer steht nicht bloß, wie ehedem, der sachlich nüchterne Ladentisch, es entfaltete sich das Schauspiel einer szenischen Darbietung. Der Gegenstand wird kostümiert, mit Feierlichkeit umkleidet. Das Schaufenster ist der Pseudosakralraum der Ware. In prunkender Selbstgefälligkeit wird sie auf einem unnahbaren Piedestal zelebriert. Sie nimmt eine Wirklichkeit höherer Art für sich in Anspruch, nicht die Wirklichkeit des Kunstwerks, auch nicht die des Gebrauchsgerätes oder des Sakralgegenstandes – die Wirklichkeit des Fetischs. [...] In Wahrheit ist der Fetisch eines der Strukturmerkmale des ganzen 19. Jahrhunderts, und die Weltausstellungen sind der Ort, an dem er sich am deutlichsten zu erkennen gibt« (Hofmann, 1974, S. 86).

Der Gebrauch des Fetischs zieht das Substitut bewußt demjenigen vor, das er ersetzt, z. B. die Vorstellung einer anderen Wirklichkeit der tatsächlichen Veränderung der Wirklichkeit. Der Fetisch ist (psychoanalytisch) ein Gegenstand, dessen Genuß bewußt an die Stelle eines anderen, aus irgend einem Grunde nicht erreichbaren, getreten ist, d. h. der Fetisch gewährt Befriedigung aus der bewußten Selbsttäuschung über den wahren (Waren-)Charakter des Substituts. Dieses Strukturmerkmal bindet den Warencharakter mit den Täuschungen des Panoramas (und der fotografischen Abbildung usw.), den Inszenierungen des Warenhauses und der Weltausstellungen in einem Dispositiv zusammen, dessen exemplarische Form schließlich das Kino annehmen wird.

4.4 Fließband und Traumfabrik

>»Was am Fließband den Rhythmus der Produktion bestimmt, liegt beim Film dem der Rezeption zugrunde.« (Walter Benjamin)

Natürlich sind metaphorisierende Analogien schnell zur Hand, wenn das ›Fließband‹ der Bilder bzw. die Kette von Einstellungen, aus denen ein Film (auch) besteht, mit der Fließbandproduktion und auf diese Weise die Warenproduktion mit der Produktion der Ware Film in Beziehung gebracht wird.

Aber nicht auf die Produktion der Waren unmittelbar, sondern auf die Produktion wiederum einer bestimmten Wahrnehmungsweise kann sich diese Analogie beziehen: Die Erfahrung der Fließbandarbeit, die etwa gleichzeitig mit der Eisenbahn, die auch zu einem Teil aus einem Fließband besteht, entstanden ist, hat zu Vorstellungen von Bewegungsabläufen geführt, die schließlich in Bewegungsphasen gegliedert und im (Film- oder Bilder-)Band wieder zusammengesetzt wurden. Die Vorstellung einer zusammengesetzten Bewegung war die Voraussetzung dafür, daß Muybridge und Marey die Bewegung auf ihren mechanischen Charakter hin untersucht haben und daß diese Experimente wieder grundlegend für die Organisation von Arbeitsabläufen in den Fabriken um die Jahrhundertwende wurden. Einer der Psychologen, die sich um eine moderne Betriebsführung bemühten, war Hugo Münsterberg in den USA, der nicht zufällig auch eine der bedeutenden frühen »psychologischen Studien des Films« (Münsterberg, 1970) geschrieben hat. Ein anderer war Frank B. Gilbreth, ein Nachfolger Frederick Taylors, dem es für eine ›verbesserte‹ Organisation des Arbeitsablaufs um

»die Sichtbarmachung der Elemente der Bewegung, die Sichtbarmachung ihres Weges [ging]. [...] Es ist nicht überraschend, daß Gilbreth sich der Filmkamera bedient, sobald sie in Frankreich aufkommt. [...] Marey hatte Bewegungsabläufe auf einer einzigen Platte festgehalten, und er erwähnt, daß ein Genfer Wissenschaftler für denselben Zweck weißglühendes Licht benutzte. Gilbreth hat mit seinem Chronozyklographen erstmals genauen Einblick in die reine Bahn sowie das Zeitelement einer Bewegung gegeben« (Giedion, 1982, S. 127, 129).

Marey, und nach ihm Gilbreth interessierten sich vor allem für die Zerlegung komplexer Bewegungsabläufe, z. B. des Fluges einer Möwe oder eines Arbeitsablaufs.

Die auf diese Weise zerlegte Bewegung wurde durch das Fließband im Sinne der Arbeitseffektivität unter der Vorstellung eines

sinnvollen Ganzen reorganisiert; dieses Ganze ist jedoch in der Erfahrung der Arbeit an einem Detail nicht mehr real, sondern nur noch imaginär vorhanden, bzw. wird an einem Punkt als kontinuierliches Fließen des Bandes selbst genommen und überformt die Erfahrung der Heterogenität und Entfremdung imaginär.

Auch der Film setzt grundsätzlich Teile (Phasenbilder, Einstellungen und Sequenzen) zu einem imaginären Ganzen (einer erzählten Geschichte) zusammen. Hier ist es die Kontinnität des Erzählens, das sich und sein filmisches Material in sinnvollem Ablauf zu einem erfahrbaren Ganzen zusammensetzt und als Bewegung des Erzählens wie als erzähltes Produkt begehrt und konsumiert wird.

Die »Traumfabrik« vermag dann dem fiktiven Sinn dieses Zusammenhangs den Schein von Sinnlichkeit zurückzugeben, den Fließbandarbeit und zerstückelte Lebenserfahrung der Vorstellung eines sinnvollen Ganzen des Lebens nicht mehr zu geben vermögen. Die Literatur des bürgerlichen Realismus und in ihrer Nachfolge der literarisierte Kinofilm sind mit ihren unendlichen Folgen erzähler Ereignisse aus kontinuierlich erzählten Handlungen ganz wesentlich an dieser Re-Produktion von Sinn beteiligt.

Es sollte deutlich geworden sein: Wenn von den wahrnehmungsgeschichtlichen Voraussetzungen einer Vorgeschichte des filmischen Sehens in den verschiedenen Dispositiven wie Eisenbahnfahrt, Panorama, Warenhaus oder Fließbandarbeit die Rede ist, dann geht es gerade nicht um Inhalte (das Imaginäre), sondern um das, was Bazin den »Realismus der Struktur« (als Inhalt einer Form) genannt hat. Es ist die Art der Anordnung, mit der Menschen zu Zuschauern der Realität in ihren ›wirklicheren, weil bedeutenderen‹ Abbildern gemacht werden. Diese Anordnung tendiert im Sinne eines »Mythos vom totalen Kino« (Bazin) dazu, im Rahmen dieser Dispositive die Realität zunehmend in ihren Abbildern (und womöglich nur noch dort) zugänglich zu machen. Der Realismus der Literatur (nach Macherey das »Bild im Spiegel«

[Pierre Macherey, Das Bild im Spiegel, in: Macherey, 1974, S. 28–47]) reagiert mit seinen literarischen Mitteln des Erzählens auf die gleiche Wahrnehmungsstruktur wie der Film; indem der Film im Kino das vorausgesetzte Dispositiv exemplarisch wiederholt, kann er sich zugleich der narrativen Struktur der realistischen Literatur vergewissern, die aus der gleichen Wahrnehmungserfahrung stammt.

5. Der literarische Film

> »Die Filmvorführung belebte den Buchhandel; so stieg der Verkauf von ›Les Misérables‹ nach der gleichnamigen Verfilmung 1913 um viele tausend, und 1915 wurden vom Buch ›Der Golem‹ nach der Filmvorführung in wenigen Wochen 100000 Stück abgesetzt.«
> (Hans Traub)

Etwa 1907 drohte die Entwicklung der Filmindustrie erneut zu stagnieren. Ursache dafür war eine allgemeine Wirtschaftskrise, die die Besucherzahlen der amerikanischen Nickelodeons und europäischen Ladenkinos stark zurückgehen ließ. Zugleich machte sich eine Krise der Ästhetik des Films bemerkbar, die für den Rückgang der Nachfrage nach Filmen und eine allgemeine Kinomüdigkeit verantwortlich war und schließlich zu den entscheidenden Weichenstellungen und Veränderungen in der Filmgeschichte geführt hat. Die Zeiten, in denen Filmprogramme ausschließlich mit einem Sammelsurium von Aktualitäten, Burlesken, kürzeren oder längeren fiktionalen Filmchen bestritten werden konnten, waren endgültig vorbei.

Eine der Strategien, die Krise zu überwinden, ließ die Kinobesitzer wieder Vaudeville- (bzw. Varieté-)Aufführungen in die Kinos zurückholen, nachdem der Film zuvor die Vaudeville-Theater verlassen hatte. Von nun an bildeten Vaudeville-Nummern das Beiprogramm von Filmaufführungen, und bis zur Durchsetzung des Tonfilms in den Kinos (Anfang der 30er Jahre) gehörten Revuenummern mit Girltruppen, komischen Nummern und Gesangseinlagen zum Repertoire größerer Kinos nicht nur in den großen Städten, sondern auch in der Provinz (vgl. Anne Paech, Kino zwischen Stadt und Land, 1985, S. 64). Die Kinos begannen nicht nur ihre Programme, sondern allmählich auch ihr ›image‹ zu verändern und zu Kino-›Theatern‹ zu werden. Dagegen bedeutete der Tonfilm das Ende der Vaudeville-Theater: »1932, als das ›Palace-Theatre‹ zum Kino wurde, starb das Vaudeville einen symbolischen Tod; sein langsames Sterben hatte schon in den 90er Jahren des 19. Jahrhunderts begonnen, als der Film das Vaudeville zu erobern begann und es allmählich durch das effektivere und billigere Medium ersetzt wurde« (Don B. Wilmeth, Stage Entertainment, in: Inge [ed], American Popular Culture. 1978, Vol. 1, S. 293).

So etwa lassen sich knapp die Rahmenbedingungen für das Einsetzen der Literarisierung des Films etwa seit 1907 beschreiben.

Filmindustrie und Kino waren gezwungen, ihre bisherigen Zuschauer zurück- und neue hinzuzugewinnen; der populär-kulturelle Kontext mußte auf andere kulturelle Traditionen hin erweitert werden, wenn man neue Zuschauerschichten für den Film interessieren wollte. Der Film mußte ein allgemeinverständliches Medium fiktionalen Erzählens werden und sich damit als Film und als Kino der Rolle von Literatur und Theater annähern. Der Film fand sich in diese Rolle, indem er primär die Struktur literarischen Erzählens und zunächst auch szenischer Darstellung adaptierte und nur sekundär auch deren Inhalte, die ja auch vorher schon übernommen worden waren.

In den USA hatte D. W. Griffith, der seit 1908 bei der Biograph-Company anfangs als Darsteller und sehr bald als Regisseur arbeitete, einige Schwierigkeiten, den Studio-Bossen, die das alte Programmschema beibehalten wollten, solange an den Kassen noch dafür bezahlt wurde, die Notwendigkeit von Innovationen klarzumachen. Nur allmählich konnte Griffith längere, kinematographisch komplizierte und in ihrer narrativen Struktur komplexere Filme durchsetzen. Dennoch vollzog sich in den USA dieser Wandel zur Literarisierung des Films durch die Adaption von Formen und Inhalten der (nach wie vor populären) Literatur des 19. Jahrhunderts relativ kontinuierlich, ohne daß das Sich-Einschreiben des Films in die literarische Tradition zu größeren Brüchen und Auseinandersetzungen geführt hätte.

Während Griffith vor allem mit wenig innovationsfreudigen Geschäftspraktiken der MPPC zu kämpfen hatte, um allmählich immer längere Filme durchsetzen zu können, waren die Verhältnisse in Europa kulturgeschichtlich komplizierter. Auch die bis zum Ersten Weltkrieg führende französische Filmindustrie hatte die Krise zu spüren bekommen. Sie wandte sich nun ausdrücklich den gehobenen Kulturkonsumenten zu, einer gesellschaftlichen Schicht, die bisher das Theater und die Oper frequentiert und das Kino mißachtet hatte. 1908 gründete der Industrielle Pierre Lafitte, der bereits Erfahrungen mit der Herausgabe von populärwissenschaftlichen Journalen hatte, eine Firma, die sich ausdrücklich der Produktion von Kunstfilmen widmete und die er daher *film d'art* nannte. Er lud die berühmtesten Schriftsteller des Landes, darunter Anatole France und Edmond Rostand, ein, Filmszenarios zu schreiben und überredete die bekanntesten Schauspieler der *Comédie française,* darunter Sarah Bernhardt, in seinen Filmen mitzuwirken. Der erste Film, der auf diese Weise nach einem Szenario von Henri Lavedan mit der Musik von Camille Saint-Saens entstand, wurde berühmt und war doch von Anfang an mehr ein Kuriosum als ein großer (film-)künstlerischer Erfolg: »L'Assassinat du Duc de Guise« (1908). Das Unternehmen *film d'art* selbst blieb eine Episode, nach wenigen weiteren Filmen (»Le Retour d'Ulysse« und »Le Remords de Judas«) war es gescheitert. Dieser Versuch der ›Veredelung‹ des Films durch seine Annäherung an das klassische französische Theater erregte zwar Aufsehen, führte jedoch nicht zur Theatralisierung des Films in einer Situation, in der sich das literarische Paradigma durchzusetzen begann. Der Theaterkritiker Adolphe Brisson formulierte, was von dieser Seite dem ›stummen‹ Film immer wieder vorgehalten wurde:

»Nach anderthalb Stunden Film hatten wir das unwiderstehliche Bedürfnis, den Ton einer menschlichen Stimme zu hören. Und das beweist hinreichend, daß das Kino keine Konkurrenz für das Theater ist, im Gegenteil, es macht, daß man sich zum Theater zurücksehnt. Man wird auf die Dauer ungeduldig ob der hartnäckigen Stummheit dieser gestikulierenden Schatten und hat Lust, ihnen zuzurufen: ›Aber nun sagt doch endlich etwas!‹« (zit. nach René Jeanne/Charles Ford, Le cinéma et la presse (1895–1960), Paris 1961, S. 39 [Übers. JP]).

Daher kam der entscheidende Impuls für die Erneuerung des (europäischen) Films aus der zeitgenössischen, und zwar zunächst vor allem naturalistischen Literatur und Dramaturgie, durchaus analog zu der Bedeutung, die Autoren wie Frank Norris (»A Deal in Wheat«) neben den Klassikern des Realismus für Griffith hatten.

Als Reaktion auf Lafittes *film d'art* etablierte der bedeutendste Konkurrent Pathés, Léon Gaumont, eine Filmreihe, die er bezeichnenderweise »La vie telle qu'elle est« nannte und von der sein erster Regisseur, Louis Feuillade, sagte, daß in ihnen der Zuschauer »Ausschnitte aus dem Leben ohne den Schatten einer Lüge [sehen könne]; er sieht die Menschen und Dinge so wie sie sind und nicht wie sie sein sollten« (Feuillade, zit. nach Toeplitz, Geschichte des Films, Bd. 1, S. 54).

Charles Pathé übernahm daraufhin das gleiche naturalistische Programm, das von Emile Zola hätte stammen können, und ließ von Albert Capellani, einem Schüler André Antoines und seines naturalistischen Modelltheaters *Théâtre libre,* eine Filmproduktion entwickeln, die sich vornehmlich der epischen und dramatischen Literatur des Realismus und Naturalismus annahm. Pathés Firma »*Société Cinématographique des Auteurs et Gens de Lettres*« (S.C.A.G.L.) war ursprünglich ein Gegengewicht zu Lafittes *film d'art;* nach dessen Scheitern hatte Pathé jedoch den Vertrieb der *film d'art*-Produktionen selbst übernommen, so daß sich nun die beiden Konkurrenten Pathé und Gaumont mit der S.C.A.G.L. einerseits und »La vie telle qu'elle est« andererseits und zwei Programmen des literarischen Naturalismus gegenüberstanden. Neben Pierre Decourcelle, selbst Autor von Melodramen und populären Romanen, der als Generaldirektor der S.C.A.G.L. fungierte, konnte Pathé eine Reihe von Schriftstellern vertraglich an die Firma binden (Sadoul spricht von »300 Schriftstellern, darunter die ersten und berühmtesten« [Sadoul, 1979, S. 73]). Verfilmt wurden nacheinander Werke von Hugo, Zola, Racine, Sue, Balzac u. a. Ab 1909 wurden die Filme immer länger, und der erste wirklich große Erfolg mit der Zola-Adaption »L'Assommoir« (1909) hatte bereits eine Länge von 900 Metern (»Man sagt, daß L'Assommoir (1909) der erste französische Langfilm gewesen sei« [Mitry: Histoire du Cinéma, Band 1, Paris 1967, S. 373]). »Les Mystères de Paris« nach Eugène Sues berühmtem Roman war bereits 1 500 Meter lang, und »Les Misérables« (1912) hätte mit 5 000 Metern eine Projektionszeit von 4 Stunden gehabt, wenn der Film jemals als ganzer ausgewertet worden wäre: Da die Kinos noch kaum in der Lage waren, derart lange Filme zu zeigen, wurden die vier Episoden nach wie vor separat verliehen (Sadoul: Histoire générale du Cinema, Band 3, Paris 1951, S. 47). Die Tatsache jedoch, daß Capellani schon 1912 Filme mit dieser Länge (und den enormen Kosten von 200 000 FF) gedreht hat, zeigt, daß das Bedürfnis bestand, soviel wie möglich von der literarischen Vorlage im Film wiederzugeben.

Übertroffen an Länge und pompöser Ausstattung wurden die französischen Filme noch vom italienischen historischen Monumentalfilm: Für »Cabiria« hatte sogar Gabriele D'Annunzio als Autor gezeichnet, zwei Jahre (1912–1914) hatte die Produktion für diesen 4 500 Meter langen Film gedauert. Das Gegenstück zu diesem in Turin entstandenen Film war »Quo Vadis?« der Firma ›Cines‹ in Rom, der 1913 uraufgeführt worden war. Nur zwölf Jahre nach der ersten Verfilmung des Romans von Sienkiewicz (Pathé 1901) in einer Einstellung hatte das ›Remake‹ die Länge von 2 250 Metern. Knapp 3 (»Quo Vadis«) bis über 4 Stunden (»Cabiria«) dauerten die Filmvorführungen. Der spektakuläre Erfolg dieser monumentalen Filme ermutigte schließlich D. W. Griffith und die Epoch Producing Corporation, zu der er übergewechselt war, ebenfalls Filme von diesen Ausmaßen herzustellen. Nach dem Roman von Thomas Dixon »The Clansman« entstand 1915 »The Birth of a Nation« mit 12 Akten und 240 Minuten Spieldauer, 1916 folgte dann »Intolerance« (bei der Wark Producing Corporation) mit einer Länge von etwa 220 Minuten der Verleihkopie (Seymour Stern berichtet von einer Vorstellung in New York im August 1916, die über 8 Stunden gedauert hat. [Vgl. Sadoul, 1951, S. 182]). Es ist wiederum interessant, daß für Griffith die literarische Vorlage zweitrangig ist, dagegen dominiert eindeutig die Struktur literarischen Erzählens, die Griffith zum Beispiel in Rahmen- und Episodenerzählung von »Intolerance« souverän handhabt.

Die *deutsche Filmindustrie* hatte dem noch nichts eigenes entgegenzusetzen (Vgl. Gerhard Lamprecht, Deutsche Stummfilme 1903-1931, Bde. 1-10/11, Berlin 1967-1970; Stiftung Deutsche Kinemathek (Hg.), Das wandernde Bild. Der Filmpionier Guido Seeber, Berlin 1979). Stattdessen waren die Kinos in Deutschland – stärker als in den USA (Vgl. zu ähnlichen Bewegungen dort Fisher, 1975, S. 144 f.) – zum Ort eines erbitterten Kulturkampfes geworden, der zunächst der ›Schundliteratur‹ gegolten hatte und nun verstärkt gegen die ›Schundfilme‹ fortgesetzt wurde:

»Die pseudo-literarische Dutzendware, die dem primitiven Verlangen der damals traditionslosen Massen entsprach, findet ihre Ergänzung im Kintopp: Der Film übertrug nur ins Bildhafte, was als Handlungsstoff im Schrifttum längst vorhanden war« (Panofsky, 1940, S. 34).

Das heißt jedoch, daß die Massen, die nun ins Kino gehen, durchaus nicht ›traditionslos‹ in ihren Bedürfnissen nach bestimmten ›Handlungsstoffen‹ waren, sondern eine eigene literarische Tradition der »Lesestoffe der kleinen Leute« (vgl. Schenda, 1976) im Kino fortsetzten!

»Die Brücke zum Film bilden die Schmierentheater ebenso wie die Hintertreppenliteratur. Die Greueltragödie ist aus der gesamten Filmgeschichte ebenso wenig wegzudenken, wie aus der Geschichte des Theaters. [...] Die Freude am Grauenvollen, in den Filmen der Anfangsjahre genährt durch Ritterdramen, Geistererscheinungen, Kriminalszenen usw. war auch die Voraussetzung für die Schundliteratur« (Panofsky, 1940, S. 18 f.).
»Und wie sich die Welle der Schundliteratur über die Massen ergoß, so entstanden von hunderten kleiner Filmfirmen gedreht die Unsummen von Schundfilmen: in 250 derartiger Streifen stellte man 1910 97 Morde, 45 Selbstmorde, 51 Ehebrüche, 19 Verführungsszenen, 22 Entführungen, 35 Betrunkene und 25 Dirnen fest« (S. 58).

Während die Zweite Sozialistische Internationale zwischen Jahrhundertwende und Erstem Weltkrieg diskutierte, ob für eine Kultur des Proletariats eher der bürgerliche Naturalismus eines Emile Zola oder Gerhart Hauptmann oder vielmehr ein patriotisierter Schiller vorbildlich sein sollten (vgl. Rüden, 1979), hatten die bürgerlichen Kulturwarte das Massenpublikum längst als ökonomische Macht und ideologischen Adressaten im kulturellen Bereich erkannt. Wenn man diese Leute erreichen wollte, mußte man ihre bisherige (Schund-)Lektüre diffamieren und durch eine andere, bildungsbürgerliche zu ersetzen trachten. Dies war nur möglich, wenn man ein entsprechendes Bedürfnis schuf, denn daß der ›Schund‹ auch im Kino auf einen wirklichen Bedarf antwortete, hatte man durchaus gesehen:

»Denn das Lichtspiel jener Zeit war vielfach nur eine Verfilmung jener Zehnpfennighefte, ein bildmäßiges Diktat ihres Inhalts, durch die tatsächliche Abbildung der Handlung ungleich wirkungsvoller. Schundroman und Schundfilm hätten nie eine solche Verbreitung gefunden, wenn das Geschäft sich nicht tatsächlich gelohnt hätte. Die Ware wurde abgesetzt, weil ein Verlangen da war …« (Panofsky, 1940, S. 20).

Und deshalb ging es in diesem Kulturkampf gegen literarischen und filmischen Schund auch darum, an die Stelle der bisherigen diffamierten ›Ware‹ das Verlangen nach einer anderen, besseren zu setzen, die mit dem geschäftlichen Interesse auch die Anhebung des kulturellen Niveaus auf das des herrschenden Bürgertums verband. Daß der Ort, an dem die bürgerliche Kultur die proletarischen und kleinbürgerlichen Massen erreichen und durchdringen konnte, das Kino sein würde, kam den fortschrittlichen Kulturproduzenten allmählich zu Bewußtsein. Voraussetzung war, daß das Kino und die Filme sich ändern mußten:

»Die allmähliche Besserung des Spielfilmniveaus sucht man durch historische und literarische Stoffe, durch anerkannte Künstler und einen großen Materialaufwand zu erzielen. Entschiedene Besserung trat jedoch erst dann ein, als die Neugründung von Kinematographen-Theatern nicht mehr wie bisher von Schaubudenbesitzern, Kneipenwirten und verkrachten Existenzen vorgenommen wurde, sondern von vermögenden und gebildeten Geschäftsleuten« (S. 63 f.).

Das Kino sollte zum ›Theater‹ werden, der Film zur ›Literatur‹, damit das Kino als Medium bürgerlicher Wertvorstellungen fungieren konnte, die noch immer durch Literatur und Theater repräsentiert wurden. Daß in demselben Vorgang der Einschreibung des Kinos in die bürgerliche Kultur deren Repräsentanten einen Kulturverfall und eine Gefahr für ›ihre‹ Literatur und ›ihr‹ Theater sahen, wird in den entsprechenden Reaktionen sofort deutlich (und bildet bis heute das elitäre Korrelat zur populistischen Strategie in der Diskussion um die Verwertung von Literatur und Drama [Theater] durch Film und Fernsehen).

Ohne bisher auf eigene Versuche literarischer (Groß-)Filme verweisen zu können, begrüßte man die historisierenden Monumentalfilme aus Italien und die französischen Literaturverfilmungen als Verwirklichungen des Kinos in der Form des Theaters und der Literatur. So brachte die Aufführung des Pathé-Films nach Hugos »Les Misérables« den

»Beweis, daß der Roman, ein Unding auf der wirklichen Bühne, sich für den Kino eignet; er wirkt wie ein lebendiges, illustriertes Buch; es geschieht, was man im Grunde seines Herzens eigentlich immer wünscht, wenn man ein illustriertes Epos betrachtet, die Figuren bewegen sich auf einmal« (Malwine Rennert, Victor Hugo und der Kino. Französische und deutsche Filmkunst, in Bild und Film 1912/13, II, 6 S. 129).

Die Anschaulichkeit, die der Film den »dicken Bänden des Romans« (S. 129) voraus hat, ist besonders für »die Leute aus dem Volke sehr wesentlich«, (S. 130), weshalb sich ein Kritiker gegen die »Widersacher [wendet], die eine Verbildlichung literarischer Erzeugnisse hintan halten wollen unter dem Hinweise, daß diese einer Entwertung und Entweihung der Dichterwerke gleichkäme. [...] Denn nicht gern wird es gesehen, daß der Emporkömmling Film nun auch nach Geweihtem seine Hand auszustrecken wagt.« Dagegen ist zu beweisen, daß dieser angeblich fast vergessene Roman »durch die Wunderkraft der Lichtbildkunst wie ein Dornröschen aus der Hecke der unverrückbaren, starren Buchstaben befreit und zu einem neuen, glänzenden Leben erweckt wird«, in der Hoffnung, daß der Zuschauer »durch das, was er im Lichtbild gesehen, so sehr für das Originalwerk interessiert [wird], daß nunmehr auch der Wunsch in ihm erwacht ist, dieses *lesen zu* wollen« (Willy Langner, Menschen unter Menschen, in: Licht-Bild-Bühne No. 49, 7. 12. 1912, S. 29 f.).

Es geht selbstverständlich nach wie vor um die Literatur und ihre Durchsetzung bei einem Massenpublikum, wenn ein verfilmter Roman wie Hugos »Les Misérables« (deutscher Filmtitel: »Menschen unter Menschen«) auch gegen die Kritiker von Literaturverfilmungen verteidigt wird; deren »Bangen um ein Heiligtum« (S. 29 f.) sei zwar psychologisch durchaus verständlich, sie seien aber unfähig, im Kino die Chance sehen zu können, »die großen dichterischen Schöpfungen der Vergangenheit [...] von der Leinwand aus ungezählten Tausenden schneller und verständlicher [zu] vermitteln, als es bisher je das gedruckte Buch vermocht hätte« (S. 29 f.).

Ganz ähnliche Probleme tauchen auf, wenn sich zeitgenössische Schriftsteller mit der Frage konfrontiert sehen, ob sie sich auf diesen Kinematographen einlassen sollten, dessen Stoffhunger immer größer wurde und dessen ›Veredelung‹ die Mitarbeit anerkannter Schriftsteller zugute käme: Die Herausforderung des Kinos war dreifach, sie traf den Dichter in seinem ›Heiligtum‹, stellte ihm andererseits ein neues Massenpublikum in Aussicht und lockte mit Honoraren, die bei Verlegern nur den Spitzenverdienern erreichbar waren, in der Filmproduktion aber gerade den soliden Handwerkern ein sicheres Auskommen versprachen.

Charakteristisch ist eine Stellungnahme von Franz Pfemfert, dem Herausgeber der Berliner expressionistischen Zeitschrift »Die Aktion« von 1909: »Kino als Erzieher«:

»Vergebens wird man in dem Kulturschutt verfallener Menschheitsgeschichte nach einer Erscheinung suchen, die an trostloser Öde unserer modernen Zeit gleichkommt. Gewiß: in der Geschichte eines jeden Volkes läßt sich eine Wellenbewegung, ein Auf und Ab feststellen. Wir aber scheinen von dem Strudel Trivialität erfaßt zu sein, der uns zu verschlingen droht« (Franz Pfemfert, Kino als Erzieher (1909), in: Kaes, 1978, S. 59).

Aber die Technik, die sich im »Schöpfungsrausche« befindet, hat zwei Seiten, eine seelenlos triviale und eine faszinierende:

»Der Weg zu den Höhen der Kultur wäre frei, wenn nicht das Siebenmeilenstiefeltum der Trivialität jedem kulturellen Fortschritt entgegenstehen würde. ›Edison‹ heißt die Formel, auf die unsere Zeit zu bringen ist. ›Edison‹ – die Paarung von Genialität und Trivialität. [...] ›Edison‹ heißt der Schlächterruf einer kulturmordenden Epoche. Das Feldgeschrei der Unkultur« (S. 59 f.).

Wenn es heißt, daß der Fortschritt mit Siebenmeilenstiefeln verhindert wird, dann spürt man in diesem Oxymoron, wie der Autor zugleich hingerissen und angewidert ist von einem Medium, das Genialität und Trivialität paart. Was das Kino betrifft, so war er zu dem Schluß gekommen, »daß Kino der Trivialität Siege feiern hilft und den Geschmack des Volkes verwüstet« (S. 61). Noch hatte der Expressionismus das Kino in seiner urbanen Umgebung nicht für sich entdeckt.

Wenn sich die literarische Intelligenz etwa 1911/12 dann doch für den Kinematographen zu interessieren beginnt, so hat das, neben den bereits angedeuteten, verschiedene Gründe. Berthold Viertel, der im amerikanischen Exil später eine Karriere als Drehbuchautor in Hollywood machte (Vgl. Horak, 1984, S. 156), bemerkt nicht ohne Schadenfreude, daß der Kampf gegen das Kino der sogenannten Schundfilme vergeblich war:

»Das Bemühen, den Leuten das Vergnügliche, aber ordinäre Kino nehmen und statt dessen nichts als trockene Belehrung aufdrängen zu wollen, ist pädagogischer Wahn und zeigt einen kindlich verkümmerten Wirklichkeitssinn« (Viertel, zit. nach Heller, 1984, S. 49).

Und Alfred Döblin stellte sich sogar linksbürgerlich auf den Standpunkt der populären Kultur des Kinos (1909):

»Kintopp [ist] ein vorzügliches Mittel gegen den Alkoholismus. Man nehme dem Volk und der Jugend nicht die Schundliteratur noch den Kintopp; sie brauchen die sehr blutige Kost ohne die breite Mehlpampe der volkstümlichen Literatur und die wässrigen Aufgüsse der Moral« (Döblin, zit. nach Heller, 1984, S. 49).

Und Carlo Mierendorff wird aussprechen, was alle, die ein neues Massenpublikum in den dunklen Höhlen des Kinos verschwinden sahen, dachten: »Hätte ich das Kino!« (Vgl. Mierendorff, 1920)

Es war das Kino, das sich schließlich an die Schriftsteller wandte und zur Mitarbeit aufforderte. Die französische S.C.A.G.L. warb seit 1908 auch in Deutschland mit einer »Gesellschaft zur Verwertung schriftstellerischer Ideen für kinematographische Zwecke« um deutsche Autoren, und die dänische Nordisk stellte in einem Rundschreiben selbstbewußt fest:

»Unsere Firma, bekannt als eine der leistungsfähigsten auf dem Weltmarkt, bietet den deutschen Schriftstellern durch die anerkannt mustergültige technische Ausführung, durch großzügige und kostspielige Inszenierungen, durch ein einzig dastehendes und seit vielen Jahren im Stil der stummen Darstellungskunst erster deutscher und dänischer Bühnenkünstler die Möglichkeit und die Gewähr, daß ihre Werke in einer hohen literarischen Zielen würdigen Weise für das Kinotheater bearbeitet werden. Der anerkannten Qualität der Leistungen entspricht ihre Bedeutung auf dem Weltmarkt; ihre Umsatzziffern mit dem einzelnen Film wurden bisher von keiner anderen in- und ausländischen Firma erreicht [...] Hierdurch ist dem Schriftsteller der höchstmögliche Tantièmenertrag seiner Arbeit gesichert...« (Vgl. Rundschreiben der Nordischen Films Co. Berlin, 6. November 1912 in: Katalog »Hätte ich den Film!«, S. 129).

So unverblümt sind Kunst und Kommerz noch selten zuvor in einem Atem genannt worden: Mit Erfolg, denn in demselben Rundschreiben, das eine Antwort auf den Versuch des ›Verbandes deutscher Bühnenschriftsteller‹, seine Mitglieder zu verpflichten, »in keiner Weise für das Kinotheater tätig zu sein«, war, konnte die Nordisk auf eine Liste bekannter Autoren hinweisen, die sie bereits als Mitarbeiter verpflichtet hatte: Gerhart Hauptmann, Max Halbe, Erich von Wolzogen, Arthur Schnitzler, dazu Hugo von Hofmannsthal, Felix Salten, Jakob Wassermann u.v.a.

Ganz abgesehen von der Frage, warum sie sich der Filmindustrie als Mitarbeiter verpflichtet haben, ob aus der Überzeugung, daß dem technischen Reproduktionsmedium Film die Zukunft gehört, wegen der versprochenen Tantièmen oder weil sie ein neues Publikum proletarischer und kleinbürgerlicher Schichten im Kino erreichen wollten, in jedem Fall stellte sich ihnen das Problem, wie man denn für den Film schreiben müsse. Wie mußte eine Filmgeschichte aussehen und als Szenario oder Drehbuch gestaltet sein, damit sie den Ansprüchen einer Filmproduktion genügte, die noch keiner von ihnen ›von innen‹ gesehen hatte.?

So kam 1913 eine Initiative des Schriftstellers Kurt Pinthus zustande, eine Sammlung von Erzählungen für das Kino zusammenzustellen, die gleichsam als literarische Etuden für den kinematographischen Gebrauch erste Erfahrungen in der literarischen Annäherung an den Film ermöglichen sollten. Das Bekenntnis von Franz Blei, daß er »die photographische Technik und ihre witzigen Möglichkeiten zu wenig [kennt], um ein Kinostück zu erfinden«, galt sicherlich auch für viele andere. »Denn ein Kinostück ist nichts als eine photographische Angelegenheit, keine künstlerische«, weshalb er die »Alltagsdramen der Menschen« für ein dokumentierendes Kino vorschlagen würde (Vgl. Franz Blei, Kinodramen, in: Pinthus, 1983, S. 149).

Die meisten anderen Autoren (darunter Walter Hasenclever, Else Lasker-Schüler, Max Brod, Paul Zech u. a.) bemühten sich gerade um diese »witzigen Möglichkeiten« verrückter Montagen und halsbrecherischer Bewegungen, die ihnen im Kino besonders aufgefallen waren und die sie daher für besonders filmisch hielten. Der Beitrag von Kurt Pinthus selbst ist exemplarisch:

»Die verrückte Lokomotive. Oder: Abenteuer einer Hochzeitsfahrt. Ein großer Film.«

(In der Parallelmontage mit sozialen Kontrasten werden die Protagonisten vorgestellt: Ein Tennis spielendes Paar, sie ist Ingenieurin, er ist Dichter. Ihre Hochzeitsreise in der Eisenbahn führt sie mit einem Lokomotivführer zusammen, der gerade erfahren hat, daß seine Frau ihn betrügt. – Pinthus spielt sicherlich auf die Hochzeit zwischen Technik und Poesie an, die der Kinematograph selbstverständlich in einer Eisenbahn zustande bringen wird.)
[Der eifersüchtige Lokomotivführer sorgt dafür, daß es ausreichend kinematographisch dabei zugeht:]
»Nikolaus aber arbeitet bedachtsam an den Hebeln der Lokomotive. [...] Da denkt er an seine hübsche Frau ... und sein Gesicht verdüstert sich. Die Eifersucht umschleiert seine Augen. [...] Noch einmal sieht er das ehebrecherische Paar ... Und in wütender Verzweiflung stellt er den Hebel der Lokomotive auf die größte Geschwindigkeit ein.«
[Die erzählerischen Rückblenden geben ausreichend Gelegenheit für interessante filmische Überblenden, in denen der Blick und, was das ›geistige Auge‹ sieht, zugleich gezeigt werden können.]
»Nun sehen wir den Zug schneller und schneller durch die Landschaft rasen, bis sich sein Tempo zu einer noch niemals erblickten Geschwindigkeit steigert. Drinnen aber im Speisewagen sitzen die Leute beim Mahl. [...]

Entsetzt springt man auf, starrt aus den Fenstern und sieht draußen die Welt wie zerstückt in Fetzen vorbeifliegen.«
[Das Filmische der Wahrnehmung wird zum Thema, aber es bleibt bei ihrer literarischen Wiedergabe, da alle Hinweise auf z. B. einen Kamerablick fehlen; das wird gleich noch deutlicher:]
»Man glotzt sich entsetzt in die Augen, stürzt durch die Korridore des Luxuszuges mit verzweifelten Gesichtern und Gebärden. Mütter umschlingen die schreienden und zappelnden Kinder. Der Koch und die Kellner stürmen im Speisewagen umher und werfen das Geschirr aus dem Fenster. [...] Dann nähert [der Zug] sich dem gezackten Profil der Alpen, saust die Berge hinauf, an friedlichen Alpenseen und Riesenhotels vorbei. [...] Da erhebt er sich in die Lüfte und schwebt wie ein fliegender Wurm über eisglitzernde Gletscher, über unendliche Abgründe. [...] Bisweilen erblickt man in rasch vorüberzuckenden Bildern die Schreckensszenen im Zuge hinhuschen. [...] Draußen an den Schienen aber sieht man blitzartig Menschen stehen, die dem verrückt gewordenen Zuge nachstarren. [...] Schließlich springt der Zug vom Land aufs Meer und rennt wie ein Wasserläufer über die schimmernde blaue Flut. «
[Dem tapferen Einsatz der Ingenieurin Erna ist es zu verdanken, daß der Zug im Meer auf einer Insel zum Stehen kommt, woran sich eine Robinsonade anschließt, bis die Passagiere von einem Dampfer gerettet werden. Am Schluß formieren sich die Reisenden zu einem Gruppenfoto.] (Kurt Pinthus: Die verrückte Lokomotive oder Abenteuer einer Hochzeitsfahrt. In ders. [Hg.]: Das Kinobuch. Frankfurt 1983, S. 11-86)

Unschwer ist zu erkennen, welcher Art die filmischen Erfahrungen des Autors sind und daß er an dem Méliès-Film »Voyage à travers l'Impossible« (1904) viel Spaß gehabt hat, eine Nonsense-Tradition, die sich im Film bis heute erhalten hat (Nachfahren dieser ›verrückten Lokomotive‹ sind Filme von Mel Brooks oder »Die unglaubliche Reise in einem verrückten Flugzeug« [»Airplane«, USA 1980] von Jim Abrahams, David und Jerry Zucker).

Deutlich wird das Interesse von Kurt Pinthus (und der anderen Autoren), unter dem Eindruck der Kinoerfahrung eine andere, filmische Literatur produzieren zu wollen, was jedoch nicht heißt, daß auf diese Weise eine Literatur für den Film entsteht. Die Arbeiten des »Kinobuchs« sind niemals verfilmt worden.

Wo aus der Zusammenarbeit zwischen Schriftsteller und Filmindustrie ein Film entstand, wurde dieser ›Kunstfilm‹ im Unterschied zu allen anderen, die auf literarischen Vorlagen im weitesten Sinne beruhten, ›Autorenfilm‹ genannt, wenn »er sich auf die Mitarbeit berühmter und bekannter Schriftsteller berufen konnte« (Vgl. Zaddach, 1929, S. 26). Solche Filme waren zum Beispiel »Das fremde Mädchen« nach einem Buch von Hugo von Hofmannsthal, von der Nordisk unter der Regie von Mauritz Stiller 1913 verfilmt, oder Arthur Schnitzlers »Liebelei« (1913, Regie Holger Madsen). Beide Filme scheiterten an den literarischen Qualitäten ihrer Dichter-Autoren:

»Seine [Hofmannsthals] Worte atmen Klang, atmen Duft, atmen Phantasie. Aber nur, nur seine Worte. Seine Handlungen waren von jeher keine Handlungen, seine Fabeln, soweit er sie nicht der Antike entlehnte, arm, seine Dramatik müde, kalt, leer. Ein solcher Literat kann schon keine Pantomimen, geschweige denn Filmdramen schreiben« (Vgl. Katalog »Hätte ich den Film!«, S. 147).

Und zu Schnitzler heißt es ganz ähnlich:

»Alles, was uns an den Bühnenwerken Schnitzlers lieb ist, diese eigentümliche melancholische Unterströmung, der sich alle handelnden Personen mehr unbewußt als bewußt unterworfen fühlen, dieser echt wienerisch sentimentale Lebensgenuß [...], all das fehlt im Kino.«

Im Kino erkennt der Kritiker, was ihn schon immer an Schnitzlers Dramen gestört hat:

»Ja, in manchen Fällen, wie eben hier in der Liebelei, erkennen wir genau das Zusammengeleimte im Aufbau und die unnatürliche Farbengebung in der Darstellung der Personen. Und all dies ... hat mit seinen Bildern ... der Kinematograph getan! Cavete poetae« (S. 149 f.).

Ein Beispiel für die Verfilmung eines Romans, der von seinem Autor für den Film bearbeitet wurde, ist »Atlantis« von Gerhart Hauptmann (1914 von August Blom bei der Nordisk gedreht). Die Kritik dieser Verfilmung bediente sich einiger Argumente, die künftig immer wieder eine Rolle spielten:

»Die Verfilmung eines Romans ist – das haben wir nun schon hundertfach festgestellt – eine glatte Unmöglichkeit. Vorgänge, die sich im Menschen abspielen, lassen sich nicht durch die bildliche Darstellung ausdrücken, alle Gefühlswerte werden bei konsequenter ›Verfilmung‹ auf den Kopf gestellt.

[...] Als eine dem Bühnendrama ebenbürtige Kunstgattung kann das Kinodrama nicht ernstlich in Betracht gezogen werden; es bleibt im besten Falle immer nur Kunstsurrogat, eine vorübergehende Erscheinung, kein Werk, das seinen Wert in sich trägt« (Katalog »Hätte ich das Kino!«, S. 133).

Immerhin begannen sich die Literatur- und Theaterkritiker für das Kino zu interessieren, weil sie ihre kritischen Gegenstände auf der Leinwand und nicht mehr nur zwischen Buchdeckeln und auf der Bühne aufsuchen mußten; die Anfänge des literarischen Films in Deutschland sind auch die der ernsthaften Filmkritik (Vgl. Diederichs, 1986).

»Im Laufe des Jahres 1913 trat eine Sonderung zwischen Autorenfilm und literarischem Film ein. Bis dahin hatte man alles Autorenfilm genannt. [...] Jetzt setzte die Scheidung ein, Autorenfilm ist schließlich jeder Film, weil jeder einen Autor hat und haben muß« (Zaddach, 1926, S. 26).

Der literarische Film ist daher der besondere Autorenfilm eines literarischen Autors im Gegensatz zum künstlerischen Urheber des Films (Drehbuchautor und Regisseur), der nun ebenfalls als Autor bezeichnet wird (Vgl. den Autorenbegriff der *politique des auteurs* in den 50erJahren!).

Die beiden wichtigsten literarischen (oder Autoren-)Filme, die vor dem Ersten Weltkrieg in Deutschland entstanden sind, haben das besondere Interesse der Kritiker gefunden, weil sie in ihnen jeweils auf exemplarische Weise den Übergang von der Theaterdarstellung zur filmischen Darstellung und darüber hinaus die ästhetische Grenze zwischen den Medien gefunden haben, jenseits derer sie das Spezifische filmischer Ausdrucksmöglichkeiten erkannten.

1. Beispiel: »*Der Andere*« *nach einem Schauspiel (1893) von Paul Lindau – Regie: Max Mack (Nordisk, 1913)*
Natürlich war der Film auch eine ›literarische‹ Sensation, weil er ein Theaterstück eines bekannten Autors als Vorlage hatte; die »Jekyll and Hyde«-Geschichte des Bühnendramas wurde im Film (nach Siegfried Kracauer:)

»in eine bedrückend bürgerliche Atmosphäre [versetzt]. Aus Dr. Jekyll wird Dr. Hallers, ein aufgeklärter Berliner Anwalt, der gelegentlich einer Party, die er gibt, skeptisch über einen Fall von Persönlichkeitsspaltung lächelt. Derartiges, behauptet er, könne ihm nie zustoßen. Doch Hallers fällt übermüdet vom Pferd, und in der Folge erliegt er immer häufiger einem zwanghaften Schlaf, aus dem er als ›der Andere‹ aufwacht. Dieses sein zweites Ich tut sich als Schwindler mit einem Einbrecher zusammen, um in die Wohnung des Anwalts einzubrechen. Die Polizei kommt dem zuvor und verhaftet den Einbrecher. Während sie ihn untersuchen, schläft sein Komplize ein, um als Dr. Hallers zu erwachen – der sich seiner Mittäterschaft nicht im geringsten bewußt ist. Als man ihn zwingt, sich als Komplizen des Einbrechers auszuweisen, bricht er zusammen. Die Story hat ein Happy End. Hallers erholt sich und heiratet: Prototyp eines Bürgers, der gegen jegliche psychologische Störungen immun ist« (Kracauer, 1979, S. 40).

Kracauer reiht diesen Dr. Hallers »als Angehörigen der deutschen Mittelschicht« wegen »seiner geistigen Verwandtschaft zu den Wahnfiguren«, die seiner Meinung nach den »Aufmarsch der Tyrannen« auf dem Weg zu Hitler vorbereiten, in eine Reihe mit Dr. Caligari ein.

Die zeitgenössischen Kritiker dagegen interessierte mehr als die Figur dieses Dr. Hallers der Schauspieler Albert Bassermann, der ihn verkörperte und dessen Schauspielkunst man nun in Nahaufnahmen intensiver und wiederholt bewundern konnte. Besonders gespannt war man auf die Szene, in der sich Dr. Hallers in sein anderes, asoziales Ich verwandelt.

Für das Theater hatte Paul Lindau an dieser Stelle vorgesehen, daß sich Hallers, nachdem er alle Angestellten weggeschickt hat, an den Schreibtisch setzt und in dem Buch über Persönlichkeitsspaltung liest.

[Liest langsam:] »Hier ist also außer Frage eine Verdoppelung des Ich festgestellt [...] – mit anderen Worten: hier stehen sich zwei Persönlichkeiten in ein und demselben Gehirn einander gegenüber, von denen jede für sich ihr eigenes, gesondertes Werk verrichtet – die eine auf der Bühne, die andere hinter der Coulisse ...« (Vom oberen Stockwerk hört er Agnes auf dem Klavier Mozarts ›Mondscheinsonate‹ spielen; Hallers' Gesicht nimmt einen ruhigen friedlichen Ausdruck an. Dankbar, den Blick nach oben richtend:) »Ah! Meine Sphärenmusik ... Sie hält Wort ... die liebe Agnes ... Du mahnst zur Ruhe ...« (er schläft mit dem Ausdruck der Zufriedenheit lächelnd ein. Nach kurzer Zeit wird der Ausdruck seines Gesichts ernst, finster, es verzerrt sich, als ob er Schmerzen zu ertragen hätte. Er wendet sich auf dem Stuhl hin und her, mit geschlossenen Augen. Er wird unruhig. Das Klavierspiel wird oben fortgesetzt. Hallers macht eine stärkere ungehaltene Bewegung. Dabei läßt er das Buch fallen. Beim Geräusch des aufschlagenden Buches zuckt er zusammen, reißt die Augen auf, starrt einige Augenblicke ausdruckslos in die Leere und blickt dann unwillig, ja zornig nach oben. Er erhebt sich mühsam, löscht die Lampe und die Kerzen auf dem Leuchter, bis auf eine, die brennen bleibt. Die Bühne wird nun sehr merklich dunkler.) [Nach der inneren Verwandlung folgt die äußere, er zieht die Jacke seines Kanzleidieners an, am Ende] »scheint eine Metamorphose mit ihm vorgegangen zu sein. Er geht schleppend und schwer, wie gegen seinen Willen.« [Dann schleicht er sich aus dem Haus] »Klavierspiel bis zum Actschluß« (Der Andere, Schauspiel in vier Aufzügen von Paul Lindau, Dresden 1893, S. 33-35).

Die Verwandlung auf der Bühne geht in drei Phasen vor sich: Am Beginn wird noch einmal die wissenschaftliche Begründung der dann folgenden Ereignisse in Erinnerung gerufen, dann folgt die mimische, darauf die seelische (»Verwünschtes Geklimper!«, er kann die Schönheit der Musik und damit die Liebe nicht mehr empfinden), schließlich die gestische Verwandlung (Körperhaltung, dazu Kleidung).

Der Film zeigt das Büro wie im Theater von einem privilegierten Zuschauerplatz vor der Bühne aus (HT). Hallers sitzt am Schreibtisch, liest, raucht und blickt ab und zu entzückt an die Decke (selbstverständlich spielte die Klavierbegleitung während der ganzen Szene die »Mondscheinsonate«). Nachdem er eingeschlafen ist, fängt er an zu grimassieren, sein Körper zuckt. /
Eine Schrifttafel: »Im Dämmerzustand. Nebenwirkungen des Reitunfalls.« (Das klingt wie eine Entschuldigung für die Verwandlung, die nun vor sich geht) /
(weiter HT) Hallers steht auf und geht gekrümmt in den Hintergrund, nimmt einen Leuchter /
(N) und bläst die Kerzen bis auf eine aus. (Dieser Einstellungswechsel dient offensichtlich dazu, die mimische Verwandlung mit den *Möglichkeiten des Films zu* verdeutlichen: während Hallers die Kerzen löscht, beleuchten sie sein verzerrtes Gesicht, das nah gezeigt wird.) /
(HT) wie zu Anfang; Hallers kommt wieder nach vorn zum Schreibtisch, nimmt Geld aus seiner Jacke (was später bei der Polizeivernehmung eine Rolle spielt) und geht wieder in den Hintergrund zum Schrank /
(HN) wo er die Jacke seines Kanzleidieners anzieht, sich ein Tuch umbindet und einen Schlapphut aufsetzt. (Noch einmal eine *filmische Verdeutli-*

chung durch eine Annäherung, der mimischen wird die Verwandlung durch Verkleiden hinzugefügt) /
(HT) wieder das ganze Büro, Hallers ist im dunklen Hintergrund schwer zu erkennen; aus dem Schrank nimmt er einen kleinen Gegenstand (eine Uhr, die er später als ›Beute‹ verschenkt; die Kamera zeigt nur, daß er etwas, nicht, was Hallers aus dem Schrank nimmt); Hallers wendet sich zum Fenster und /
(HN) steigt hinaus.

Die starre Kamera in den HT-Einstellungen des Büros ahmt den Blick auf die Theaterbühne nach; auch die Verwandlung Hallers wird wie auf der Bühne dargestellt, das Grimassieren wird wegen der besseren Sichtbarkeit mit gestischen Akzenten verdeutlicht; die seelische Verwandlung bleibt unvollständig, da sich Hallers später um die Musik nicht mehr kümmert. Eher filmisch wird die Verwandlung als Vorgang des Verkleidens gezeigt, hier wird die Bühnenperspektive teilweise aufgegeben; noch mehr nähert sich die Kamera dem Gesicht Hallers, um das Ergebnis der mimischen Verwandlung zu zeigen, wobei die Annäherung durch das Ausblasen der Kerzen aus der Handlung *motiviert* ist; allerdings werden die Kameraachse und damit die Blickrichtung auf das Geschehen an keiner Stelle, auch nicht in den Naheinstellungen als bloße Annäherungen, aufgegeben, sie sind stets an die Perspektive eines Theaterzuschauers an seinem Platz gebunden. Wegen der Möglichkeit der Annäherung jedoch haben die Kritiker den Vorteil einer filmischen Darstellung gegenüber einer Bühnenvorstellung zu schätzen gewußt:

»An zwei Momenten, an der Umstimmung des Gesichts und Körpers beim Übergang ins zweite Leben, an der Art, wie der Leib erschlaffte, wie die herabgezogenen, sich versteifenden Gesichtsfalten, der verbreiterte Mund, das vorgeschobene harte Kinn und das Weiße hervorkehrenden Augen den Lebemannskopf in eine Verbrecherphysiognomie verwandelten – dann in dem Schlußmoment, in dem eine ähnliche Verwandlung, die den Helden bedroht, bekämpft wurde, konnte man seine Technik studieren, sich förmlich einprägen, weit intensiver als im Theater« (Vgl. A. Klaar, Vossische Zeitung, 1913 zit. nach: Diederichs, Anfänge deutscher Filmkritik, Frankfurt 1986, S. 56).

Diese ›Intensivierung des Theaters‹ erlaubt dem Kritiker zwar, dem Schauspieler Albert Bassermann ins Weiße des Auges zu sehen, dennoch erwartet er weiterhin und bekommt auch eine getreue Wiedergabe eines Theaterstücks, ergänzt durch filmische Beschleunigungen des Ortswechsels und gelegentliche Annäherungen, die aber immer den Bühnenraum als Orientierungsrahmen aufrecht erhalten.

2. Beispiel: »*Der Student von Prag*« (1913) von H. H. Ewers, Regie: Stellan Rye

Bis auf die Tatsache, daß es auch in diesem Film um das Doppelgänger-Motiv geht, das zudem die Demonstration spezifisch filmischer Möglichkeiten schauspielerischer Verwandlungsfähigkeit begründet hat, unterscheiden sich beide Filme wesentlich voneinander: Erst der »Student von Prag« kann wirklich als der Beginn der Filmkunst in Deutschland gelten.

Die Anregung zu diesem Film ging von einem Schauspieler aus. Der Max-Reinhardt-Schauspieler Paul Wegener hatte bereits Erfahrungen mit der Filmarbeit, als es ihn reizte, mit filmischen Mitteln die Grenzen der Möglichkeiten für die Darstellung einer Doppelrolle auf der Bühne zu überschreiten. Eine literarische Vorlage unabhängig von der Entstehung des Films gab es nicht: Das Exposé nach romantischen Motiven von E. T. A. Hoffmann, Adelbert von Chamisso u. a. stammte von dem Schriftsteller Hanns-Heinz Ewers, der bereits bei der ›Deutschen Bioskop‹ als eine Art Dramaturg beschäftigt war und von dem Kracauer gesagt hat, daß er »wirklich Filmgespür [besaß]. Er hatte das gute Glück, ein schlechter Autor zu sein, dessen Imagination reißerisch in Sensation und Sex schwelgte – und den Nazis ein natürlicher Verbündeter zu sein, für die er 1933 das offizielle Drehbuch über Horst Wessel schreiben sollte. Aber genau diese Art Imagination trieb ihn in Bereiche, die reich an handgreiflichen Vorfällen und sinnlichen Erfahrungen waren, also Material boten, das der Film stets dankbar aufgreift« (Kracauer, 1979, S. 35).

Zu einem Autor mit ›Filmgespür‹ kam mit Guido Seeber einer der besten und erfindungsreichsten Kameramänner dazu, der in der Lage war, *mit der Kamera* die schwierige Aufgabe der filmischen Darstellung des Doppelgängers zu lösen (Vgl. Eisenstein, Schriften 3, 1973, S. 247). Der Däne Stellan Rye war gerade 1913 nach Deutschland gekommen (wie Urban Gad, Ehemann und Regisseur von Asta Nielsen), der »Student von Prag« blieb leider seine einzige Regieleistung, weil er kurz darauf im Ersten Weltkrieg gefallen ist.

Die Filmkritik betonte immer wieder das spezifisch Filmische in der Darstellungsweise und konzentrierte sich natürlich auf die Realisierung des Doppelgängers:

»›Daß sich ein Mensch und sein leibhaftiger Doppelgänger treffen, wäre auf dem Theater nicht so darzustellen.‹
Was der Bühne unmöglich sei, im Film gewinne die grausige Phantastik Leben, Gespenstiges die Blutwärme plastischer Vorführung, ohne an Unheimlichkeit einzubüßen.
›Auf der Leinwand aber erzielt er [Paul Wegener] viel stärkere Wirkungen,

als er auf den weltbedeutenden Brettern je erreichen könnte.‹ Schließlich hielt man dem ›Student von Prag‹ (auch im Vergleich zu dem kurz zuvor aufgeführten Film ›Der Andere‹) zugute, die spezifischen formästhetischen Möglichkeiten des Films genutzt und weiterentwickelt zu haben.« (zit. nach Diederichs, Einführung in: Der Student von Prag, Stuttgart 1985, S. 2-29).

Allerdings mutet die Gesamtstruktur des Films noch sehr konventionell an: 75 Bildeinstellungen stehen 98 Zwischentitel gegenüber, die jedoch kaum noch das im Bild Sichtbare wie sonst üblich verdoppeln, sondern Dialogteile wiedergeben. Die Einstellungen selbst sind noch ganz nach Theaterkonventionen aufgebaut, die Figuren sind in der Mitte der Szene plaziert, was ihnen genug Spielraum im Kameraausschnitt gibt, da sich die Kamera selbst nicht bewegt und den Ausschnitt daher nicht verändert. Die Kontinuität des filmischen Erzählens beruht auf der *mise-en-scène*, d. h. autonome Szenen werden miteinander verbunden, ohne daß in den Szenen selbst (soweit sie Innenräume darstellen) geschnitten wird.

Aber das Besondere dieses Films waren schließlich die Doppelgänger-Aufnahmen; eine, die erste des Films, soll hier abschließend kurz vorgestellt werden (Vgl. dazu die ausgezeichnete Einführung von Diederichs, 1985).

Der Student Balduin (Paul Wegener) hat sich von dem alten Scapinelli (John Gottowt) zu einem Vertrag überreden lassen, der Balduin 100 000 Gulden und Scapinelli das Recht einbringt, »aus diesem Zimmer mitzunehmen, was ihm beliebt«. Balduin hofft, sich mit diesem Reichtum der Comtesse Margit, die er liebt, nähern zu können und unterschreibt. Balduin fordert nun Scapinelli auf, aus seiner kargen Studentenbude sich etwas auszusuchen, darauf Scapinelli:

(Schrift): »Herr Studio Balduin – Euer Ebenbild – mein Geheimnis!« Scapinelli fährt mit dem Arm über den Spiegel und tritt zurück. Bis dahin waren beide, Balduin und Scapinelli, vor und im Spiegel zu sehen, Scapinelli tritt aus dem Spiegelbild – jetzt beginnt die Doppelgänger-Aufnahme: Beide, Balduin und sein Spiegelbild, lassen die Hände mit dem Vertrag sinken. (Schrift): „Waaas nehmt Ihr? ... Mein Ebenbild—?« Beide, Balduin und sein Spiegelbild, lassen den Vertrag fallen, dann tritt Balduins Spiegelbild, ›der Andere‹, aus dem Rahmen, bleibt kurz stehen, sieht den zurückweichenden Balduin an und verschwindet dann mit Scapinelli durch die Tür.

Die filmische Realisierung dieser Doppelgänger-Aufnahme ist hier (gegenüber viel komplizierteren an anderer Stelle) recht einfach, aber zugleich spezifisch kinematographisch: Guido Seeber hat ein Verfahren angewandt, das auch Georges Melies schon kannte, den Stoptrick: Nachdem Scapinelli aus dem Spiegelbild getreten ist,

wurde die Kamera angehalten und die Szene für den Auftritt des
›Anderen‹ präpariert. Die Begegnung Balduins mit seinem Doppelgänger wurde dann zweimal gedreht, einmal mit Paul Wegener auf
dieser, dann auf der anderen Seite, wobei jeweils die zu ersetzende
Seite abgedeckt wurde. Der Übergang zur Trick-Sequenz ist allerdings in diesem Fall nicht ganz gelungen: Die Kamera wurde gegenüber der ursprünglichen Position etwas nach links verschoben, was
die räumliche Perspektive geringfügig verändert hat ...

Mit dem Film »Der Student von Prag« von H. H. Ewers und
Stellan Rye hat 1913 auch in Deutschland die Geschichte des
künstlerisch ambitionierten Films begonnen. Es war zwar keine literarische Vorlage, deren ›Verfilmung‹ erst diesen Film zum ›Kunstfilm‹ gemacht hätte, aber doch romantisches Erzählen, das wesentlich literarisch tradiert ist und zumal in Deutschland durch eine
ausgeprägte Ikonographie ergänzt wird.

Nicht zufällig bedeutet für die Geschichte des deutschen Films
der Anschluß an das literarische Erzählen auch den Anschluß an die
Entwicklung des (künstlerischen) Films in anderen Ländern und
den Beginn der allmählichen Anerkennung des Films in Deutschland durch seine Integration in die ›Institution Literatur‹.

Die Annäherung an die Literatur (Lindau) und literarische Kultur (des romantischen Erzählens) hat dem Film zugleich den Spielraum für die Entwicklung eigener, filmischer Darstellungsmittel gewährt; zunächst übersteigen sie die traditionellen Möglichkeiten der
Bühne und der Literatur (durch die Konstituierung einer filmischen
Zeit und eines filmischen Raumes), um schließlich zu ganz selbständigen Ausdrucksweisen zu gelangen – die wenig später von einer
avantgardistischen Literatur begeistert nachgeahmt werden!

6. Eine neue Literatur?

Nichts ist so plausibel wie die Vorstellung, daß der Film, solange er stumm war, mit der Sprache nichts zu tun hatte. Die wohlwollende Metaphorik, daß der Film eben eine eigene, kinematographische Sprache sei, verdeckt häufig nur das Bewußtsein von der Unfähigkeit des Films zur gesprochenen Sprache als einem Mangel. Denn wie das Drama vor allem die auf der Bühne gesprochenen Dialoge enthält, würde der Film erst eine eigene Literatur begründen (zum Beispiel Film›dramen‹), wenn er ebenfalls sprechen kann.

Während das Theater die literarische Gattung des Dramas hervorgebracht hat und sogar das improvisierte Theater der Commedia dell'arte bei Goldoni und Gozzi zur literarischen Form des klassischen Dramas gefunden hat, ist ein ähnlicher Zusammenhang zwischen dem (Stumm-)Film und einer entsprechenden literarischen Form nur schwer vorstellbar: Wo sind die Szenarien von Porter, Griffith, Chaplin oder Mack Sennett? Hat es sie nie gegeben, waren diese Filme improvisierte Produkte des Augenblicks ihrer Produktion oder gibt es sie nicht mehr, weil ihre ›Autoren‹ selbst der Meinung waren, daß sie gegenüber dem filmischen Resultat bedeutungslos sind?

Jean-Luc Godard hat sich gedacht, daß in den Anfängen des Films das Drehbuch aus der Buchhaltung entstanden sein könnte:

»Übrigens, glaube ich, wurden die ersten Schriftzeichen von den Händlern erfunden. Ihre ersten Spuren, das waren nicht ›Madame Bovary‹ oder ›L'espoir‹ oder die ›Brüder Karamasow‹, sie stammen von den Händlern: Die haben aufgeschrieben: 3 Kilogramm Karotten, ein halber Liter Wein, anderthalb Kilogramm Pflaumen. Und danach kam den Leuten die Idee, nicht mehr drei Kilogramm Karotten zu schreiben, sondern einen Roman. Und auch das Kino, das Kino, das das Leben kopiert, hat so angefangen. Drehbücher gab es nicht, man schrieb keine Drehbücher; man fuhr los und drehte. Mack Sennett mit seinem kleinen Studio in Hollywood, das noch nicht so hieß, fuhr los mit seinem Auto und einem Bekannten, der sich eine Polizistenuniform anzog und einem Mädchen im Badekostüm und noch einem jungen Mann, der den Liebhaber spielte. Sie fuhren los und drehten; und weil es gut ankam, drehten sie immer mehr, bis der Buchhalter unruhig wurde, weil er nicht wußte, wo das Geld geblieben war. Deshalb fing er an aufzuschreiben: ein Bademädchen 100 Francs, ein Polizist 50 Francs, ein Liebhaber 3 Dollar. Und nach und nach wurde daraus: 1 Polizist verliebt sich in ein Mädchen im Badekostüm, das von seinem Liebhaber verfolgt wird. – Das kam her von der Buchhaltung, das Drehbuch kommt von der Buchhaltung; es hielt zuerst fest, was mit dem Geld passiert war. Aber das Sehen stand am Anfang ...« (Vgl. Jean-Luc Godard, Scénario du film Passion, in: Paech, 1987).

Allerdings ist diese Geschichte viel zu schön, um wahr zu sein. Denn nicht das Sehen oder die improvisierte Filmproduktion standen am Anfang, sondern tatsächlich das geschriebene Wort des Szenariums (dieser Begriff soll hier für die verschiedenen schriftlichen Vorlagen der Filmproduktion stehen: Exposé, Treatment, Drehbuch, etc.). Um den Ursprung des Szenariums und also den Ausgangspunkt einer eigenen Literatur des Films zu finden, ist es erforderlich, noch einmal in das populär-kulturelle Milieu der Vaudeville- Theater, Varietés und Music-Halls zurückzukehren, wo den szenischen Aufführungen der einzelnen ›Nummern‹ selbstverständlich Szenarien in schriftlicher Form zugrundelagen. Da die frühen Filme anfangs die Varieté-Nummern nachahmten, übernahmen sie auch diese Szenarien, um sie direkt zu ›verfilmen‹ oder ihre Funktion als Vorlage für die szenische Einrichtung zu übernehmen.

»Wenn man die Entwicklung des narrativen Films vor 1915 in Amerika verstehen will, muß man sich die Geschichte der amerikanischen Bühne in dieser Zeit ansehen. Genauer, man muß wissen, wie für das Theater in Spielvorlagen oder Szenarien geschrieben wurde, die als organisierende Elemente für die Aufführungspraxis aller darstellenden Künste lange vor dem Film wesentlich waren. Ihre Bedeutung kann gar nicht überschätzt werden, denn eben dieser geschriebenen Formen haben sich die frühen Filmemacher bedient, als sie Produktionsweisen für erzählende Filme, die länger als zehn Minuten waren, entwickeln mußten. Man muß sich ebenfalls klarmachen, daß diese Szenarien, die allgemein verfügbar waren, auch die wichtigsten Stofflieferanten für die erzählenden Filme waren, bis eine zahlreiche neue Gruppe von Schreibern für diese Industrie herangebildet war. Mehr als 60 000 dieser Szenarien, die noch nicht für den Film geschrieben waren, sind zwischen 1870 und 1916 zum Copyright angemeldet worden, und viele von ihnen wurden, legal oder nicht, nach 1900 verfilmt. Die Vorstellung, daß die Edison oder die Biograph Company schon vor 1902 rudimentäre Szenarien benutzt haben, mag überraschend sein. Oder zu entdecken, daß einfache ›chase-comedies‹, von denen wir glaubten, daß sie vollkommen improvisiert worden wären, tatsächlich auf schriftlich fixierten Vorlagen beruhten, durchaus vergleichbar unseren heutigen Filmvorlagen« (Loughney, 1984, S. 18).

Diese (Film-)Szenarien waren noch keine ›Literatur‹, die auch unabhängig von ihrem Gebrauch für das Theater oder später den Film rezipiert wurde. Sie enthielten lediglich die Liste der Charaktere, die Szenenfolge mit Angabe der Spielorte und die zeitliche Abfolge von Aktionen: Die Frage ist also, ob und unter welchen Umständen das Film-Szenarium analog zur dramatischen Literatur für das Theater eine neue, selbständige literarische Form hat werden können. Daß die Filmproduktion einer solchen Entwicklung des Szenariums nicht eben günstig war (und ist), wird schon aus Emilie Altenlohs Untersuchung von 1914 deutlich; zwar steht seit 1910 »die kinematographische Aufnahme einem Schriftwerk gleich und genießt denselben Schutz«, doch »der Schriftsteller – der Filmschriftsteller nämlich – ist zunächst einmal ein Teilchen eines großen industriellen Apparates, dem er mit seinen Leistungen eingegliedert ist. [...] Der ›Schriftsteller‹ oder der Regisseur in seiner Tätigkeit als Schriftsteller – denn meist sind diese beiden Funktionen in einer Person vereinigt – liefert nur die Idee. Einer weiteren Formung bedarf es nicht« (Altenloh, 1977, S. 24 f.). Der Film ist zwar ein unersättlicher Verwerter von Literatur, er selbst aber ist, so scheint es, literarisch unergiebig.

Als sich dennoch die Schriftsteller in Deutschland noch vor dem Ersten Weltkrieg der Filmindustrie als lohnendem Markt für literarische Produkte zuzuwenden begannen, kannten sie den Film in der Regel nur aus dem Kino; um eine Story an die Filmindustrie verkaufen zu können, mußten sie zuerst einmal wissen, wie man für den Film schreibt, wie ein Szenarium aussehen muß, damit es verfilmt werden kann. Die Autoren des »Kinobuchs« von Kurt Pinthus hatten filmische Erzählungen geschrieben – die Filmproduktion erwartete jedoch von ihnen, daß sie Erzählungen für den Film schreiben würden.

Eine Anleitung für Autoren, die für den Film schreiben wollten, war das Buch des Filmregisseurs Ewald André Dupont: »Wie ein Film geschrieben wird und wie man ihn verwertet«. Dupont ging realistisch davon aus, daß der

»Schriftsteller, der an die Abfassung eines Films geht, [...] in den allermeisten Fällen noch nie in seinem Leben ein Filmszenarium in den Händen gehabt [hat]. Er schreibt den Film so, wie er nach den Eindrücken, die er im Kinotheater empfangen hat, nach seiner Ansicht geschrieben werden muß. Da diese Ansichten meistenteils grundverkehrt sind, sind auch fast alle Filmmanuskripte als solche unbrauchbar. Die meisten Schriftsteller verfertigen Filme in Form von Novellen oder – wenn sie es sehr gut meinen – in Form von Romanen. Aber der Film, der Roman und die Novelle sind – auch vom schriftstellerischen Gesichtspunkt aus betrachtet – drei ganz verschiedene Kunstformen, und jede dieser Formen erheischt die Berücksichtigung besonderer Gesetze.«

So muß der Filmautor in erster Linie von der Wirksamkeit des fotografischen Bildes ausgehen, denn »Filmwirkung ist Bildwirkung«, weshalb ein guter Filmschriftsteller auch Regiearbeit leisten wird, weil er jede Szene bis ins Detail ausarbeiten muß (diese Begründung ergänzt Emilie Altenlohs Bemerkung über die Regisseure als Filmschriftsteller).

»Aus allen diesen Gründen ist es erklärlich, daß die besten Filmschriftsteller in den Kreisen der Filmregisseure selbst zu suchen sind. Oder die Filmregisseure sind zugleich die besten Autoren« (Vgl. Dupont, 1919, S. 7-14).

Indem jedoch auf diese Weise das Szenarium auf seine Funktion als bloße Drehvorlage reduziert wurde, die sich die Filmemacher am besten selbst herstellten, weil sie am genauesten wußten, was sie für ihre Arbeit benötigten, kamen die Schriftsteller als Drchbuchautoren in Konflikt mit ihren Vorstellungen als Literaturproduzenten, wenn ihr Szenarium ganz im filmischen Ergebnis aufgehen sollte.

Diesen Konflikt machte man auch dafür verantwortlich, daß nur wenige Schriftsteller für den Film schreiben wollten, mit der Folge, daß die (literarische) Qualität der Drehvorlagen zu wünschen übrig ließ und die Filme als beklagenswert schlecht bezeichnet wurden.

Der ›Börsenkurier für den deutschen Buchhandel‹ hat der Klage eines in seinem Stolz verletzten Berufsstandes Ausdruck gegeben:

»Heute werden die Dramenhandschriften seitens der Verfasser nur im Telegrammstil hergestellt. Die Filmindustrie will gar nicht mehr haben, ja es ist ihr sogar erwünscht, noch weniger, nämlich nur die Fabel des Stückes, zu bekommen. Die Fabel bauen dann die Regisseure nach ihrem Ermessen aus, und an den im Telegrammstil hergestellten Handschriften nehmen sie Änderungen, Streichungen, Zusätze vor und bestimmen ganz nach ihrem Gutdünken das Drum und Dran« (Paul Eller, Börsenkurier des deutschen Buchhandels, 1922).

Auf ein derartiges Verfahren kann sich selbstverständlich kein Autor einlassen, der weiterhin ein individuelles Kunstwerk schaffen will und zugleich die besonderen Gesetzmäßigkeiten der Filmproduktion anerkennen muß, ohne sie in der Regel zu kennen. Also würden weiterhin die Filmproduzenten selbst die Vorlagen für die Verbrauchs-Produktion (literarisch) minderwertiger Filme herstellen, wenn »man sich [nicht] ›verantwortlich‹ gefühlt haben [würde] für die Kost der breiten Schichten [... und] man zu erkennen [glaubte], daß der Kino der Weg zu einer für Kunst noch vollständig unerschlossenen Masse sei« (Altenloh, 1977, S. 26).

Der ›Börsenkurier für den deutschen Buchhandel‹ fand schließlich auch im Interesse der Verdienstmöglichkeiten der Autoren einen

Ausweg aus diesem Dilemma: »Das Mittel ist die Drucklegung der Dramenhandschriften und ihre Veröffentlichung in Buchform.« Der Schriftsteller könnte einen literarisch anspruchsvollen Text herstellen, ohne allzusehr auf die Realisierungsprobleme des Regisseurs Rücksicht nehmen zu müssen, während dieser sich des Textes bedient, ohne ihn endgültig zu zerstören, auch wenn er massiv in ihn eingreift, denn das Filmdrama würde auf jeden Fall in seiner literarischen Form veröffentlicht werden. Außerdem würde die Veröffentlichung vorbildlicher Texte für den Film der Anhebung des Niveaus künftiger Drehvorlagen dienen. Schließlich heißt es in dem gleichen Zusammenhang, daß »dadurch [...] das Filmdrama dem Sprechdrama ebenbürtig [wird]«, und das bedeutet, daß unter solchen Umständen das Filmszenarium analog zum (Theater-)Drama eine eigene *literarische* Tradition begründen könnte.

Nur wenige Szenarien sind tatsächlich auch in Buchform erschienen, sogar dann, als mit dem literarischen und filmischen Expressionismus die stilistische Gemeinsamkeit des Ausdrucks und die künstlerische Anerkennung des deutschen expressionistischen Films auch die literarische Würdigung der Textvorlagen nahelegten. Von Carl Mayer, dem wichtigsten expressionistischen Drehbuchautor, ist nur ein einziges Szenarium veröffentlicht worden: »Sylvester« (1923) (Mayer, 1924). Das ist umso erstaunlicher, als die Szenarien von Carl Mayer selbst Kunstwerke des literarischen Expressionismus sind, die wiederum den berühmtesten Filmen wie »Das Cabinet des Dr. Caligari« (1919/1920) und den Murnau-Filmen »Der letzte Mann« (1924), »Tartüff« (1925) und »Sunrise« (USA, 1927) als Vorlage dienten.

Karl Freund, der als Kameramann in Murnaus »Der letzte Mann« und »Tartüff« mitgearbeitet hatte, sagte über Carl Mayer:

»[Er] war der einzige hundertprozentige Filmschriftsteller, den ich kannte. Der Film war das erste und einzige Medium, für das er schaffte. [...] Es war nicht nur so, daß er die Filmspezifik ›verstand‹. Ein Manuskript von Mayer war allseitig ein Film. Ein Mayer-Manuskript sah aus wie ein dramatisches Gedicht – es waren detaillierte Aufzeichnungen und Rhythmus, die er in seiner schöpferischen Phantasie geformt hatte« (Hempel, 168, S. 104).

Und Erich Pommer, Mayers erster Produzent (bei der Ufa), sagte über ihn:

»Andere Schriftsteller schrieben (und schreiben noch) Manuskripte, die erst ins Filmische übersetzt werden müssen. Carl Mayer schrieb echte Filmmanuskripte und inspirierte damit alle Filmkünstler, die in dieser berühmten Nachkriegszeit der deutschen Filmkunst arbeiteten!« (S. 104)

Die Forderung Duponts etwa, daß ein Szenarist die fotografische

Bildwirkung bedenken und wie ein Regisseur die Szenen filmisch arrangieren müsse, hat Carl Mayer nicht nur exemplarisch erfüllt, sondern auch die geforderte Visualisierung adäquat sprachlich umgesetzt, zum Beispiel in seinen Regie- bzw. Kameraanweisungen für »Tartüff«, die Lotte Eisner in ihrem ›Murnau‹-Buch anführt:

»Poetisch stimmungshafte Ausleuchtungsvermerke von Mayer sind überall verstreut. Wenn auch Murnau für den Film jene so charakteristischen Lichtangaben, als Tartüff die Treppe hinunter zu Elmirens Schlafzimmer huscht und Dorine ihm mit der Kerze auflauert, einigermaßen variiert hat, so ist doch zum Beispiel die wohl nicht ausgeführte Szene bedeutsam:
  Oberhalb Tartüffs Tür:
  Eine zweite Türe.
  Dachstubenhaft.
  Deren Füllung aus Glas.
  Dahinter Licht.
  Und da! Dorinens Schatten.
  Sich kämmend die Haare
  Sekunden.
  Dann unvermittelt: Verlöschte das Licht?
  Tatsächlich. «
(Eisner, 1979, S. 63 f.)

Der Text läßt den Film sehen, mehr noch: erleben und gibt zugleich präzise Hinweise auf Dekorationen, Lichtregie oder Kamerapositionen. Das ›Und!‹ markiert den Einstellungswechsel und addiert zugleich die Kameraperspektiven und einzelnen Räume, Aktionen etc. zu einem Gesamtbild. Zum Beispiel das 2. Bild ›Das Innere der Konditorei‹ aus »Sylvester«:

gesamter:
Klein. Nieder. Verqualmt.
Und!
In flackerndem Licht: Tische! Gar dicht schon besetzt.
Männer. Weiber. Gähnende Kinder auch.
Und!
In einer Ecke: Ein Pianist. Beklimpernd ein altes Klavier.
Und!
Während neue Gäste immer kommen: Laufen zwei Kellner! Da viele ihre Wünsche schreien. Lärmend! Lachend! Ungeduldig! Betrunken!
Und!
Am Schanktisch gar: Dort ballen sich viele.
Denn:
größer:
Dort:
Zwischen Pfannkuchen und vielen Flaschen umher: Die Frau! Gläser fül-

lend mit Bier. Daß hoch es schäumt. Sehr lacht sie dazu. Zumal viel nach den Gläsern sich drängen.
Und!
Jetzt:
Nach eines Gastes Hand schlägt sie. Weil er die Biere ihr will entführen. Doch tut er es doch. Da lacht sie noch mehr. Und alle mit ihr. Im Rauch und trüben Licht.
Und!
Jetzt:
Da nach ihr jemand hascht: Entflieht sie ihm lachend.
gesamter:
Entschlüpfend nach einer Tür rückwärts.
Und!
Während hier weiter qualmt aller Betrieb:
(Fortsetzung 3. Bild ›Eine Küche‹)

Die Szene beginnt mit einer atmosphärischen Gesamtansicht der Konditorei (Kneipe), um dann den Raum in eine Folge von Einzelgruppen der Kneipenbesucher bzw. eines Pianisten aufzulösen, wobei der Gesamteindruck eines lebhaften Durcheinander betont wird. Die Kamera bleibt (vielleicht nach einem Schwenk) bei der Menschentraube am Tresen hängen. Durch eine Annäherung, möglicherweise mit Positionswechsel der Kamera hinter den Tresen, wird die Konzentration auf die Wirtin möglich: Zapfhahn, Bierschaum und dahinter das lachende Gesicht der Wirtin, davor die betrunkenen Gesichter der Männer vor dem Tresen, das alles faßt Carl Mayer in einem dichten Bild zusammen. Die kleinen Plänkeleien sollen noch groß gezeigt werden, dann soll eine Übersichtseinstellung, in der man eher beiläufig die Wirtin durch die Tür zur Küche verschwinden sieht, die Szene abschließen. – Das Stakkato der Schreibweise muß sich nicht unbedingt in einer schnellen Montage von Einzeleinstellungen wiederholen; das ›Und!‹ markiert zwar vornehmlich Schnitte, die aber auch inhaltlich die Addition von Wahrnehmungen bedeuten, die sich in denselben Einstellungen schockartig akkumulieren.

Es fehlen Hinweise auf gesprochene Texte, die im Stummfilm als Schriftinserts wiedergegeben werden; diese, der literarischen am nächsten kommende Textform des Dialogs interessierte Carl Mayer am wenigsten (»Der letzte Mann« kommt mit einer einzigen Schrifteinblendung aus; vgl. Murnau, 1979, S. 29), während sich die Rhetorik seiner Beschreibung ganz auf das Gesehene, aber noch nicht Sichtbare konzentriert.

Daß die Szenarien von Carl Mayer keine selbständige literarische Rolle spielen konnten, deutet darauf hin, daß erst wenn das gesprochene Wort auch im Film hinzutritt, dem Filmszenarium analog zum

(Theater-)Drama entsprechend mehr Autonomie gegenüber seiner Rolle bei der Filmproduktion gegeben wird und dem Tonfilm-Szenarium als »neue literarische Gattung« die Anerkennung folgen läßt.

Daß Béla Balázs (1939) das Szenarium erst mit dem Tonfilm zu einer »neuen literarischen Gattung« werden läßt, hat eine Reihe von Gründen: Es seien zu wenig Szenarien veröffentlicht worden, weil sich die Filmproduktionen nicht ›in die Karten‹ sehen lassen wollten; die Literaturfeindlichkeit des ›abstrakten‹ Films der filmischen Avantgarde in der ›Verfallszeit bürgerlicher Kunst‹ zwischen den Weltkriegen sei der Anerkennung des Szenariums als literarischer Form ebenfalls nicht gerade zuträglich gewesen; schließlich habe sich die Literaturwissenschaft als unfähig erwiesen, diese Texte als neue literarische Gattung zu erkennen und einzuordnen.

Insbesondere aber sei der Film erst als Tonfilm in das Stadium seiner künstlerischen Reife getreten, so daß das Szenarium erst jetzt seine wahrhaft literarische Qualität entfaltet, ebenso wie das

»Bühnenstück als Literatur [...] sich erst auf einer hohen, reifen Stufe des Theaters, eben als Zeichen dieser Reife [differenzierte]. [...] In der Geschichte des Films, beziehungsweise des Szenariums, ereignete sich dieser Differenzierungsprozeß [in Film und Szenarium] eben jetzt, in den letzten Jahren, vor unseren Augen. [...] Heute hat auch eine selbständige Geschichte der Filmkunst aufgehört; die Geschichte der literarischen Gattung Szenarium hat begonnen« (Balázs, 1973, S. 184 f.).

Balázs' Postulat einer Literaturgeschichte des Films erstreckt sich auf zwei keineswegs identische Bereiche: Einerseits ist der Tonfilm literarisch geworden und hat die »Tradition des stummen, unliterarischen Films« (S. 193) abgelöst und überwunden (auf diese These wird im Zusammenhang mit der Diskussion des ›unreinen‹, und das heißt u. a. auch literarischen Films zurückzukommen sein, s. S. 151 f.). Andererseits hat der literarische Film eine neue Gattung der Literatur ermöglicht, die gegenüber dem Film ebenso autonom ist wie das Drama gegenüber dem Theater.

»Das Filmszenarium ist heute eine literarische Gattung genauso wie Roman oder Drama, weil es mit Worten, in einer zeitlich ablaufenden Fabel Menschengestalten und Schicksale darstellt. Das Filmszenarium ist prinzipiell den klassischen Gattungen der Literatur ebenbürtig, selbst wenn es keine klassischen Meisterwerke hervorgebracht haben sollte« (S. 185).

Da auch das Szenarium der »›Urtatsache‹ des Films: daß er Bild ist« (S. 187), Rechnung tragen muß, verlangt er von ihm ›optische Sinnfälligkeit‹, denn »im Szenarium soll nur dargestellt werden, was in einem tönenden Bild sinnfällig werden kann: also nur das, was sichtbar oder hörbar ist« (S. 188). Allerdings soll das Szenarium den Film nicht z. B. durch eine bilderreiche Sprache nachahmen, sondern das Sichtbare und Hörbare mit literarischen Mitteln darstellen, was der Film mit filmischen Mitteln verwirklicht. Balázs wendet sich entschieden gegen die literarische Verwendung der (filmischen) Montage, ein »verdächtiger Begriff in der Literatur« (S. 196), da die Montage nur dem Film eigentümlich ist und dort in erster Linie »Kontinuität, Linie und Tempo eines Ablaufs von Begebenheiten« bewirkt (S. 196; diese Position ist natürlich in die allgemeine Kontroverse um den literarischen Realismus zwischen Lukács, Brecht, Bloch u. a. zu Beginn der 30er Jahre einzuordnen); indem das Szenarium die Zeitperspektive des kontinuierlichen Erzählens betont, deute es lediglich auf die filmische Montage hin, die Film-Montage habe »mit Literatur nichts zu tun« (S. 197). Und auch im Film selbst wird in Theorie und Praxis des realistischen Films die Montage zunehmend zugunsten des unmerklichen Fließens der Bilder im kontinuierlichen Erzählen zurückgedrängt (s. den Neorealismus und seinen Theoretiker Andre Bazin); deshalb sollte Balázs für diesen Abschnitt der Filmgeschichte Recht behalten: »von nun an [...] [muß] die Geschichte des Szenariums die Geschichte des Films bestimmen« (S. 199), indem damit das Szenarium gleichsam zur literarischen Bedingung des realistischen Films gemacht wird.

Die Einführung des Szenariums als neue literarische Gattung hat im wahrsten Sinne des Wortes ›Schule gemacht‹. Solange die Filme selbst kaum für den Unterricht zu haben waren, konnte ein Lehrer getrost auf das Szenarium (analog zum Drama) zurückgreifen, wenn es galt, in der Schule einen Film zu ›lesen‹. Und daher meinte Enno Patalas mit seiner Frage »Kann man Filme lesen?« (Patalas, 1961, S. 442–447) auch gar nicht mehr die Filme selbst, sondern Szenarien als die Präsenz von Filmen in ihrer literarischen Form; Voraussetzung ist, daß die Filme ihrerseits literaturfähig sind. Denn darin stimmte er mit Balázs vollkommen überein, daß erst der ›reine‹, ›filmische Film‹ durch den klassisch-realistischen Film überwunden sein mußte, damit der literarisch erzählende Film im Szenarium seine ›lesbare‹ Form finden konnte:

»Unsere Eingangsfrage hat sich längst beantwortet: Moderne Filme, Filme mit ausgeprägter epischer Struktur, ausgiebiger und bewußter Verwendung des gesprochenen Wortes in Kommentar und Dialog, Filme, die den Zauber des bewegten Bildes nur zurückhaltend ausspielen oder ihn aufzuheben trachten – solche Filme kann man [in Form des Szenariums] lesen« (S. 446).

Damit er im Szenarium ›lesbar‹ wird, soll sich der Film zugunsten der Literatur verleugnen und auf den ›Zauber des bewegten Bildes‹ auch als Film weitgehend verzichten; zur Literatur geworden, kann der Film in die Kunst- und Bildungsinstitutionen aufrücken; die Lektüre des Filmszenariums soll und kann das ›Ansehen‹ der Filme nicht ersetzen, aber sie wird zum ›Ansehen‹ des Films in einer kulturellen Landschaft beitragen, die noch immer wesentlich literarisch geprägt ist:

»Das Lesen von Filmen wird möglicherweise ebenso zur Übung des gebildeten Zeitgenossen gehören wie das Lesen von Dramen. Man wird lernen, technische Angaben wie ›Kamera schwenkt‹ ebenso zu lesen wie das ›Auftritt von rechts‹ im Text eines Bühnenstücks. Man wird lernen, die literarische Würdigung eines Textes zu kombinieren mit der Vorstellung vom Bild auf der Leinwand. Die modernen Filme verlangen vom Zuschauer, daß er ihre Strukturen und Dialoge von der Leinwand abzulesen vermag, wie die eines literarischen Textes. Die Lektüre des schriftlich fixierten modernen Films ersetzt das Ansehen so viel und so wenig wie die Lektüre eines Dramas den Theaterbesuch – der Zuschauer aber, der zugleich ein Leser ist, sieht mehr, sieht genauer und tiefer« (S. 447).

Aber auch die gut gemeinte erzieherische Wirkung der Lektüre erhält einen veränderten Sinn, wenn sich das ›Lesen‹ auf den ›Text‹ des Films selbst beziehen kann, wenn der Film neben der Literatur ein gleichberechtigter Gegenstand kulturellen Lernens geworden ist. Dafür mußte der Film aber erst einmal das Transitorische des Kino›ereignisses‹, das er auch ist, überwinden und als ›filmischer Text‹ verfügbar sein.
  Eine ganz andere Frage ist, welchen literarischen ›Wert‹ Filmszenarien haben können, die für Filme entstanden sind, die vornehmlich der Massenunterhaltung dienen und selbst keinen oder nur einen fragwürdigen literarischen Hintergrund haben.
  Die literarische Vorgeschichte des Films wurde bisher bei Poe, Dickens, Flaubert, E. T. A. Hoffmann und Zola nämlich recht einseitig in der Tradition der ›großen‹ bürgerlich-realistischen Literatur des 19. Jahrhunderts aufgesucht. Zu Unrecht, denn die Filme des Massenmediums Kino haben sich sehr bald einer anderen, populären Literatur angenommen und damit der Lesetradition des überwiegenden Teils ihres Publikums.
  Wenn es auch problematisch ist, hier eine Grenze zwischen der anerkannten »großen« Literatur als Institution und den populären Lesestoffen ziehen zu wollen (im Kino gibt es nur gute oder schlechte Filme), da die Feuilleton-Romane der Dumas, von Sue, Hugo u. a. nicht minder ›populär‹ waren, so sind doch die Nachfolger des Auguste Dupin z. B., der in überlegener Kopfarbeit die po-

lizeiliche Handarbeit in Poes »Der entwendete Brief« übertraf, andere Wege gegangen.

Fast gleichzeitig (1886/7) traten jene beiden Detective auf, deren Filmkarriere ihren populär-literarischen Erfolg unmittelbar fortsetzte, als sich das Kino ihrer annahm: Der englische Gentleman Sir Sherlock Holmes, der seine ersten Abenteuer (»A Study in Scarlet«) noch wenig beachtet 1887 erlebte, trat zum erstenmal 1903 bei der ›American Mutoscope and Bioscope Company‹ auf der Leinwand auf (»Sherlock Holmes Baffled«). Es folgten weitere amerikanische Filme, bis 1908 die dänische Nordisk Sherlock Holmes als Serienheld entdeckte und elf Folgen unter der Regie von Holger Madsen drehte (Davies, 1978).

Der Zeitgenosse von Sherlock Holmes, Nick Carter, konnte seine amerikanische Herkunft nie verleugnen:

»Nick Carter war ein Mann mit Lebensart, Erziehung und Schliff, der nach dem Essen eine Zigarre und ein Glas Port liebte, aber auch ein harter ›action‹-Typ, bekannt für seine Stärke und seinen Mut. Kurz, er vereinigte in sich die klassischen Attribute des großstädtischen Gentleman-Detectives mit dem Abenteuer-Helden aus dem Westen« (Vgl. Landrum, 1978, S. 107; Russel Nye, The Unembarressed Muse, in: The Popular Arts in America, New York 1970, S. 208 f.).

Daß dieser ›*tough guy*‹ amerikanischer ›*dime novels*‹ ausgerechnet in Frankreich zum erstenmal auf der Leinwand erschien, war den Konkurrenzkämpfen in der noch führenden Filmnation zu verdanken. Victorin Jasset hatte ursprünglich für ›Gaumont‹ gearbeitet; es ist jedoch kein Zufall, daß der große Erfolg seiner neunteiligen »Nick Carter«-Serie (1908/09) mit der ›Eclair‹, einer der kleinen, von Banken gegründeten Firmen, zustandekam, die noch unmittelbarer als die ›großen‹ ›Pathe‹ und ›Gaumont‹ aus kommerziellen Interessen den populären Geschmack ihres Publikums bedienten.

»Nick Carter war der erste Serien-Krimi, die erste Andeutung eines Musters, das eine große Zukunft haben sollte. Der Regisseur hatte seinen Helden amerikanischen Heftchenromanen entnommen, seine Scenarios aber improvisiert und die Drehorte in die Vororte von Paris verlegt. Diese Folgen kleiner Filmchen von nur etwa 100 Meter Länge wurden ein enormer internationaler Erfolg [...] Ein neues Zeitalter des Kinos hatte begonnen...« (Sadoul, 1979, S. 60).

Dennoch, herausgefordert durch die französischen (und dänischen) Erfolge haben sich die typischen Serienfilme der Western-, Abenteuer-, Krimi- oder Polizeiserien in den USA entwickelt, und mit ihnen gewann die amerikanische Filmindustrie in Hollywood die Vormachtstellung in der Welt. Die Anfänge der amerikanischen Serienfilme (als erstes ›serial‹ gilt »What Happened to Mary?« der Edison- Company 1912 nach einem Feuilleton-Roman in der Zeitschrift ›McClure's Ladies World‹ [Barbour, 1977, S. 15]) fielen in eine Zeit, als sich die Major Companies gerade zu Langfilmen von mehreren Stunden entschließen sollten. Die Serienfilme boten eine organisatorisch und ökonomisch willkommene Alternative:

»Obwohl längere Filme von vier oder fünf Rollen geplant wurden, drohten sie doch die etablierte Programmstruktur der Kinos zu zerstören. Ein ›serial‹ dagegen konnte dieselbe ausführliche und spannende Geschichte mit denselben Darstellern wochenlang in den Kinos halten und doch in ein bis zwei Rollen Programm passen« (Lahue, 1964, s. u.).

Der Hauptgrund dafür, daß sich die ›serials‹ in den USA massiv durchsetzten und bis auf die Biograph-Company sämtliche Major-Companies und unzählige, eigens für die Produktion von ›serials‹ gegründete Filmproduktionsfirmen massenhaft Serienfilme herstellten, war sicherlich ökonomischer Natur: »Sie fürchteten lange, teure Filme zu drehen und investierten daher lieber in etwas, was in kürzester Zeit hergestellt werden und wo man sich auf einen sicheren Gewinn verlassen konnte« (S. 4). Und sogar die Präferenz für kurze Einstellungen innerhalb der kurzen (Teil-)Filme entsprang nicht zuletzt ökonomischen Überlegungen: Lange Einstellungen waren viel zu anfällig für Fehler während der Dreharbeiten, die mit der Länge und Komplexität der Einstellungen zunahmen und zusätzliche Kosten verursachten (Vgl. Staiger, 1980, S. 22).

Die Stoffe für die *mystery-, adventure-, detective-* oder *western-serials* wurden den *dime-novels* und später den *pulp-magazines* entnommen. »Die pulps waren die B-movies der Literatur« (Drew, 1978, S. 65); es handelt sich um billig auf holzhaltigem Papier hergestellte Heftchenromane, die seit dem Ende des 19. Jahrhunderts den Trend zur Action-Erzählung in der harten, unverblümten Großstadtsprache verstärkten. Eine andere Quelle waren die Fortsetzungsromane der Wochen- und Tageszeitungen, wo sie (und die *comics*) eine wichtige Rolle im Konkurrenzkampf in der amerikanischen Presse spielten. Das berühmteste der frühen *serials,* »The Perils of Pauline« mit der ebenfalls berühmt gewordenen Pearl White in der Titelrolle, entstand in direkter Kooperation zwischen dem Hearst-Zeitungskonzern und der amerikanischen Pathé. Die erste Folge kam im März 1914 in die Kinos, zwanzig weitere folgten, dazu kamen Nachfolgeserien wie »Pauline of the Army«, mit der für den Kriegseintritt Amerikas in den Ersten Weltkrieg geworben wurde.

Ein besonderes Kapitel in der Beziehung populärer Literatur zum Film wurde in Frankreich durch die 1909 bei Fayard erschienene Romanserie »Fantômas« von Marcel Allain und Pierre Souvestre eingeleitet. Nach dem ungeheuren Erfolg der Geschichten um den geheimnisvollen maskierten Verbrecher (zwischen 1910 und 1914 erschienen 32 Fantômas-Bände mit einer Auflage von 600 000 pro

Band) erwarb Léon Gaumont die Rechte an »Fantômas«, und Louis Feuillade drehte zwischen 1913 und 1914 fünf Folgen dieser Serie.

»Zwischen dem ›gedruckten Film‹ von Marcel Allain [und Pierre Souvestre] und der gefilmten Geschichte von Louis Feuillade gibt es in der Tat keine Differenz mehr. Geschrieben – vielmehr mit lauter Stimme ins Diktaphon geträumt – sind die 43 [?] Bände der Fantômas-Geschichte großartige Illusions- und Zaubertheater. In ihnen vereinigen sich ›automatische Schreibweise‹ und volkstümliches Vergnügen. Auf der Leinwand haben die Filme von Feuillade die naive Poesie der Bücher wiedergeben können« (Boujut, 1981, S. 5).

Auf den Zusammenhang mit dem Surrealismus, der hier angedeutet wird, und die Reaktion der literarischen Intelligenz vor allem in Frankreich ist später noch einmal zurückzukommen. An dieser Stelle ist bedeutsam, daß mit den »Fantômas«-Romanen und -Filmen eine populäre Literatur entstanden ist, die in gleichem Maße literarisch und filmisch erfolgreich (oder haben den Ruhm der Romane erst die Filme von Feuillade begründet?) neben- und füreinander existieren.

Spätere Filme von Feuillade sind erst im nachhinein als *ciné-romans* veröffentlicht worden, darunter »Les Vampires« (1915), »Judex« (1916), »Tih-Minh« (1918) oder »Le Fils du Flibustier« (1922). Das gleichberechtigte Nebeneinander der gefilmten Erzählungen und (im Roman) erzählten Filme hat schließlich zu einem tatsächlich neuen literarischen Genre und einer neuen Publikationsform geführt, dem *ciné-roman*. In Hunderten von Reihen oder Beilagen zu (Film-)Zeitschriften sind Tausende von Filmen nacherzählt worden; allein die Reihe *film complet* hat zwischen 1922 und 1958 1 300 Filmerzählungen veröffentlicht! Und

»stimmt es nicht, daß wir heute von gewissen verschwundenen Filmen nur noch durch die Bände der drei Serien der Cinéma-Bibliothèque [der bekanntesten ciné-roman-Reihe mit ca. 1 000 Titeln] wissen?« (Bosséno, 1979, S. 95)

Den Anfang hatte die *Collection des Romans-Cinémas* gemacht, die während des Krieges 1914–1918 entstanden war. Hier erschienen auch die Erzählungen der Feuillade-Filme »Judex« und »La Nouvelle Mission de Judex«, 22 Bände der Nacherzählung der »Mystères de New York« von Pierre Decourcelles u.v.a. In der monatlich erscheinenden *Ciné-Collection* wurde 1921 eine Romanfassung des »Cabinet du Docteur Caligari« veröffentlicht, und in der angesehenen *Petite Illustration* konnte man in der Beilage *Petite Illustration Cinéma* mit Photos aus dem Film von Fritz Lang den Roman »Metropolis« von Thea von Harbou lesen (Vgl. auch Dubourg, 1968).

Als Fritz Lang nach dem Ersten Weltkrieg in Deutschland die zwei Teile der Abenteuer-Serie »Die Spinnen« (1919) drehte, lobte die Filmkritik gerade den Seriencharakter und das Kolportagehafte der Geschichte, weil man hoffte, damit auch international konkurrenzfähig sein zu können.

»Mit ihrem Abenteuerzyklus hat die Decla-Gesellschaft einen geschickten Griff getan. Sie beabsichtigt mit dieser Serie mit der amerikanischen Filmindustrie, die besonders den Wild-West-Film pflegte, in Konkurrenz zu treten, und nach der ersten Probe zu urteilen, ist ihr das auch mit Erfolg gelungen« (L. B. in Der Kinematograph 666, 1919, zit. nach Töteberg, 1985, S. 20).

Die Fachzeitschrift ›Der Kinematograph‹ veröffentlichte die folgende Zusammenfassung des (tatsächlich haarsträubend kolportagehaften) Inhalts der ersten Folge (»Der goldene See«, der zweite Teil folgte 1920: »Das Diamantenschiff«; beide Folgen können übrigens beim Deutschen Film-Institut (Wiesbaden) ausgeliehen werden [16 mm]):

»In den Tempelruinen des Yukatan, wo Nachkommen der Inkas ihre uralten Gebräuche bis heute erhalten haben, beginnt die Handlung. Eine Flaschenpost trägt Kunde von diesen dort gefangenen Forschern hinaus ins Weltmeer [tatsächlich wird der Forscher, als er gerade noch die Flasche mit seinem Hilferuf ins Meer wirft, von einem der Indianer getötet]. Amerikas bester Sportsmann, Kay Hoog, fischt sie auf und beschließt, die geheimnisvollen Geldschätze aufzusuchen. Schon in der ersten Nacht entwenden vermummte Gestalten ihm die Flaschenpost und die Karte jener Gegend. Der Geheimbund der Spinnen hat die Netze in die Hand genommen. Es beginnt der Kampf zwischen Kay Hoog und der Millionärin Lio Sha, die jenen Geheimbund leitet [und offensichtlich von Vertretern der Wirtschaft unterstützt wird]. Im Ballon gelangt der Sportsmann an den Goldenen See, rettet die Sonnenpriesterin aus Lebensgefahr und bald auch Lio Sha, die in die Hände der Indianer gefallen ist und die nun geopfert werden soll. Mit Hilfe eines abenteuerlichen Gefährtes entflieht er und die Priesterin, während den Spinnen ihre Goldgier zum Verderben wird. Schon bald bereitet sich zwischen Lio Sha und Kay Hoog der zweite Zusammenstoß vor, der den Kern der ersten Fortsetzung bildet« (Der Kinematograph 8.10.1919, zit. nach Reinhold Keiner, Thea von Harbou und der deutsche Film bis 1933, Hildesheim 1984, S. 65).

Ein Kritiker der Fachzeitschrift »Der Film« begrüßte »Die Spinnen« als »erste[n] deutsche[n] Film mit Fortsetzungen, der mit voller Absichtlichkeit nach dem Muster des Kolportage-Romans den Zuschauer in ungeduldiger Erwartung auf die nächste Fortsetzung zurückläßt und auf diese Fortsetzung mit allen Mitteln hinweist« (vgl. Der Film No 41, 1919, zit. nach Töteberg, 1985, S. 21 f.); aber was in Frankreich die Intellektuellen über den (allerdings unvergleichlichen) »Fantômas« in Verzückung geraten ließ, gereichte bei einem deutschen Kollegen (Rudolf Arnheim) zu dem naserümpfenden Kommentar: »Die Fritz-Lang-Filme sind Parvenus: zu Geld gekommene Hintertreppenromane. Daß eins der Nick-Carter-Heftchen, die in diesem Film als Statisten auftreten, nur zehn Pfennige kostet, ›Die Frau im Mond‹ aber Millionen, ist eigentlich der einzige Unterschied zwischen den beiden Produkten« (Vgl. Rudolf Arnheim: Die Frau im Mond [1929] [Die Weltbühne 43, 22. 10. 1929] in: Arnheim, 1977, S. 221).
Wenn auch mit dem Ausdruck der Verachtung, hat Arnheim immerhin den Zusammenhang zwischen der populären (allerdings science-fiction-) Literatur und Filmen gesehen, die eben deshalb nicht repräsentativ für die deutsche Filmkunst sein dürfen.

Erich Pommer, damals noch mit seiner eigenen Firma ›Decla‹ (die 1921 von der Ufa übernommen wurde, wo Pommer dann Produktionsleiter wurde), sorgte für die multimediale Auswertung der Filmserie »Die Spinnen«; pünktlich zur Premiere lag die erste Folge mit dem Titel »Der goldene See« als Roman beim Buch-Film-Verlag vor (Töteberg, 1985, S. 21 f.).

Diese ›Filme zum Lesen‹ sind lange Zeit auf dem Buchmarkt außerordentlich erfolgreich gewesen: als Szenarium, als *ciné-roman* oder ›Buch nach dem Film‹. Das wirft die Frage auf, was Zuschauer von Filmen veranlaßt, nach (oder auch vor) dem Kinobesuch den ›Film lesen‹ zu wollen.

»Warum suchte man angesichts der bewegten Bilder diese Anlehnung an das geschriebene Wort? Es gab mehrere zusammenhängende Gründe. Vor allem war das Publikum von der schnellen Bilderfolge verwirrt, man stieß sich an einem rasenden Rhythmus, auf den man nicht vorbereitet war, und so versuchte man, dieser ununterbrochenen Zeichenfolge Widerstand entgegenzusetzen und ein Mittel zu finden, diesen unaufhaltsamen Ablauf festzuhalten. [...]
Es ging darum, unbeweglich zu machen, was sich ständig entzog, jeder Kontrolle entwischte und zwischen den Fingern hindurchlief. In einer vom Wort beherrschten Zivilisation, die seit mehreren Jahrhunderten dem Gesetz der gedruckten Schrift gehorchte, war diese Reaktion ganz natürlich und vorhersehbar. Der geschriebene Text erlaubte, sich des widerspenstigen Bildes zu versichern« (Virmaux, 8. 17 [Übers. JP]).

Bestätigt wird diese Vorstellung dadurch, daß das Bedürfnis, die Bilderfolge durch die Lektüre literarischer Texte zu ergänzen, seit dem Tonfilm nachließ, da hier das Wort selbst zum Bestandteil der filmischen Erzählung wurde. Außerdem wurden spätestens mit dem Tonfilm die Bilderfolgen ruhiger, regelmäßiger (›kontinuierlicher‹), die Einstellungen wurden länger, vor allem garantierte von da an das gesprochene Wort das Verständnis des erzählten Zusammenhanges und übernahm auf diese Weise die Rolle des *ciné-roman*.

Ein weiterer Grund für den Erfolg des ›Buches nach dem Film‹ könnte in der mangelnden kulturellen Anerkennung des Films während der Stummfilmzeit zu suchen sein. Weil Filme als kindliches oder proletarisches Vergnügen galten, aber auch gehobene bürgerliche Schichten von den bewegten Bildern des Kinos fasziniert waren, diente das Film-Buch der Kompensation, gleichsam als Alibi dafür, daß der Kinematograph sogar im Ghetto einer wort- und schriftlosen ›Kultur für Analphabeten‹ aufgesucht und auch literarisch rezipiert werden konnte.

»In dieser Hinsicht bot der Rückgriff auf den gedruckten Text ein ausgezeichnetes Mittel, die Grenzen des Films aufzubrechen, ihn aus seiner untergeordneten Situation zu befreien und offizieller Anerkennung zu versichern. Die Veröffentlichung von Texten nach Filmen oder deren Zusammenfassung war nicht nur eine Frage kommerziellen Geschicks; sicherlich wurde unter ästhetischem Aspekt auch ein Mangel deutlich sichtbar. Der gedruckte Text konnte daher dem Film durch ihr gemeinsames Auftreten ein wenig von seiner Dignität leihen, auch wenn es sich nur um Formen des Feuilletons handelte« (S. 17).

Das ›Ansehen‹ der Filme bedeutete anfangs beides, lernen, Filme ›sehen‹ zu können und die Anerkennung des Films und des Kinos als Institution der Kultur und der Kunst. Beides schien durch die Gleichzeitigkeit des Films mit seiner schriftlichen (literarischen) Form möglich zu sein (s. die Antwort von Enno Patalas 1961 auf seine Frage ›Kann man Filme lesen?‹). – Gegenwärtig ist die multimediale Auswertung von ursprünglich genuin filmischen Stoffen auch zwischen Buchdeckeln wieder üblich geworden und erfolgreich (z. B. »Star Wars« von Georges Lucas oder die Literarisierungen von Fassbinder-Filmen durch Gerhard Zwerenz). Es muß also auch Gründe geben, Filme als Buch ›lesen‹ zu wollen, wenn die Filme längst als Videokopie in einer Weise verfügbar sind, daß sie auf dem Videorecorder ›als Film gelesen‹ werden können. Denkbar ist, daß die Verdoppelung des Genusses an der Fiktion intendiert ist, »eine Art Verdoppelung in der Imagination von jenen Momenten, die der Geist gerade aufgenommen hat, was die Möglichkeit zuläßt, die ursprüngliche Befriedigung im nachhinein zu bestätigen [und zu wiederholen]« (S. 17). Für die Zeitgenossen des Stummfilms jedenfalls bot die Romanveröffentlichung beliebter Filme (möglichst ergänzt durch Szenen- und Starphotos) die unschätzbare Möglichkeit, sich an Bilder des Films erinnern zu können, die viel zu schnell vorübergeflimmert waren, um jenes intensive Mitträumen ermöglichen zu können, das die ›Traumfabrik Kino‹ versprach und zu dem sich populäre Literatur und Film in idealer Weise ergänzten.

7. Filmische Schreibweise

»Die alte Erfahrung des Kinobesuchers, der die Straße draußen als Fortsetzung des gerade verlassenen Lichtspiels wahrnimmt, weil dieses selber streng die alltägliche Wahrnehmungswelt wiedergeben will, ist zur Richtschnur der Produktion geworden. Je dichter und lückenloser ihre Techniken die empirischen Gegenstände verdoppeln, umso leichter gelingt heute die Täuschung, daß die Welt draußen die bruchlose Verlängerung derer sei, die man im Lichtspiel kennenlernt. Seit der schlagartigen Einführung des Tonfilms ist die mechanische Vervielfältigung ganz und gar diesem Vorhaben dienstbar geworden. Das Leben soll der Tendenz nach vom Tonfilm nicht mehr sich unterscheiden lassen.« (Adorno/Horkheimer)

Etwa 1908 hatte der Filmregisseur D. W. Griffith die Literarisierung des filmischen Erzählens damit begründet, daß er seine Leseerfahrung mit den Romanen des bürgerlichen Realismus des 19. Jahrhunderts, vor allem die Montagen paralleler Handlungen bei Dickens, auf den Film übertragen habe.

Zur gleichen Zeit bekannte ein Schriftsteller des 19. Jahrhunderts, Leo Tolstoi, in einem Interview im Jahre 1908, zwei Jahre vor seinem Tod, daß er schreiben möchte, wie eine Filmkamera filmt:

»Sie werden sehen, daß dieser kleine klickende Apparat mit der Kurbel eine Revolution in unserem Leben bewirken wird – im Leben der Schriftsteller. Das ist ein direkter Angriff auf unsere alten Methoden literarischer Kunst. Wir werden uns an die Leinwand mit ihren Schatten und die kalte Maschine anpassen müssen. Ich habe darüber nachgedacht und fühle, was da auf uns zukommt.
Aber ich mag das. Dieser schnelle Szenenwechsel, dieses Ineinander von Gefühl und Erfahrung – das ist viel besser als die schwerfällige und langwierige Art zu schreiben, an die wir gewöhnt sind. Das ist lebensnäher. Auch im Leben vollziehen sich Wechsel und Übergänge blitzartig vor unseren Augen, und die Gefühle sind wie ein Wirbelsturm. Das Kino hat das Geheimnis der Bewegung vergöttert. Und das ist etwas Großartiges.
Als ich ›Der lebende Leichnam‹ geschrieben habe, habe ich mir die Haare gerauft und an den Nägeln gekaut, weil ich nicht genug Szenen, genug Bilder darstellen konnte, weil ich nicht schnell genug von einem Ereignis zum nächsten übergehen konnte. [...] Aber Filme! Sie sind wundervoll! Drrrr!

und eine Szene ist fertig! Drrrr! und da ist noch eine! wir brauchen nur hinzusehen: Da ist die Küste, die Stadt, der Palast – und im Palast ereignet sich eine Tragödie ...« (Leo Tolstoi, zit. nach Leyda, 1973, S. 410 [Übers. JP]).

Beide Vorstellungen, einen Film erzählen wollen, wie Dickens einen Roman geschrieben hat (Griffith) und einen Roman schreiben wollen, wie eine Kamera filmt (Tolstoi), widersprechen sich durchaus nicht, da sie beide jeweils auf sich verändernde gesellschaftliche Verhältnisse und (technisch vermittelte) Wahrnehmungsweisen ihrer Zeit reagieren. Aber gegenüber der Wahrnehmung eines scheinbar unveränderbaren Nebeneinander in der englischen Klassengesellschaft, der allmählichen Beschleunigung und zugleich Distanzierung des Sehens durch die Erfahrung der Eisenbahnfahrt und anderer Dispositive bei Dickens hatten sich die Verhältnisse vor Tolstois Augen zugespitzt: Er selbst war in die dynamisch sich radikalisierenden Widersprüche innerhalb der russischen Gesellschaft verwickelt, die Parallelität der gesellschaftlichen Schichten hatte sich in ihre Konflikt›montage‹ aufgelöst (Vgl. dazu Macherey, 1974, S. 7-47). Darüber hinaus hat Tolstoi die Beschleunigungen in seiner Realität nicht nur wie Dickens angefangen filmisch zu sehen, sondern er hat (wie Gorki) *Filme gesehen,* d. h. über den (Realitäts-)Eindruck hinaus bezieht sich die filmische Sehweise nun auch auf den Ausdruck, den sie im *Kino als Teil dieser Realität* gefunden hat und den er nun auch seiner literarischen Produktion geben möchte. Während einerseits Griffith dabei war, den Film auf der Grundlage tradierter literarischer Erzählmuster weiterzuentwickeln und als Kunst zu institutionalisieren, hat andererseits der alte Tolstoi über die Auswirkungen der Erfahrung des Kinos auf die *literarische Schreibweise* nachgedacht. Diese für die Literaturproduzenten neue Situation hat Bertolt Brecht 1930 so kommentiert: »Der Filmsehende liest Erzählungen anders. Aber auch der Erzählungen schreibt, ist seinerseits ein Filmsehender« (Brecht, S. 156). Die Produktion und Rezeption von Literatur – und wenn man die ›Verfilmungen‹ von Literatur einbezieht, dann gilt das auch für die Distribution der Literatur in einem anderen Medium – werden sich ›angesichts‹ der Filme im Kino wesentlich verändern, sie werden ›filmisch‹.

Die filmische Schreibweise der Literaten des 19. Jahrhunderts war durch die Konditionierung ihres Blicks auf eine Realität bedingt, die (exemplarisch in den diskutierten Dispositiven) die Struktur des Sehens und damit die der erzählerischen Wiedergabe des Gesehenen veränderte. Indem sich im Kino das filmische Sehen zum Sehen von Filmen konkretisiert hat, wurden auch die damit verbundenen Bedingungen radikalisiert: Das Sehen im Kino ist von der gleichzeitigen Erfahrung des ›Außen‹ abgeschnitten. Der ›Blick aus dem Fenster (der Leinwand)‹ trifft auf keinen wirklichen Gegenstand mehr, sondern nur noch auf Projektionen »imaginärer Signifikanten« (Metz, 1977, S. 7–107) als Vorstellungen des Realen, die indes wesentlich ›realistischer‹ sind als die z. B. im Blick aus dem Abteilfenster noch als real gewußten Gegenstände einer sich entziehenden, zunehmend als kontingent und entfremdet erfahrenen äußeren Realität; sie sind zusätzlich zum Eindruck des Wirklichen *(impression de réalité)* bereits als Elemente einer filmischen Erzählung strukturiert und mit Sinn aufgeladen.

Um sagen zu können, welches die veränderten Bedingungen einer (anderen) filmischen Schreibweise sind, müßte man die dispositive Situation des Schriftstellers ›im Zeichen des Films‹ (Arnold Hauser) rekonstruieren. Als einer, der Erzählungen schreibt, ist er zugleich Filmsehender, d. h. Kinogänger. (Die Betonung liegt dabei auf ›Kino‹: Eine Literatur ›im Zeichen des Fernsehens und Videos‹ bildet, wenn der Bedingungszusammenhang, wie er hier konstruiert wird, stimmt, andere Schreibweisen heraus.) Das Kino selbst ist als der Eindruck, den es als Teil des großstädtischen Lebens in der ersten Hälfte dieses Jahrhunderts macht, ebenso exemplarisch wie in der Funktion, diesem urbanen Leben Ausdruck zu geben: Das Kino ist ebenso das ›Innere‹ der Großstadt, wie sich die Großstadt im Innern des Kinos exemplarisch abbildet: »Es gibt eine zeitliche Übereinstimmung, wenn nicht gar allgemeinere Gesetzmäßigkeit in der Entstehung des Urbanen und der Entwicklung des Kinos. Diese Gleichzeitigkeit schließt die Entwicklung der Entfremdung und Spezialisierung ein, die durch die Industrialisierung und das Wachstum der Städte um die Jahrhundertwende hervorgerufen wurden« (Uricchio, 1982, S. 3 f.). So sind die

»großen Lichtspielhäuser in Berlin [...] Paläste der Zerstreuung [...]. Gepflegter *Prunk der Oberfläche* ist das Kennzeichen dieser Massen-Theater. Sie sind wie die Hotelhallen Kultstätten des Vergnügens. [...] Aus dem Kino ist ein glänzendes revueartiges Gebilde herausgekrochen: *das Gesamtkunstwerk der Effekte*« (Kracauer, 1977, S. 311 f.).

Das ›Gesamtkunstwerk der Effekte‹ bezieht sich als Inhalt und als Form auf die das Kino umgebende urbane Realität: In Filmen wie Walther Ruttmanns »Berlin. Die Sinfonie der Großstadt« (1927), Alberto Cavalcantis »Rien que les Heures« (1926) über Paris, oder Dziga Vertovs »Der Mann mit der Kamera« (1929) über Moskau ist die Großstadt unmittelbar Thema; als revueartige Form der Veranstaltung und in der Struktur der Filme generell wiederholt sich die Erfahrung des Urbanen in der das Kino umgebenden Großstadt.

»Es kam der Tag, da einem neuen und dringlichen Reizbedürfnis der Film entsprach. Im Film kommt die schockförmige Wahrnehmung als formales Prinzip zur Geltung« (Benjamin, 1974, S. 127). Die Großstadt ist die Einheit des wesentlich Widersprüchlichen; sie ist der Ort der Konzentration von Menschen, die sie isoliert, indem sie sie versammelt; ihre Topographie beschwört eine Gleichzeitigkeit, die sich sofort in eine Vielzahl unzusammenhängender Bewegungen, das Nebeneinander oder Nacheinander auflöst. Diskontinnierlich und schockartig entstehen Eindrücke, die durch nichts anderes als durch die Gleichzeitigkeit des Ortes und die Kontingenz der Beziehung begründet sind. Georg Simmel hat 1903 die Wirkung der Großstadt auf das Geistesleben geschildert:

»Die psychologische Grundlage, auf der der Typus großstädtischer Individualität sich erhebt, ist die Steigerung des Nervenlebens, die aus dem raschen und ununterbrochenen Wechsel äußerer und innerer Eindrücke hervorgeht. [...] Indem die Großstadt gerade diese psychologischen Bedingungen schafft – mit jedem Gang über die Straße, mit dem Tempo und den Mannigfaltigkeiten des wirtschaftlichen, beruflichen und gesellschaftlichen Lebens – [steht sie im Kontrast zum langsameren, gleichmäßigeren Landleben]« (Simmel, S. 18 f.).

Was sich als Erfahrung der Großstadt im Kino und dort in der ›schockförmigen Wahrnehmung als formalem Prinzip‹ der Filme abbildet, ist das Urbane selbst als

»eine reine Form: der Punkt der Begegnung, der Ort der Zusammenkunft [»Die Zeichen der Verstädterung sind die der Versammlung« – ihre Inhalte dienen der Zerstreuung], die Gleichzeitigkeit. Diese Form hat keinerlei spezifischen Inhalt, aber alles drängt zu ihr, lebt in ihr [...] Die Inhalte (Sachen, Objekte, Menschen, Situationen) schließen sich gegenseitig aus, weil sie unterschiedlich sind, schließen sich gegenseitig ein, weil sie nebeneinander sind und sich gegenseitig bedingen. Über das Urbane läßt sich sagen, es sei Form und Gefäß, Leere und Fülle [...]« (Lefèbvre, 1976, S. 128 f.).

Innerhalb dieses Wahrnehmungsraums ist das Kino ein Element des urbanen Dispositivs; sein Inhalt (der Film) drückt diese reine Form exemplarisch aus mit Mitteln der Montage heterogener Bewegungen, Blickperspektiven und entsprechender narrativer Strukturen und Sujets. Der Film ist dem Kino und dieses der Großstadt als einem *Hyper-Dispositiv* eingeschrieben.

Denkbar ist, daß diese Wahrnehmungssituation im filmesehenden Schriftsteller ein Bewußtsein produziert, das zwischen Film und großstädtischer Lebenspraxis eine lineare Beziehung rekonstruiert: In ihrem Innersten, dem Kino, öffnet sich dem Blick auf die Leinwand im Film ein Fenster auf die urbane Wirklichkeit außerhalb; die filmische Schreibweise wäre dann die literarische Form der erzählerischen Wiedergabe dieses *Blicks auf die Wirklichkeit, strukturiert durch das Hyper-Dispositiv Film-Kino-Großstadt.*

Die filmische Schreibweise ›angesichts‹ des Kinofilms kann daher nicht als bloße formale Mimesis kinematographischer Darstellungsmittel wie der Montage, des Wechsels der Blickpunkte etc. in der modernen Literatur beschrieben werden; vielmehr handelt es sich um die Mimesis des Inhalts einer Form, der als Gegenstand des Erzählens wiederkehrt (Großstadt) und so auf die komplexe Erfahrung der Realität des Urbanen, zu der das Kino als ihr exemplarischer Teil gehört, zurückweist.

Erst wenn man sich die Schriftsteller des deutschen Expressionismus als Kinogänger vorstellt, kann man den Inhalt der Form ihrer Schreibweise verstehen. Ein Gedicht von Jakob van Hoddis macht diesen Ausgangspunkt zum Mittelpunkt:

»Kinematograph

Der Saal wird dunkel. Und wir sehn die Schnellen
Der Ganga, Palmen, Tempel auch des Brahma,
Ein lautlos tobendes Familiendrama
Mit Lebemännern dann und Maskenbällen.

Man zückt Revolver. Eifersucht wird rege,
Herr Piefke duelliert sich ohne Kopf.
Dann zeigt man uns mit Kiepe und mit Kropf
Die Älplerin auf mächtig steilem Wege.

Es zieht ihr Pfad sich bald durch Lärchenwälder,
Bald krümmt er sich und dräuend steigt die schiefe
Felswand empor. Die Aussicht in der Tiefe
Beleben Kühe und Kartoffelfelder.
Und in den dunklen Raum – mir ins Gesicht
Flirrt das hinein, entsetzlich! nach der Reihe!
Die Bogenlampe zischt zum Schluß nach Licht
Wir schieben geil und gähnend uns ins Freie.«

Vor dem Ersten Weltkrieg dominierte noch das unverbundene Nebeneinander von Reiseberichten, Melodramen und Kulturfilmen, das keinen einheitlichen inhaltlichen Zusammenhang herstellte. Im Gedicht kehrt das Heterogene als Inhalt und Form bloßer Aneinanderreihung wieder; die Reimform des lyrischen Diskurses allerdings drückt deutlich den Wunsch nach Homogenität aus, wo das Einheitsstiftende im Wahrgenommenen selbst abwesend ist.

Später, 1920, hat Carlo Mierendorff nicht mehr nur eine schnelle Folge von kleinen Filmen gesehen, sondern ein dicht gedrängtes Publikum wird von einer Flut von Bildern, Handlungen (auch unter den Zuschauern) bedrängt, die keine Lücke und kein Entkommen mehr zulassen:

»Eng gekeilt, kein hochgeklappter Sitz, keucht in der Verfinsterung der Zuschauer unter dem Bild, das vorüberprescht. Schweiß bricht aus. Der Film spult: Jetzt packt er das Weib an da oben. Unten fühlt jedes Weib sich gepackt, packt jeder Mann. Fieber entsteht, Geseufz. Ein Schirm fällt. Man muß sich bückend unter Röcke langen. Fleisch tanzt an Fleisch. Dunkel tanzt das Lokal auf unserem Genick. Durch die Dünstung prasseln, Projektile, grünlich: Zimmer, Waldsaum, Kavaliere. Wer kann noch entfliehen? Das Weiß blitzt. Das Schwarz huscht. Das Licht streut sich. Vibration ist süße Betäubung. Die Hast lullt ein. Dampf aus der Haut. Dünstung schwängert die Sinne torkelnd. Viele sind schon vorgebeugt in Schlaf schwankend. Kopf an dürftige Brust sanft gelehnt. Umarmte. Wispernde. Applaus. Hallo. Protest. Stieräugige. Zoten. Gefeix. Licht flammt auf, der Bann reißt, erleichtert, in Schweigen, erlöst umblinzeln sich: Monteure, Briefträger, Zylinder, Matrosen …« (Mierendorff, 1920, S. 14 f.)

›Nach der Reihe‹ sind die Filme auf van Hoddis eingeflirrt, und so hat er seine Eindrücke auch dargestellt; und Mierendorff hat die Abfolge der Ereignisse auf und vor der Leinwand bis ins Défilé der Vertreter sozialer Klassen am Kinoausgang als formales Darstellungsprinzip konstituiert, das sich mimetisch an den dargestellten Inhalt anschmiegt, der viel mehr als die Kontingenz der Ereignisse, Handlungen oder Personen auf dem Inhalt einer Form beruht, die transparent zum Urbanen ist. Der so begründete expressionistische

»Reihungsstil, gekennzeichnet durch ›rasche Zusammendrängung wechselnder Bilder‹ und den ›schroffen Abstand‹ zwischen ihnen, [der] mimetisch die veränderten Wahrnehmungsstrukturen selbst zur Darstellung bringt, [ist] zu begreifen als literarische Mimesis einer neuen, historisch vermittelten kollektiven Wahrnehmungs- und Bewußtseinsnorm [...]. [Daher] wäre er *realistisch,* insofern seine formale Struktur die historisch vermittelten, objektiven Bedingungen der Wahrnehmung und ihre Rückwirkung aufs Subjekt, die Dialektik von Subjekt und Objekt im Bereich der sinnlichen Wahrnehmung beschreibt« (Vietta, 1974, S. 361; s. auch Vietta, 1975 und Zmegac, 1970).

Realismus bezieht sich hier also auf den Inhalt einer Form (den ‚Reihungsstil‹), die ›transparent‹ zur urbanen Realität ist, sofern eine Filmleinwand vermeintlich transparent zur abgebildeten vorfilmischen Wirklichkeit ist. Aus dem gleichen Grund ist auch der Versuch von Ruttmann, Cavalcanti, Vertov u. a. in den sogenannten Städtefilmen, diese Form wiederum zum Thema, zum mitgeteilten Inhalt ihrer Filme zu machen, eine Abstraktion, die nicht weniger ›realistisch‹ ist. In Ruttmanns »Berlin. Die Sinfonie der Großstadt« sind diese oder jene Straße, die U-Bahn als Hochbahn, eine Baustelle oder Lichter auf nasser Straße, dieser Polizist oder jener Arbeiter lediglich Elemente, die vor allem das, was sie verbindet, erscheinen lassen sollen: dargestellte Bewegungen, Rhythmen, Formen des Urbanen und ihre adäquaten Darstellungsweisen wie schnelle Montagen von Einstellungen oder Montagen innerhalb der Bilder. Der Expressionist Carl Mayer hat sich aus der Produktion dieses Films zurückgezogen, als es nicht mehr darum ging, etwas auszudrücken, sondern einen Eindruck zu strukturieren (hier trennen sich auch der Humanismus des Expressionismus und die Kälte des neu-sachlichen Blicks). Es ist schwer, sich auf diese Abstraktion einzulassen; so trifft zu, daß das »moderne Medium Kino eine offensichtliche Affinität zur modernen Stadt hat« und daß der »Film, so wie er in ›Berlin‹ verwendet wurde, dazu beiträgt, die Wirklichkeit [reality] der modernen Stadt zu erkennen [realize]. Aber wie kann ein solcher Film einen eigenen Standpunkt beziehen?« (Vgl. Minden, 1985, S. 193, 207 f.; Vgl. auch Gauthier, 1977 bes. S. 139-153) Weil dieser Film selbst Mimesis filmischer Großstadtwahrnehmung ist, hat er auch keinen ›eigenen‹ Standpunkt (weder ideologisch, noch als Einheitlichkeit des Blickpunktes oder der Erzählperspektive im Film, wobei nicht gesagt ist, daß diese Standpunktlosigkeit nicht wieder ideologisch ist); er reflektiert lediglich mimetisch eine Wahrnehmungsstruktur, eine Form des Urbanen, die sich ebenso, nur undeutlicher, zugleich vor dem Kino ereignet.

Diese Mimesis des Realen als Form hat die Montage als einen ihrer wesentlichen Inhalte. (Wenn man sagt, daß die Mimesis des Realen die Struktur gesellschaftlicher Beziehungen statt dem Abbild ihrer Erscheinungsoberfläche liefern sollte, könnte auch Brecht diesem Satz zustimmen). Ein spezifischer Inhalt der Montage-Form ist die Collage. Die Collage soll insbesondere nach Louis Aragons Interpretation surrealistischer Romantechniken scheinbar parallel zur Montage eine ›filmische Schreibweise‹ konstituieren können (Vgl. Aragon, 1965, bes. S. 107-129, s. dazu Albersmeier, 1982, S. 46-63). Allerdings kann zwar in der Bildenden Kunst die Collage von Realobjekten im ästhetischen Raum (ein Stück Rohrgeflecht in einem Bild von Picassos »Stilleben mit Flechtstuhl«, 1912) der Dekonstruktion des Realen als Form die Rekonstruktion des realen Objekts entgegenstellen (dieses Stück wirklichen Rohrgeflechts), im Film jedoch wie in der Literatur können nur bereits semiotisch aufgeladene ›Objekte‹, Zeichen also, in die Texte integriert werden. (Denkbar ist z. B., ein Stück Filmstreifen in ein Werk der Bildenden Kunst zu integrieren, um es zu zitieren, ein Gemälde dagegen kann nur ›gefilmt‹, d. h. wie jedes andere vorfilmische Objekt im Film erscheinen [Vgl. dazu Paech, 1987]). Man könnte sich darauf einigen, Montagen fremder Text- oder Filmteile in einem literarischen resp. Filmwerk Collagen (besser: Zitate) zu nennen; darüber hinaus jedoch kann etwas vor-literarisch oder vor-filmisch Gegebenes nur als Text (Schrift, aber auch z. B. fotografisches Bild) oder filmisches Abbild (auch als gefilmte Schrift) wiedergegeben werden. – Für die Frage nach einer ›filmischen Schreibweise‹ ist der Montagebegriff völlig ausreichend, wenn er umfassend genug verwendet wird. Montage, so verstanden, kann tendenziell diese drei Bedeutungen zugleich realisieren:
– *Mimesis* einer montageförmig erlebten Realität,
– *Konstruktion* von Bedeutungen aus der Reihung oder dem Zusammenprall von Elementen zu einem neuen Zusammenhang,
– *Dekonstruktion* bestehender Zusammenhänge und ihre Auflösung in Elemente, die in ihrer Heterogenität erhalten bleiben und in einer offenen textuellen Struktur variable Verbindungen eingehen.
 Wesentlich ist der Inhalt der Form, denn Mimesis einer montageförmig erlebten Realität muß sich nicht unbedingt bis in das Zerbrechen der homogenen narrativen Struktur fortsetzen, sondern kann auch sujetorientiert erzählt werden, ohne daß die Struktur des Films diesen Inhalt abbildet. Montage als Konstruktion kann (über den bloßen technischen Aspekt des Zusammenfügens hinaus) das Konstrukt im Resultat eliminieren und homogenisierend die Illusion einer einheitlichen Wirklichkeit herstellen (das Illusionskino).

Die dekonstruktive Montage dagegen wird die beiden anderen Bedeutungen enthalten müssen, da sie, von einer widersprüchlichen, heterogenen Realitätswahrnehmung ausgehend (Mimesis), diese Widersprüche in die Montage (Konstruktion) eines ästhetischen Produkts (Literatur, Film, Malerei) hineinnimmt.

Wenn von nun an von kontinuierlichem literarischen oder filmischen Erzählen gesprochen wird, dann ist Kontinuität als Form eines Inhalts (eine folgerichtige Geschichte) und Inhalt einer Form (z. B. match-cut-Anschlüsse) auf diese Bedeutungen von Montage zu beziehen: Dann wird deutlich, daß die Mimesis einer montageförmig wahrgenommenen Realität durchaus ›kontinuierlich‹ erfolgen kann; daß die Montage als Konstruktion kontinuierend auf Vereinheitlichung abzielen kann (wie in der Parallel- und alternierenden Montage bei Griffith); und außerdem wird ersichtlich, daß die nicht-kontinuierlichen Formen der Montage wie Ellipse, flashback und overlapping-Montage durchaus im Sinne kontinuierlichen filmischen Erzählens verwendet werden können, zumal dann, wenn in der filmischen Schreibweise der Literatur diese vorgefundenen Montageformen Inhalte einer literarischen Form werden, die derjenigen, die sie aufgegriffen hat, diametral widersprechen kann (z B. in der kontinuierlichen Beschreibung).

Obwohl es sich bei der filmischen Schreibweise um die literarische Form handelt, mit der die Wahrnehmung der Großstadt durch Kino und Film hindurch wiedergegeben wird, soll das erste Beispiel eines der Muster vorstellen, die im Film diese Wahrnehmung und also die Schreibweise strukturiert haben könnten.

1. Beispiel: *Fritz Lang: »Dr. Mabuse, der Spieler«*
Auffällig ist am Beginn dieses Films eine ungeheure Beschleunigung des Erzählens, die sogar die kolportagehaften Romane der Illustrierten-Feuilletons noch weit hinter sich ließ.

In der ›Berliner Illustrierten Zeitung‹ Nr. 39, 1921 wurde der neue Roman »Dr. Mabuse, der Spieler« von Norbert Jacques angekündigt als

»Roman eines gegen die gesetzliche Ordnung Krieg führenden und von ihr gebändigten Verbrechertums, getragen von stärksten Sensationen, und in dieser elementaren Kraft vielleicht ein neuer Typus der Romanliteratur überhaupt« (Berliner Illustrierte Zeitung, 30, 1921, 39, S. 596).

Gleich die erste Folge des Romans stellt Dr. Mabuse vor, genauer: »Der alte vornehme Herr stellte sich selber vor. Wie üblich verstand niemand den Namen. Aber er war elegant und in diskretes bestes Tuch gekleidet.« Am Spieltisch übt dieser alte vornehme Herr, den

keiner der anderen Anwesenden kennt, eine geheimnisvolle Macht auf einen Millionärssohn aus, der große Summen an ihn verliert, seit jener die Bank hält. Sogar als Hull, der Millionärssohn, absolute Gewinnkarten in der Hand hält, zwingt ihm der Andere seinen Willen auf und macht ihn zum Verlierer:

»Da geschah etwas in ihm, etwas ganz Unverständliches, Widersinniges ... er warf seine Karten mit den Bildern nach unten auf das Paket der anderen beiseite geschobenen und rief: ›Ich habe wieder verloren‹. Rasch deckte der alte Herr seine Karten auf. Sein Auge entflammte wieder, hastig und blitzschnell verlöschend. Er zahlte die Summe, nannte eine Zahl und warf seine Karten mitten auf den Tisch.«

Die Identität des Dr. Mabuse hinter seinen vielen Masken wird erst in der vierten Folge gelüftet – soweit Mabuse überhaupt eine Identität hat –, nachdem ein Staatsanwalt sich an die Fersen des geheimnisvollen Fremden geheftet hat; erst dann wird auch das ganze Ausmaß der verbrecherischen Aktivitäten des Dr. Mabuse erkennbar. Bis dahin entwirft der Roman das Bild einer Gesellschaft, in der Millionärssöhne aus Langeweile Papas Geld am Spieltisch durchbringen, obskure Gräfinnen und hörige Tänzerinnen das Dekor für den Kampf zwischen dem Genie des Bösen und dem Vertreter des Gesetzes abgeben.

Der Film, den Fritz Lang noch während der Roman wöchentlich in der Illustrierten erschien, drehte, demonstriert bereits in den ersten Einstellungen, wie das filmische Erzählen mit ganz anderem Rhythmus und Tempo die Geschichte aufnimmt. Dem Film liegt nicht mehr wie dem Roman daran, zunächst ein Geheimnis zu etablieren, das mit der Identität des Dr. Mabuse durch den dafür zuständigen Vertreter des Gesetzes gelüftet wird, um auf diese Weise eine bestimmte Atmosphäre und narrative Spannung allmählich aufzubauen; da ist er vielmehr selbst, Dr. Mabuse, der Spieler, der Fotos mit seinen verschiedenen Masken wie ein Kartenspiel, das unterschiedliche Montagen von Aktionen (Geschichten) ermöglicht, in der Hand hält, die Karten zusammenschiebt und den Blick auf den ›eigentlichen‹ (?) Mabuse freigibt. (Der Roman hatte am Ende der ersten Folge geheimnisvoll mitgeteilt: »Es war immer ein anderer, aber die Phantasie legte die verschiedenen Bilder übereinander und machte eines daraus« [S. 603].) Der Spieler mischt die ›Karten‹, hebt ab, um sich für diese zufällig gewählte Maske zu entscheiden: Das Spiel kann beginnen, sein Sekretär wird ihm behilflich sein, das Aussehen eines älteren Finanzmagnaten anzunehmen.

 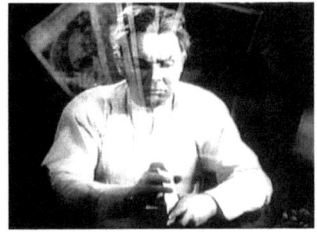

Was nun folgt, ist mehr als nur die Exposition einer Figur oder einer Handlung, es ist der Film selbst, der sich ins Spiel bzw. ins Rollen bringt. (Kameraeinstellungen: Bildausschnitt G-Groß, N-Nah, HN-Halbnah, A-Amerikanisch, HT-Halbtotal, T-Total.)

1. Mabuse nimmt die Taschenuhr aus der Weste, klappt sie auf.
2. Das Zifferblatt [G] zeigt 17 Minuten nach 8 Uhr.

3. An der Stelle der Uhr öffnet sich jetzt eine Kreisblende auf einen Zug, der unter der Kamera (auf der Kameraachse, gegenläufig, d. h. senkrecht zum unteren Bildrand) hindurchfährt [HT].

4. In einem Abteil des Zuges sitzen sich zwei Männer am Fenster gegenüber. (Die Bewegungsrichtung ist um 90° gedreht, die im Abteilfenster erkennbare Zugbewegung verläuft jetzt parallel zum unteren Bildrand [HN].) Der Mann auf der linken Seite zündet sich eine Zigarette an und legt seine Hand auf eine Tasche neben sich.
5. Die Tasche (Aufsicht [G]).
6. Der Mann auf der rechten Seite scheint zu dösen [N], er blickt nach vorn …
7. Die Tasche wie vorher, sie wird jedoch ›durchsichtig‹, man erkennt ein darin liegendes Dokument mit dem Titel ›Contrat commercial‹ (Die Kenntnis dieses Handelsvertrages wird Mabuse die Möglichkeit zu Börsenspekulationen geben).

8. Der Mann auf der rechten Seite (wie vorher), gähnt, nimmt die Hand aus der Manteltasche ...
9. Die Taschenuhr in der Hand [G/N] zeigt kurz vor 8 Uhr 20.

10. Ein Auto parkt vor einem Wald [HN]. Der Fahrer, der auf dem Trittbrett gesessen hatte, steht auf und sieht ...
11. Die Taschenuhr in der Hand [G/N] zeigt 8 Uhr 20.

12. Der Fahrer wirft den Motor an und setzt sich hinter das Steuerrad.
13. Mabuse, schon mit den weißen Haaren der neuen Maske, sieht vor sich auf die Taschenuhr.

14. Im Eisenbahnabteil ([HN] wie in 4.) sieht der Mann auf der rechten Seite wieder auf die Uhr ...
15. ... die [G/N] 8 Uhr 20 zeigt ...
16. Der Mann steht auf, hebt die Arme, als ob er sich gähnend strecken

will und stürzt sich plötzlich auf den Mann gegenüber, den er nach kurzer
Gegenwehr erwürgt hat.

17. Eine Straße [T], ein Auto kommt in schneller Fahrt auf die Kamera zu
gefahren (auf der Kameraachse, gegenläufig).
18. Eisenbahnwaggon (Untersicht, Parallelbewegung rechts-links, [HT])
aus der Sicht des neben der Böschung herfahrenden Autos.

19. Abteilfenster von außen, Untersicht, das Fenster wird geöffnet, eine (die)
Tasche hinausgeworfen.
20. Der Fahrer im Auto (Aufsicht [N]) blickt hoch ...
21. Auf den Rücksitz des Autos (Aufsicht, [N]) fällt die Tasche.
22. Ein Mann winkt von einem Telegraphenmast (leichte Untersicht, [HT])
mit der Mütze und macht sich dann an den Drähten zu schaffen.
23. Mabuse sieht auf die Uhr vor sich, greift zum Telephon.
24. Der Mann auf dem Telegraphenmast spricht in einen Telephonhörer:
25. (Schrifteninsert:) full hand!
26. Mabuse (wie vorher) telefoniert ...

135

27. (Schrifteninsert:)Bravo, Georg –
28. Mabuse (wie vorher) telephoniert, legt den Hörer auf die Gabel und lehnt sich zurück.
29. Im Zug [N], der Mörder an der Waggontür, öffnet die Tür, springt.
30. ... und rollt die Böschung herunter, auf der der letzte Eisenbahnwaggon nach links aus dem Bild verschwindet. Der Mann läuft auf die Kamera zu, eine schnelle Kreisblende isoliert ihn im Bild.

Der Film benötigt etwa 2 Minuten (Zeit der Erzählung), um exakt 3 Minuten erzählter Zeit in 30 Einstellungen darzustellen. Im Mittelpunkt dieser (Teil-)Sequenz und als ihr organisierendes Zentrum steht die Uhr; der kontinuierliche Zeitablauf koordiniert die dargestellten Aktionen und zugleich die Art der Darstellung.

Das, was erzählt wird, ist als lineare Folge von aufeinander abgestimmten Aktionen einem Aktionszentrum, nämlich Mabuse, zugeordnet, der, selbst unbewegt, die Gleichzeitigkeit dessen, was er nacheinander in Bewegung gesetzt hat, repräsentiert.

Selbstverständlich kann der Film das, was gleichzeitig geschieht, nur nacheinander darstellen; die vier gleichzeitigen Aktionen (der Mörder im Zug, der Fahrer des Autos und der Telegraphist warten an verschiedenen Orten auf ihren Einsatz, um sich dann aufeinander zuzubewegen; Mabuse wartet in seiner Wohnung auf den Erfolg des Unternehmens) werden als vier Parallelhandlungen an vier Orten dargestellt, die in ihrer Erzählfolge Gleichzeitigkeit bedeuten, um sich an einem Punkt zu treffen; dort wird das Nacheinander von Aktionen mit der Erzählfolge identisch (der Mord im Zug, dann am Zug die Übernahme der Tasche durch den Autofahrer und dann in Sichtweite zum Autofahrer die Erfolgsmeldung des Telegraphisten).

Die offensichtliche Verschiedenheit der Orte, an denen jeweils eine Aktion ihren Ausgangspunkt nimmt, wird durch die bedeutete Gleichzeitigkeit zusammengehalten; danach ermöglicht die Identität des Ortes das Nacheinander einer Serie aufeinander bezogener Handlungen. Nur eine Position bleibt örtlich und zeitlich dieselbe: Mabuse, von ihm gehen die Aktionen aus, zu ihm kehren sie zurück, er hält die Uhr in der Hand, die in zeitlicher Abstimmung die Handlungen zu gleichzeitigen macht.

Dieses komplizierte narrative Schema läßt sich folgendermaßen abbilden (A = Der Mörder im Zug; B = Der Autofahrer; C = Der Telegraphist; M = Mabuse):

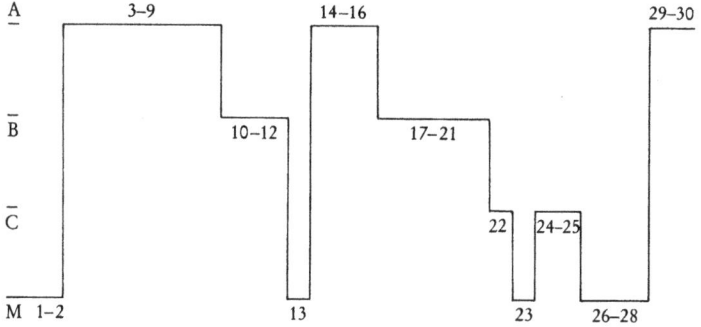

Die Umkehrung des Verhältnisses Ort / Zeit von zunächst unterschiedlichen Orten bei gleicher Zeit zu identischem Ort bei zeitlicher Folge macht sich im Film als eine enorme Beschleunigung bemerkbar; die Parallelität der Aktionen an entfernten Orten ist wie eine Addition zu einer Gleichzeitigkeit, die statisch wirkt, inhaltlich ›warten‹ bedeutet und im bewegungslos in seinem Sessel verharrenden Mabuse ihren prägnanten Ausdruck findet; die koordinierte Folge von Aktionen an demselben Ort dagegen ist als Schnelligkeit der Bewegungsfolge und Beschleunigung unmittelbar spürbar.

Ergänzt werden diese primär narrativen Verfahren durch ikono/graphische Effekte, die wiederum sowohl auf der Ebene der Darstellung (kinematographisch) als auch des Dargestellten (vor-filmisch oder als mise-en-scène) funktionieren. Drei Formen sind vorherrschend: der Kreis (der Uhr und der Kreisblenden), die Vertikale der frontalen Bewegung auf der Kameraachse (die Bewegung der Eisenbahn in E-3, des Autos in E-17) und vertikaler Formen (das Sich-Aufrichten des Mörders vor der Tat in E-16, der Telegraphenmast in E-22,24) und die Horizontale (insbesondere der parallelen Eisenbahnfahrten). Während die Vertikalen einen dynamisierenden Effekt haben (das Sich-Aufrichten z. B.) und die Horizontalen den (zeitlichen) Fluß der Bewegung betonen, ist im Kreis Mabuses magische Herrschaft symbolisiert; die ersten Einstellungen dieser Sequenz kann man daher folgendermaßen ›lesen‹:

Mabuse sieht (das magische Auge = Kreis) auf das Zifferblatt der Uhr (Herrschaft über die Zeit); der Blick dringt durch den Kreis auf die durch die Zeit koordinierte Handlung, die im Koordinatenkreuz vertikaler und horizontaler Bewegung auf die zentrale Aktion, den Raub der Handelsdokumente, ›zielt‹.

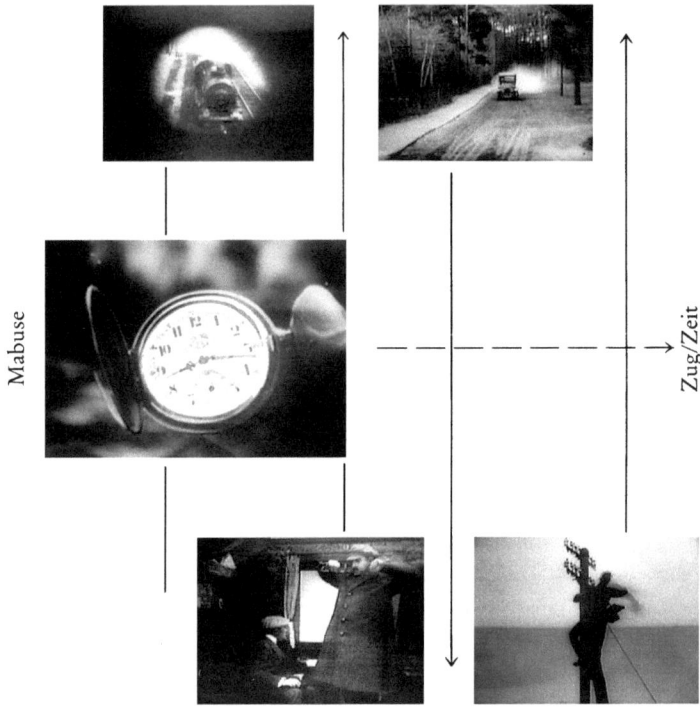

Während derartige ikono/graphische Verfahren bei Fritz Lang gerade die Dynamik des Films gegenüber dem literarischen Erzählen betonen, verwundert es, wenn Noel Burch in einer Analyse der frühen Filme von Fritz Lang zu »Dr. Mabuse, der Spieler« sagt: Dieser Film »ist, obwohl er von 1922 datiert, für uns der Höhepunkt in der Herausbildung eines literarischen Genres innerhalb der Kinematographie – Höhepunkt und zugleich Schlußpunkt« (Burch, 1973, S. 227). Die literarische Tendenz sieht Burch in den ersten Einstellungen des Films exemplarisch verwirklicht: Ohne daß durch die mise-en-scène eine räumliche Orientierung für den Zuschauer vorgegeben wäre, inszeniert Fritz Lang das Gespräch zwischen Mabuse und seinem Sekretär – ein Verfahren, das für Max Mack in seinem Film »Der Andere«, wenn er die Verwandlung des Dr. Hallers wie auf einer Theaterbühne darstellt, noch undenkbar gewesen wäre. Dank der perfekten Anschlüsse zwischen den Blickwinkeln des Sekretärs und denen Mabuses über dessen Schulter entsteht für den Zuschauer keinerlei Irritation, da die filmische Montage in Beziehung setzt, was zuvor durch den gemeinsamen Raum der mise-en-scène gewährleistet wurde und nun funktioniert, ohne daß beide Personen bis dahin zusammen in einer Einstellung zu sehen waren. Beide werden zugleich als Portraits durch Nahaufnahmen vorgestellt; die zwei durch Schriftinserts wiedergegebenen Dialogteile charakterisieren kurz und prägnant die Beziehung der beiden Männer: Mabuse: »Sie haben wieder Cocain genommen« / Sekretär: »Wenn Sie mich wegschicken, schieße ich mir eine Kugel in den Kopf«.

Das Literarische ist hier für Burch der Effekt fast vollkommener Transparenz zum Imaginären des narrativ Bedeuteten, der zwar mit den Mitteln filmischer Montage hergestellt wird, hinter dem die kinematographischen Verfahren jedoch unmerklich werden und für die Aufmerksamkeit verschwinden, ebenso wie die Schriftzeichen in der faszinierten Lektüre eines realistisch ablaufenden Geschehens im Roman nicht mehr wahrgenommen werden. (Daß dieser Effekt verstärkt wird, wenn auch noch die Schriftzeichen der Inserts wegfallen und die Dialoge im Tonfilm lippensynchron gesprochen werden, versteht sich von selbst.)

Die Entwicklung des ›literarischen Genres‹ hat die Fixierung an die Einheit des Ortes (der Theater-Bühne) zugunsten der Dominanz der Zeit (des literarischen Erzählens) überwunden: Mabuses Herrschaft über die Zeit wird nicht zufällig durch die technischen Kommunikationsmedien ermöglicht, was sich thematisch längst bei Jules Verne angekündigt hatte und nun zum Inhalt der (Montage-)Form wird. Wenn diese Entwicklung literarischen Erzählens zu einem Schlußpunkt gekommen sein soll, dann durch die Tendenz zum Montagefilm, die sich in der abrupten Montage ikono/graphischer Elemente, in der Verwendung der Kreisblende, dem Drehen der Sehachse von einer zur anderen Einstellung um 90° und in der Beschleunigung durch die Parallelmontage der Aktionen von Mabuses Bande z. B. ankündigt, die nichts mehr mit den unbeholfenen Anfängen nicht-kontinuierlicher Anschlüsse des frühen Films zu tun hat.

»Wir haben es hier also zweifellos vor allem mit einer romanhaften Form zu tun (Organisation und Rhythmus haben primär die Aufgabe, zur Erzählung beizutragen, eine Erzählung zu werden), aber schon zeichnet sich auch eine neue, spezifisch kinematographische Form [...] im Bewußtsein Fritz Langs ab, das er von den dialektischen Möglichkeiten hat, die in filmischen Brüchen [Diskontinuität] stecken und das sich in den drei folgenden Hauptwerken: ›Spione‹, ›M‹ und ›Das Testament des Dr. Mabuse‹ präzisieren wird« (S. 233).

Wenn Burch also von einem Höhepunkt des literarischen Films und zugleich seinem Schlußpunkt spricht, dann ist damit gemeint, daß in diesem Film die Stilmittel sowohl des realistisch-literarischen Genres voll ausgebildet sind, als auch, daß sich die neue Tendenz des autonom über seine Mittel verfügenden (Montage-)Films ankündigt (bei Eisenstein, später Godard u.v.a.).

Für die Frage nach der filmischen Schreibweise ist bedeutsam, daß der Film »Dr. Mabuse, der Spieler« sein literarisches Vorbild ›filmisch‹ übertrifft (genau umgekehrt verhält es sich mit dem Problem der Verfilmung der Romane von Joyce und Dos Passos, die mögliche Filme bereits ›filmisch‹ übertreffen). Dekonstruktive Montagen produzieren ikono/graphische Kontraste, die die Dominanz zeitlicher Kontinuität immer wieder aufbrechen. Dennoch ist das Prinzip der Vereinheitlichung unübersehbar: in der Figur Mabuses, im Kreis, in der zeitlichen Einheit der Handlungen etc., was die Folgerichtigkeit des Erzählens garantiert. Was Burch das Literarische genannt hat, ermöglicht in diesem Film das offensichtlich Filmische, nämlich die dekonstruktive Montage mit Brüchen (Ellipsen), großen Beschleunigungen aus Kontrasten etc., Effekte, die eine ›filmische Schreibweise‹ möglicherweise aufnehmen und in die romanhafte Struktur integrieren wird.

2. Beispiel: *James Joyce: »Ulysses« und John Dos Passos: »Manhattan Transfer«*

> »Es handelt sich [...] um eine Übereinstimmung zwischen Film und Literatur, die auf denselben profunden ästhetischen Gegebenheiten basiert, auf einer gemeinsamen Konzeption der Beziehungen zwischen Kunst und Realität.« (André Bazin)

Joyce führte im Winter 1909/10 in Dublin ein Kino, das ›Volta Theatre‹. Ein Augenleiden hinderte ihn daran, sich länger und intensiver mit dem Film zu befassen, aber allein die Tatsache ist symptomatisch, wenn eine Voraussetzung ›filmischer Schreibweise‹ die ›spezifische Wahrnehmung der Großstadtrealität, strukturiert durch das Dispositiv Kino/Film‹ sein soll.

Sergej Eisenstein, der Joyce 1930 in Paris traf, hat sich daher nicht ohne Grund auf ihn in einem Zusammenhang bezogen, in dem es ihm um die Geschichte der Bilder/Schrift von den Hieroglyphen bis zur Kinematographie geht. Die Schreibweise des »Ulysses« wird für ihn interessant bei der Diskussion des Prinzips

»des kontinuierlichen Fließens, so wiederholt der Film – als vollkommenster Repräsentant einer Kunst ununterbrochener Dynamik – natürlich, wie immer auf höchsten Entwicklungsstufen, in neuer Qualität die allerfrühesten Formen von Kontinuierlichkeit des Ereignisstroms ...« (Eisenstein, 1980, S. 49).

Eine solche Schreibweise des kontinuierlichen Fließens des Ereignisstroms findet er auch im

»berühmte[n] letzte[n] Kapitel aus dem ›Ulysses‹ von James Joyce. Es ist das Kapitel, wo die schläfrige Mrs. Bloom sich auf eigentümlich vielstimmige, polyphone Art ihrer gewesenen Liebhaber erinnert, während sie auf dem ehelichen Lager ihren legitimen Gatten erwartet.
Das Kapitel ist bekanntlich ohne ein einziges Interpunktionszeichen geschrieben und rekonstruiert überaus exakt den halb traumbefangenen Gedankenfluß eines Menschen kurz vor dem Einschlafen« (S. 50).

Eisenstein kritisiert die Verwendung »dieser ungegliederten Schreibart als literarisches Stilmittel«, da andere Kunstgattungen seiner Meinung nach illegitimerweise »versuchen, sich Bereiche zu erobern, die in echter Vollendung nur dem Film zugänglich sind (Futurismus, Surrealismus, Joyce usw.)« (S. 50 f.). Aus demselben Grund ist dieser ›stream of consciousness‹ hier interessant, denn unter dem Gesichtspunkt der Mimesis von Wahrnehmungsweisen wird gerade die hier erkennbare Homologie (Strukturähnlichkeit) zwischen Filmrezeption (Bewußtseinsstrom) und Realwahrnehmung (Ereignisstrom) wesentlich: Das traumähnliche Fließen des Bewußtseinsstromes verbindet nämlich eine Erfahrung der Realität mit der spezifischen Rezeptionsweise im Kino, so daß ihre literarische Wiedergabe als ›filmische Schreibweise‹ eben die Mimesis dieser doppelten Erfahrung ist.

Eisensteins Zeitgenossen, die sogenannten russischen Formalisten, haben gerade diesem Zusammenhang besondere Aufmerksamkeit geschenkt. Für Boris Ejchenbaum spielt die *innere Rede des Zuschauers* dabei eine entscheidende Rolle.

»Für das Studium der Gesetze des Films (vor allem der Montage) ist es sehr wichtig zu erkennen, daß Wahrnehmung und Verstehen des Films unauflöslich verbunden sind mit der Bildung einer inneren, die einzelnen Einstellungen untereinander verbindenden Rede. [...] Der Filmzuschauer hat hinsichtlich der Verkettung der Einstellungen (die Konstruktion von Filmsätzen und Filmsequenzen) eine komplizierte Gehirntätigkeit zu leisten, die im Alltagsgebrauch fast vollkommen fehlt, wo das Wort die anderen Ausdrucksmittel entweder übertönt oder verdrängt. Ununterbrochen muß er eine Kette von Einstellungen zusammensetzen, weil er sonst überhaupt nichts versteht« (Ejchenbaum, 1974, S. 19; Vgl. dazu Levaco, 1985, S. 63–96).

Diese (automatische) Tätigkeit des Rezipienten, auch heterogene

Montageteile des Films gedanklich zum Strom einer ›inneren Rede‹ miteinander zu verbinden, unterscheidet sich zunächst von der Alltagswahrnehmung, da sie nicht verbal artikuliert, sondern Elemente der Wahrnehmung sinnstiftend in Beziehung setzt; »der Film fordert vom Zuschauer eine gewisse spezielle Technik des Enträtselns«. Als ›filmische Schreibweise‹ ahmt der »Ulysses« an der fraglichen Stelle die Rezeptionsform des Films als ›innere Rede‹ nach; die (scheinbar) ungegliederte Kontinuität des Schreibens und Lesens wirkt als dekonstruktive Montage, weil sie mit ihren Assoziationsketten die regelgerechte syntagmatische Konstruktion der Kontinuität in Literatur und Film unterläuft.

Ein interessantes Problem stellt sich der filmischen Schreibweise mit bestimmten Montageformen wie der Überblendung, einer *overlapping*-Form der Montage, die oft als Code für die Einleitung eines *flashback* verwendet wird. In diesem Fall werden das Ende der ersten und der Anfang der folgenden Einstellung übereinandermontiert und ergeben so ein Bild auf einer dritten Ebene, die häufig auch metaphorisch verstärkt wird. Z. B. soll es sich in der folgenden Textpassage aus »A Portrait of the Artists as a Young Man« um die Montage einer ›*close-up*‹-Einstellung in einer Überblendung handeln:

»Es war nicht Gedanke noch Vision, obschon er unklar wußte, daß ihre Gestalt jetzt nach Hause ging durch die Stadt. Unklar zuerst und dann schärfer roch er ihren Körper. Unrast, klar bewußt, brodelte in seinem Blut. Ja, es war ihr Körper und er roch, ein wilder, schmachtender Geruch: der laue Leib, über den seine Musik verlangend geströmt war, und das heimliche sanfte Linnen, auf das ihr Fleisch Duft tropfte und einen Tau.
Eine Laus kroch ihm übers Genick, und er fing sie, indem er mit Daumen und Zeigefinger flink unter den offenen Kragen griff« (Vgl. Ryf, 1959, S. 38; dt. Übersetzung Klaus Reichert, in James Joyce, Stephen der Held. Ein Portrait des Künstlers als junger Mann, Frankfurt 1972, S. 511).

Erzählt wird, wie Stephen während einer traumartigen Erinnerung eine Laus knackt. Man kann sich gut eine filmische Version vorstellen, in der die Großaufnahme der Laus über Stephens erotischen Traum geblendet erscheint, was durch den Kontrast einen bestimmten emotionalen und symbolisierenden, die Situation Stephens erklärenden Effekt haben könnte. Aber auch in der filmischen Schreibweise literarischer Texte kann es keine Überblendung (die Gleichzeitigkeit zweier Textteile in einem dritten, in dem die beiden anderen vorübergehend anwesend sind) geben. (Als Alain Robbe-Grillet, dessen *ciné-romans* exemplarisch für die Verwirklichung filmischer Schreibweisen sind, gefragt wurde, ob es in seinen Romanen Entsprechungen für die filmische Überblendung gäbe, bejahte er die Frage. Darauf der Regisseur des gemeinsamen Films »L'année dernière à Marienbad« (1960), Alain Resnais: »Ich glaube nicht, daß es sich um Überblendungen handelt. Ein Satz wird in ein Bild übertragen. Ein bloßer Eindruck, der keine Überblendung ergeben würde« [Cahiers du Cinéma, 1961, S. 16; vgl. auch Morrissette, 1985, S. 18–20]). Und wenn über die Kontinuität literarischen Erzählens hinaus versucht wird, in der Lektüre eine Vorstellung von einer Überblendung zu evozieren, dann ist dieser ›bloße Eindruck‹ keine Tatsache der Schreibweise mehr, sondern ein weiterer Beleg dafür, daß ein filmisches Verfahren (auf der Ebene der Schrift) literarisch (auf der Ebene der Vorstellung) nachgeahmt wird; es handelt sich noch einmal um den Mimesis-Charakter der filmischen Schreibweise in der Literatur.

Ein anderes Beispiel für eine literarische Überblendung zeigt Wolfram Schütte in Heinrich Manns Roman »Die große Sache«. Für ihn ist die Überblendung dort »ein erzählerisches Mittel, die Surrealität der Fabel darzustellen. Kinotechnik konstituiert den Roman« (Film und Roman. Einige Notizen zur Kinotechnik in Romanen der Weimarer Republik, in: text und kritik, Sonderband Heinrich Mann 1974, S. 78).

»Manhattan Transfer« von John Dos Passos gilt zu Recht als eines der hervorragendsten Beispiele für die Erzählung der Stadt aus der Perspektive des Kinos, dieser Roman »drückt wahrhaftiger und direkter [als andere] die tiefgreifenden Veränderungen im Bewußtsein des modernen Menschen und seinem Verständnis der Dinge« (Magny, 1948, S. 48) durch die Erfahrung des Kino/Films aus. Mehr als für irgendeinen anderen gilt für diesen Roman, daß seine erzähltechnischen Neuerungen »für den Roman vom Film übernommen wurden. Und die Anwendung kinematographischer Methoden auf die Literatur [...] ist vollkommen gerechtfertigt durch die grundsätzliche Gemeinsamkeit zwischen diesen beiden Genres« (S. 49).

Die Anwendung kinematographischer Erzähltechniken geschieht (nach Claude-Edmonde Magny) auf zwei Ebenen: Die Erzählweise wird vollkommen objektiv, Handlungen etc. werden von außen beschrieben ohne Kommentierung oder psychologische Interpretation. Auf der Ebene der filmischen Schreibweise kommt es zu ständigen Verschiebungen der Kameraposition, »der Autor kann seine Kamera aufstellen, wo er will, er kann ihre Position kontinuierlich ändern, um uns eine Figur von ganz weit oder ganz nah und aus überraschenden Kameraperspektiven zu zeigen«, hinzu kommen filmische Techniken wie Auf- und Abblenden, Überblendungen, alternierende Montagen, »– all das unter Wahrung der für jede Geschichte notwendigen Kontinuität, ob sie nun gedruckt oder gefilmt ist« (S. 49 f.).

Bemerkenswert ist vor allem eine Gleichzeitigkeit von Fragmentierungen und elliptischem Erzählen einerseits und Kontinuität andererseits; während *Ellipsen* Wirklichkeit ungebrochen (!) gleichsam als Rohmaterial wiedergeben, führen sie auch den Autor wieder in den Text ein, der die Fragmente (an)ordnet; aber die Fragmentierung betrifft nur die Montage der Szenen, während innerhalb der Szenen Kontinnität herrscht (S. 80 und 104 f.): denn »das Wesen der Erzählung ist Kontinuität« (S. 104).

Volker Klotz, der kein Wort etwa über filmische Verfahren bei Dos Passos verliert, sieht in den »Äußerungsformen der Diskontinuität und Gleichzeitigkeit« die adäquate Darstellungsform für das Alltagsleben in dieser Großstadt.

»Diesen Alltag mit seinen Menschen und Dingen in Bewegung zu zeigen, bietet Dos Passos die mannigfachen Lebensläufe auf, zerreißt sie und kombiniert sie zu einem bald unmittelbar, bald mittelbar kommunizierenden Nebeneinander«, (Klotz, 1969, S. 328).

Der Leser ist in der Situation des Zuschauers im Kino, der auf der Leinwand wie zufällig sich kreuzende Lebensläufe beobachtet. Bilder, die transparent zur Realität des Großstadtlebens sind, weil sie dominante Wahrnehmungsformen ›wie von selbst‹ reproduzieren, scheinbar ohne daß das Wissen eines Erzählers ein Bild der Realität organisiert: »Dos Passos' Fiktion geht dahin, die Stadt sich selber überlassen, gleichsam heimlich zu belauschen, damit sie unbefangen sich gebe, wie sie ist« (S. 340). Jedenfalls stellt sie sich so dem wechselnden Blick aus dem Fenster dar, vor dem sich die Wege der Bewohner kreuzen; dieses Fenster ist jedoch Durchblick und gestaltete Szene zugleich, da die »Stadt sowohl Gegenstand wie Schauplatz der epischen Veranstaltung ist« (S. 343). Und genau das vermag die Filmleinwand zu sein, (vermeintlicher) Durchblick auf und strukturierte Darstellung einer Realität außerhalb des Kinos, die das Kino gleichzeitig umgibt und daher homolog mit ihm verbunden ist.

3. Beispiel: *Alfred Döblin:* »*Berlin Alexanderplatz*«

Döblins Roman »Berlin Alexanderplatz« ist besonders geeignet, auch der umgekehrten Frage nachzugehen, wie sich die literarisch verwendete filmische Schreibweise in einen Film gleichsam ›rück‹übertragen läßt. Als Roman einer Großstadt wurde

»Döblins ›Berlin Alexanderplatz‹ [...] oft (zu Recht) als der radikalste deutsche Versuch angesehen, diese diffusen Großstadterfahrungen in einen Roman einzubeziehen, indem sowohl die verschiedensten Montagetechniken als auch eine im positiven Sinne vielgestaltige Erzählperspektive angewandt werden. Döblin war womöglich derjenige deutsche Schriftsteller, der am enthusiastischsten die führende Rolle Berlins als aufregendes Zentrum der modernen Zivilisation betont hat« (Midgley, 1985, S.180).

Und ganz im Sinne der Definition der ›filmischen Schreibweise‹ als ›spezifische Wahrnehmung der Großstadtrealität, strukturiert durch das Dispositiv Kino/Film‹ wird von der Schreibweise in »Berlin Alexanderplatz« gesagt:

»Anstelle der direkten Kontinuität linearer Beschreibung, wie sie für den ›Roman‹ charakteristisch ist, hat Döblins *montagehafte Rekonstruktion der Stadt* eine alternierende Folge von Bildern mit Unterbrechungen hervorgebracht durch die Kombination und den Kontrast einer Vielzahl urbaner Elemente und verschiedener literarischer Formen und Genres« (Zimmermann, 1979, S. 265).

Walter Benjamin, auf dessen Montagebegriff sich diese Rede von der ›montagehaften Rekonstruktion der Stadt‹ bezieht, hat am Beispiel von »Berlin Alexanderplatz« gesagt:

»Stilprinzip dieses Buches ist die Montage. Kleinbürgerliche Drucksachen, Skandalgeschichten, Unglücksfälle, Sensationen von 28, Volkslieder, Inserate schneien in diesen Text. Die Montage sprengt den Roman, sprengt ihn im Aufbau wie auch stilistisch, und eröffnet neue, sehr epische Möglichkeiten. Im Formalen vor allem« (Benjamin, 1975, S. 110).

Gerade die formale Innovation deutet über den Dokumentcharakter der in den Text gestreuten Elemente (der Realität) hinaus auf das, was Benjamin bei Brecht als episches Verfahren bezeichnet hat. Durch dieses Verfahren sollen nicht Zustände (wie die soziale Realität der Großstadt Berlin) ›wiedergegeben‹, sondern erst ›entdeckt‹ werden: »Diese Entdeckung (Verfremdung) vollzieht sich mittels der Unterbrechung von Abläufen« (Benjamin, 1966, S. 26).

Döblins Verfahren unterscheidet sich von der Verwendung einer Vielzahl sich überkreuzender Lebensläufe in »Manhattan Transfer«; die zentrale ›Biographie‹ von Franz Biberkopf wird so lange ›dekonstruiert‹, bis die Fokussierung auf einen ›Helden‹ in der großstädtischen Umgebung schließlich unmöglich wird. Aber der Ausschnitt, den das Dispositiv auf den Bereich großstädtischen Lebens gewährt, ist nach wie vor eingegrenzt und durch die virtuelle Einheit der Person und des Ortes ›kontinuierlich‹; die Fragmentierungen und Montagen betreffen vor allem visuelle und akustische Wahrnehmungsdetails, die die Beziehungen zwischen den Menschen und ihrer Umwelt (re-)konstruieren.

Ekkhard Kaemmerling hat seine Analyse filmischer Schreibweisen am Beispiel von Döblins »Berlin Alexanderplatz« zu Recht so begründet:

»Die Technik des Films legte die Formen und Möglichkeiten menschlicher Wahrnehmung in dem Moment fest, als der Roman in seiner aus der zweiten Hälfte des 19. Jahrhunderts überkommenen Schreibweise mit den Veränderungen der Umwelt erkenntnisvermittelnd nicht mehr Schritt zu halten vermochte und der Umgang mit den im Film verwandten Weisen des Sehens und Beschreibens auf den Roman übergriff«, (Kaemmerling, 1975, S. 186).

Das folgende Beispiel ist bei Kaemmerling unter ›Film-Sichten‹ aufgeführt und soll die filmische Technik des Blickwechsels im Schuß-Gegenschuß-Verfahren repräsentieren. Im 6. Buch des Romans heißt es, nachdem Eva Franz Biberkopf von Mietzes Treue überzeugt hat:

»Sehr still, sehr zart hat sich Franz von Eva verabschiedet. Vor Aschinger an der Seite vor einem Photographenkasten sieht er die kleine Mietze stehn, am Alex. Franz stellt sich auf die andere Seite, vor den Bauzaun, und sieht sie lange von hinten an. Sie geht zur Ecke, Franz verfolgt sie mit den Blicken. Es ist eine Entscheidung, es ist eine Wendung. Seine Füße setzten sich in Bewegung. Er sieht sie an der Ecke im Profil. Wie klein sie ist. Sie hat braune Haferlschuh. Paß auf, jetzt wird sie gleich einer anquatschen. Die kleine stumpfe Nase. Sie sucht. Ja, von drüben bin ich gekommen, von Tietz her, hat mich aber nicht gesehen. Ein Brotwagen von Aschinger steht im Weg. Franz geht am Bauzaun entlang zur Ecke, wo die Sandhaufen liegen; sie machen Zement. Jetzt wird sie ihn sehen können, aber sie sieht nicht rüber. Ein älterer Herr kuckt sie immer an, sie sieht an ihm vorbei, wandert weiter nach Loeser und Wolff zu. Franz geht über den Damm. Er ist immer zehn Schritt hinter ihr und wird in der Entfernung festgehalten. Es ist ein sonniger Julitag, eine Frau bietet ihm einen Strauß Blumen an, er gibt 20 Pfennig und hat die Blumen in der Hand und geht noch nicht näher. Noch immer nicht. Aber die Blumen riechen schön, sie hat ihm heute welche in die Stube gestellt und einen Kanarienbauer und einen Schnaps.
Da wendet sie. Hat ihn sofort gesehen, er hat Blumen in der Hand, er ist doch gekommen. Und fliegt auf ihn zu, ihr Gesicht glüht, einen Augenblick glüht, flammt es auf, wie sie die Blumen in seiner linken Hand sieht. Dann blaßt es ab, es bleiben rote Flecken zurück.
In ihm paukt das Herz. Sie faßt ihn unter den Arm, sie gehen über das Trottoir nach der Landsberger Straße rüber und sagen kein Wort ...« (Döblin, 1975, S. 287 f.).

Die Spannung bis zu dem Augenblick, in dem Mietze Franz sieht und die beiden wieder zusammen sind, wird in einer räumlichen Distanz ausgedrückt, die mit Beobachtungen angefüllt ist. Einmal etabliert (»Vor Aschinger an der Seite vor einem Photographenkasten sieht er die kleine Mietze stehn, am Alex«), wird der Raum zur Szene, die nur mehr filmisch konstruiert ist; d. h. die Kontinuität der Szene wird durch die Art, wie Franz Mietze sieht, unterbrochen, nicht aufgehoben (»Wie klein sie ist. Sie hat braune Haferlschuh. Paß auf, jetzt wird sie gleich einer anquatschen. Die kleine stumpfe Nase.«) Wenn Franz in seiner Ungewißheit, ob er sich mit Mietze vertragen soll, ihre Schuhe bemerkt und in seiner Sorge, daß sie untreu ist, die kleine Nase sieht, dann liegen diese Details jeweils quer zur narrativen Folge(richtigkeit), schon weil sie subjektive Wahrnehmungen bedeuten, die in die Darstellung der Szene aus der Erzählerposition eingebaut sind (»Franz geht über den Damm«). Schließlich werden Sichtbarkeit und Sehen in der Szene auf eine Weise organisiert, wie sie der filmische Blick auf die Szene ermöglicht: Als Übersicht, als Verdecken und Aufdecken und indem der Blick selbst zum Gegenstand gemacht wird (»Sie sucht. Ja, von drüben bin ich gekommen, von Tietz her, hat mich aber nicht gesehen. Ein Brotwagen von Aschinger steht im Weg.«)

Man kann die ganze Sequenz ohne weiteres als Beschreibung einer Filmsequenz auf der Leinwand auffassen, zumal der Erzähler (›im Kino‹) anwesend bleibt und über die Aktionen aus den unterschiedlichen Blickpunkten, die sich ihm bieten, berichtet.

Leider fehlt dieser Teil der Handlung in Piel Jutzis erster Verfilmung des Romans, so daß diese Szene gleich auf die analoge Sequenz in Rainer Werner Fassbinders (Fernseh-)Version (1980) bezogen werden muß. (Die Beschreibung der Einstellungen folgt dem Drehbuch, in: Fassbinder/Baer, 1980, S. 220 f.)

R. W. Fassbinder: Das Drehbuch »Berlin Alexanderplatz«
1. (121) Bauzaun Ecke Jean Paul- und Mosesstraße
2. Durch die Fenster eines parkenden Lastwagens in der Totalen Mietze, wie sie hin- und her geht und dabei sehr klein aussieht. Ein Mann geht ihr nach, aber immer wenn er bei ihr ist, wendet sie sich ab und geht in die andre Richtung weiter, sie hält ganz offensichtlich Ausschau nach Franz.
3. Franz nah, er hat sich hinter dem Lastwagen versteckt, schaut Mietze zu, beißt sich auf die Lippen.

4. Mietze nah, Fahrt mit ihr von rechts, etwa zehn Meter nach links, wo sie dem Mann wieder begegnet, sie wendet sich von ihm ab, geht wieder etwa zehn Meter nach rechts, die Kamera fährt mit ihr. Dann bleibt sie stehen und schaut verzweifelt in alle Richtungen.

5. Aus Mietzes Sicht Totale der gegenüberliegenden alten Häuser, vor denen der Lastwagen steht, hinter dem Franz sich versteckt.
6. Mietze amerikanisch, sie senkt traurig den Kopf, geht dann wieder nach links. Aber diesmal folgt ihr die Kamera. Auch hier bleibt Mietze wieder stehen und schaut sehnsüchtig nach Franz aus.

7. Franz nah hinter seinem Lastwagen, immer noch kann er sich nicht entschließen, zu Mietze zu gehen.
8. Wieder wie die erste Totale, Mietze durch die Fenster des Lastwagens gesehen. Sie geht hin und her. Da geht vorn quer über die Straße eine Frau, die mit Blumen handelt, sie trägt einen Korb mit sich, da sind lauter schöne Feldblumen drin.
9. Franz nah, sein Blick geht jetzt offensichtlich mit der Blumenfrau. Dann pfeift Franz so leise wie möglich.
10. Die Blumenfrau von hinten, sie bleibt auf das Pfeifen stehen, schaut sich suchend um, sieht Franz.
11. Die Kamera hinter der Blumenfrau, vorn die Blumen im Anschnitt, Franz winkt die Frau zu sich, sie geht zu ihm hin, er kauft ihr einen Strauß ab. Dann geht die Blumenfrau wieder in die Richtung, aus der sie gekommen ist. Die Kamera fährt auf Franz zu.
12. Wieder Mietze total, aus Franzens Sicht durch die Autofenster gesehen. Sie ist jetzt an der Straßenkreuzung und schaut in alle vier Richtungen.

13. Der Lastwagen halbtotal, schnell kommt jetzt Franz um die Ecke und kommt in die Mitte der Straße, da bleibt er stehen, weil ein Bus kommt.

14. Mietze nah, sie spürt, daß Franz hinter ihr ist, sie dreht sich zu ihm um. Da fährt vor ihr groß der Bus durchs Bild.
15. Franz nah, er bleibt in der Mitte der Straße stehen.

16. Die Kamera hinter Franz, Mietze in der Halbtotalen, sie zögert jetzt keinen Moment mehr, läuft, ohne auf die Straße zu achten, auf Franz zu, aber kurz vor ihm bleibt sie plötzlich stehen und schaut ihn nur sonderlich an. Ihr Gesicht glüht, da sieht sie die Blumen, und da flammte es auf in ihrem Gesicht, und dann senkt sie den Kopf.
17. Mietze von hinten angeschnitten, Franz amerikanisch dahinter. Er schaut sie nur an, möchte sich offensichtlich sicher werden, wie er entscheiden muß.
18. Mietze nah, sie hebt jetzt wieder den Kopf, schaut erst Franz in die Augen und dann zu den Blumen hinunter.

19. Nah der Blumenstrauß, den Franz im Arm hält.
20. Franz von hinten, Mietze amerikanisch, er geht jetzt einen Schritt auf sie zu, bietet ihr den Arm, aber die Blumen behält er in der Hand. Mietze nimmt seinen Arm, sie gehen beide schräg über die Straße. Die Kamera fährt vor ihnen her. Mietze schaut ein paarmal zu den Blumen, Franz merkt das durch kurze Seitenblicke, aber geht aufrecht neben ihr her. Und wie sie auf der anderen Straßenseite angekommen sind, macht Franz sich plötzlich von ihr los und geht aus dem Bild. Große Angst entsteht da in Mietzes Gesicht. […]

Am auffälligsten ist, daß der Brotwagen von Aschinger, der im Roman »im Weg« stand, eine neue Funktion als ›Vorhang‹ bekommt, hinter dem sich Franz verstecken kann, um Mietze von ihr ungesehen beobachten zu können. Das Nacheinander der literarischen Erzählung macht den Satz »Jetzt wird sie ihn sehen können, aber sie sieht nicht rüber« plausibel; die Gleichzeitigkeit des Überblicks über die filmische Szene erfordert, daß das narrative Nacheinander durch ein Verbergen und Sichtbarwerden konstruiert wird. Und die Gleichzeitigkeit der Szene ist es auch, die Kontinuität verbürgt, wo der Wechsel der Blickpunkte subjektive Blicke und das Sehen der Szene montiert. Die Übersicht als Identität der Szene und Kontinuität der Aktionen ist so dominant, daß Döblins Dekonstruktion der Perspektive des Romanhelden durch das ›Milieu‹ kaum noch eine Rolle spielt.

Indem Fassbinder die filmische Schreibweise des Romans getreulich im Film rekonstruiert, geht ihre Wirkung fast vollständig verloren; im Film ist ›normal‹ und nur noch konventionell, was literarisch aufsehenerregend war, weil es die Konventionen der Literatur durchbrochen hat. Hinzu kommt, daß Piel Jutzis Film noch die Wirklichkeit der Stadt, die der Film erzählt, ›im Hintergrund‹ wußte –, Leser des Romans, Zuschauer des Films und Bewohner der Stadt also gleichzeitige Erfahrungen hatten. Fassbinders Berlin ist eine (Re-)Konstruktion: Möchte man beim Bild vom Hyper-Dispositiv bleiben, durch das hindurch die Ereignisse des Romans in der lebendigen Großstadt ›gesehen‹ wurden, dann befinden sich hinter Fassbinders Filmbildern wieder nur Bilder von dieser Stadt, die in dieser Form längst ›Geschichte‹ geworden ist.

8. Der ›reine‹ und der ›unreine‹ Film

Die Entwicklung der Beziehungen zwischen Literatur und Film verläuft von nun an zunehmend widersprüchlich: Auf der einen Seite wird der Film das Sprechen lernen und als Kino- und später Fernseh- und Video-Film die Kulturindustrie mehr und mehr dominieren; die Literatur wird als Futter für diesen unersättlichen Moloch herhalten müssen, und das literarische Erzählen wird dem Konsumenten als filmisches wiederkehren. Der (Kino/Fernseh/Video) Film wird sich in den Erzähltraditionen einrichten, in die Institutionen der Literatur und Kunst eindringen und dort mit den literarischen Medien konkurrieren.

Auf der anderen Seite wendet sich eine in ihrem Selbstverständnis avantgardistische Literatur kritisch von der Institution Kunst ab, wobei mit dem »Begriff Institution Kunst [...] hier sowohl der kunstproduzierende und -distribuierende Apparat als auch die zu einer gegebenen Epoche herrschenden Vorstellungen über Kunst bezeichnet werden [sollen], die die Rezeption von Werken wesentlich bestimmen« (Bürger, 1974, S. 29). Diese literarische Avantgarde findet im Kino einen kulturellen Ort, der sie in die (physische) Nähe zu den bislang ignorierten Bevölkerungsschichten bringt. Mit ihnen gemeinsam entdecken die Schriftsteller auch eine populäre Literatur, die sie bis dahin nicht wahrgenommen haben und die ihnen inhaltliche Elemente für die Mimesis von Wahrnehmungsformen geben, die sie im modernen Großstadtleben als Urbanität, als Beschleunigung des Lchens durch technische Medien der Fortbewegung und Kommunikation, als Chance und Gefahr, Lust und Angst zugleich erleben.

Filmemacher indes, die sich ihrerseits einer kinematographischen Avantgarde zurechnen, werden sich entschieden von Berührungen mit ›der Literatur‹ (auch dem Theater) zurückziehen: Der ›reine‹ Film will vor allem frei von literarischer Bevormundung sein und eigene, kinematographische Ausdrucksmittel entwickeln, die das Bild betonen und damit in die Nähe der Malerei der Moderne rücken.

8.1 Literarische und filmische Avantgarde

Aus der Perspektive der Stummfilmtheorie ist dieser Konflikt der beiden Avantgarden interessant, der sich in dem

»auf den ersten Blick paradox anmutenden Verhältnis der Antinomie widerspiegelt: einer kinematographischen Avantgardeströmung, die sich vehement gegen jede literarische Verfilzung gesträubt hat, stellen wir literarische Avantgarden gegenüber, die im Film *die* Inkarnation des *esprit nouveau* sahen und sich folglich von der Anlehnung an den *Kinematographen* eine adäquatere Durchdringung der Moderne versprachen« (Albersmeier, 1986, S. 203; Vgl. auch Asholt, 1986, S. 216–226).

Nicht anders als die deutschen literarischen Expressionisten haben die Schriftsteller der Avantgarde in Frankreich schon vor dem Ersten Weltkrieg in den Kinos gesessen und sich für Feuillades »Fantômas« oder Jassets französischen »Nick Carter« (1907–1911) oder gleich die amerikanischen serials wie »The Perils of Pauline« (1914 von der amerikanischen Pathé, mit der seitdem berühmten Pearl White), Westernserien und allen voran Charlie/Charlot begeistert. Und wie in Deutschland hat sich diese Kinoerfahrung in der französischen Literaturproduktion bemerkbar gemacht; hier war es vor allem Guillaume Apollinaire, der Kinokultur (einschließlich der dort verarbeiteten Literatur der Ladenmädchen) und avantgardistische Literatur miteinander verbunden und als Ausdruck der von Technik und Urbanität geprägten Moderne begrüßt hat.

»Apollinaire steht am Anfang einer Literatur, die nicht nur dem Film, sondern allen technischen Errungenschaften des 19. und 20. Jahrhunderts gegenüber aufgeschlossen ist. Der Film ist also nur ein (wenn auch bedeutendes) Indiz für die von ihm diagnostizierte Moderne« (Albersmeier, 1985, S. 37).

Es sind primär Rezeptionserfahrungen des Kinos, die sich in der literarischen Produktion auswirken, selten auch (mißglückte) Versuche, direkt für den Film produktiv zu werden.

Für die kinematographische Avantgarde dagegen stellte sich unmittelbar das Problem, innerhalb einer industrialisierten Filmproduktion künstlerisch mit dem Film arbeiten zu wollen. René Clair, der in Filmen Feuillades (d. h. in der Filmfabrik Gaumont) als Schauspieler angefangen hatte, hat denn auch die ›Gretchenfrage‹ der Filmavantgarde gestellt: ›Reiner‹ oder kommerzieller Film?

»Das Kino ist vor allem eine Industrie. Die Existenz eines ‚reinen Films' (cinéma pur), vergleichbar der ›reinen Musik‹ (musique pure), scheint heute zu sehr dem Zufall ausgeliefert zu sein, um eine ernsthafte Auseinandersetzung zu verdienen.

Die Frage des reinen Films ist direkt mit der nach dem Kino als ›Kunst oder Industrie‹ verbunden. Erstere kann nur beantwortet werden, wenn genau präzisiert wird, was Kunst heißt. Aber unsere Epoche ist derartigen Präzisierungen nicht eben günstig. Und dann ist es erforderlich, daß die Bedingungen der materiellen Existenz des Films grundlegend verändert werden müssen. Ein Film existiert nicht auf dem Papier. Auch das detaillierteste Scenario kann niemals alle Details der Dreharbeiten vorwegnehmen (genaue Kameraperspektiven, Licht, Blende, das Spiel der Darsteller etc.) Ein Film existiert nur auf der Leinwand. Aber zwischen dem Kopf, der plant und der Leinwand, die es wiedergibt, gibt es eine ganze industrielle Organisation und ihre finanziellen Bedürfnisse« (Clair, 1925, S. 68).

Dem Wunsch, Film unmittelbar auf die Leinwand bringen zu können (was der malerischen Arbeitsweise am nächsten kommt) widerspricht außerdem eine Praxis, die den Film als Vehikel für filmfremde Versuche, das Theater (wie 1907 in der *film d'art-Bewe*gung) oder die Literatur nachzuahmen, einspannt:

»Dann gab es die Adaptionen: Georges Ohnet, Victor Hugo, Ponson de Terrail, Scribe, Shakespeare, etc. ... Tausende von Bänden wurden von diesem Schlund Leinwand verschlungen. Aus altem wurde neues gemacht. Kunst und Kommerz fanden sich innig vereint zum großen Schaden des einen wie des anderen« (S. 176).

Entsprechend richtet sich die Kritik der Avantgarde gegen die institutionalisierte Literatur, mit der der gereinigte Film nichts mehr zu tun haben sollte:

»Wir müssen unsere Köpfe von all dem literarischen Schrott der Vergangenheit entrümpeln, all diesen ›künstlerischen‹ Beruhigungspillen, die wir seit unserer Kindheit einnehmen und die uns daran hindern, die Welt und die Werke der Kunst mit individuellem Auge in ihrer sensiblen Ursprünglichkeit zu sehen ... All das tanzt vor unseren Augen je nach Geschmack und Erziehung und vernebelt unseren eigenen Blick. Was aber der Film von uns fordert, ist lernen zu *sehen*« (S. 176).

So allgemein die Ablehnung der traditionellen (institutionalisierten) Literatur war, haben doch diejenigen avantgardistischen Filmemacher, die selbst auch literarisch tätig waren, die Gemeinsamkeit zwischen Film und Literatur unter dem Zeichen der ›Moderne‹ (an)erkannt. Jean Epstein etwa hat 1921 festgestellt, daß der »Film die moderne Literatur regelrecht durchtränkt. Umgekehrt hat diese geheimnisvolle Kunst viel von der Literatur übernommen. [Kurz], es existiert zwischen der Literatur und dem Film eine natürliche Wechselbeziehung, die auf mehr als nur eine Verwandtschaft hinweist« (Epstein, 1921, S. 65). So seien beide Gegner des Theaters; gemeinsam ist der modernen Literatur und dem Film das Nacheinander von Details, das in der Literatur an die Stelle narrativer Entwicklung getreten ist; eine Ästhetik der Nähe wie in den Großeinstellungen bei Griffith gelte auch für die Literatur. »Film und Literatur, alles ist in Bewegung. Die schnelle und eckige Folge tendiert gegen den vollkommenen Kreis unmöglicher Gleichzeitigkeit.« Die Geschwindigkeit der Filme zwingt uns zu schnellem Denken: »Diese Schnelligkeit des Denkens, die der Film vorgibt und die teilweise eine Ästhetik der Suggestion und des Nacheinander erklärlich macht, findet sich auch in der Literatur« (S. 67).

Aber dieses Registrieren von Bewegung und Beschleunigung des Sehens und Reagierens, das alle avantgardistischen Künstler vor dem Hintergrund der urbanen Realwahrnehmung fasziniert hat, sollte als Gemeinsamkeit der ›modernen‹ Künste für den reinen Film nicht mehr verbindlich bzw. das Verbindende sein. Die Absage an die Literatur als dem tradierten und also traditionellen Medium ging in zwei Richtungen, die entweder die Bewegung und Beschleunigung ›pur‹ feierte oder den Film ›pur‹ als rein visuellen Ausdruck verfügbar machen wollte.

Der italienische Futurismus Marinettis verabsolutierte die Techniken der Bewegung und der Geschwindigkeit in einem Maße, daß auch der Krieg noch als dynamisches Spektakel von ihm zum Kunstwerk erklärt wurde. Dennoch hat das Kino im italienischen Futurismus (entgegen seiner ganz anders gearteten Filiale etwa in Rußland) nicht die Rolle gespielt, die dieser Bewegungskunst par excellence zukommen müßte. 1916 heißt es im Manifest »Die futuristische Kinematographie«:

»Das Buch ist als Medium, Gedanken zu bewahren und zu kommunizieren absolut passé; seit langem schon war es dazu bestimmt, zu verschwinden wie die Kathedralen, Türme, gezackten Mauern, Museen und das pazifistische Ideal.
[Tatsächlich hat das Verschwinden des pazifistischen Ideals zur Zerstörung von Kathedralen etc. geführt, aber auch damit wären diese Futuristen einverstanden gewesen.]
Das Buch, dieser statische Begleiter von Schreibtischtätern, Nostalgikern und Neutralisten, kann die neue Generation der Futuristen, die trunken vom revolutionären und kriegerischen Dynamismus ist, weder unterhalten noch entzücken. [...]
[Dagegen] ist der futuristische Kinematograph, den wir vorbereiten, eine fröhliche Deformation des Universums, alogische und flüchtige Synthese des weltweiten Lebens, und wird so zur hervorragenden Schule für unsere Jugend: eine Schule der Fröhlichkeit, der Geschwindigkeit, der Stärke, der Verwegenheit und des Heroismus. [...] Der Kinematograph muß als Ausdrucksmittel befreit werden, um zum idealen Instrument einer neuen Kunst zu werden, die viel größer und viel beweglicher ist als alle bisher existierenden. Wir sind überzeugt, daß nur durch ihn jene Polyexpressivität erreicht

werden kann, auf die ausnahmslos alle Experimente moderner Kunst hinauslaufen. [...] Wir versetzen die befreiten Worter in Bewegung, die auf ihrem Weg in Richtung Malerei die Grenzen der Literatur aufsprengen. [...]« (Vgl. Marinetti/Corra/Settimelli/Ginna/Balla/Chiti, 1973, S. 279, 281 [Übers. JP])

Die italienischen Futuristen haben den Film vor allem als Erweiterung ihrer Vorstellungen von der Malerei und vom Theater gesehen und sind deshalb auch in ihrer anti-literarischen Haltung nicht bis zum ›reinen Film‹ vorgedrungen wie die französische Avantgarde; dennoch ist in diesem letzten Satz die Richtung der Entwicklung klar umrissen: von den (aus dem literarischen Erzählen befreiten) Wörtern ausgehend, orientiert an der Malerei die Literatur überwinden!

Nur sehr entfernte Ähnlichkeiten lassen einen Zusammenhang mit den Kinoglaz-Manifesten Dziga Vertovs herstellen. Aber auch in »Wir. Variante eines Manifests« von 1922 heißt es ganz ähnlich:

»Wir säubern die Filmsache von allem, was sich einschleicht, von der Musik, der Literatur und dem Theater; wir suchen ihren nirgendwo gestohlenen Rhythmus und finden ihn in den Bewegungen der Dinge« (Vertov, 1973, S. 7).

Für Dziga Vertovs Vorstellungen vom Film trifft zu, was René Clair über eine Geschichte des Kinematographen gesagt hat, die nicht durch die ›Verirrung‹ der Literarisierung gegangen ist: »Wenn der Kinematograph geblieben wäre, wozu seine Erfinder ihn gemacht hatten, nämlich ein Instrument wissenschaftlicher Forschung und Dokumentation, dann hätte dieses perfektionierte Auge von selbst seine Gesetzmäßigkeit gefunden, und eine Kunst wäre allmählich daraus hervorgegangen« (Clair, 1946, S. 176). Für Vertov sind das Kino-Auge der Kamera und der Film die (Montage-)Tätigkeit des Dokumentierens als künstlerische Praxis:

»Die Methode des ›Kinoglaz‹ ist eine wissenschaftlich-experimentelle Methode der Untersuchung der sichtbaren Welt:
a. auf der Grundlage einer planmäßigen Fixierung von Lebensfakten auf Film;
b. auf der Grundlage einer planmäßigen Organisation des auf Film fixierten dokumentarischen Filmmaterials. [...] ›Kinoglaz‹ ist die dokumentarische filmische Entschlüsselung der sichtbaren und dem menschlichen Auge unsichtbaren Welt« (Vertov, 1973, S. 76 f.).

Mit der Kamera sammelt der Filmemacher Fakten der Realität, um sie zu einem Bild der Wirklichkeit zu verdichten, das mehr (und zusammenhängender) enthüllt, als das menschliche Auge sehen kann. Wesentlich ist die Verbindung zwischen den einzelnen kinematographischen Fakten, das, was sie zu einer »hundertprozentigen Filmsa-

che, einem extraktförmigen, konzentrierten ›Ich sehe filmisch‹«
macht (S. 79). Und genau daraus ergibt sich die Funktion von
Montage als Praxis der Verbindung der Film-Fakten, die, und hier
ist der Gegensatz begründet, dokumentarisch und nicht theatralisch
bzw. literarisch sein darf (Vgl. parallel dazu die literarische Faktogra-
phie bei Tretjakov, 1972, S. 83):

»Montieren heißt, die Filmstücke (Bilder) zu einer Filmsache zu organisieren, mit aufgenommenen Einstellungen eine Filmsache zu ›schreiben‹, und
heißt nicht, Teilstücke zu ›Szenen‹ (Theaterabweichung) oder Teilstücke zu
Zwischentiteln (Literaturabweichung) zurechtzusuchen. [Grundlegend ist
der] Zweifel an der Notwendigkeit einer literarischen Verbindung zwischen
den einzelnen optischen Momenten, die zusammengeklebt wurden« (Vertov, 1973, S. 78, 97).

Keine Erzählung, die der Montage Vor-Schriften machen könnte,
sondern die Fakten des Lebens, das ›Ich sehe filmisch‹, sollen die
Zusammenhänge stiften. Jean-Luc Godard z. B., der sich wiederholt
auf Dziga Vertov bezogen hat (u. a. im Namen der ›Groupe Dziga
Vertov‹ zwischen 1968 und 1972), teilt viele Vorstellungen mit dieser kinematographischen Avantgarde, u. a. den Wunsch, ohne die
Vor-Schriften des Szenariums einen Film mit der Kamera direkt auf
der Leinwand ›malen‹ zu können (Vgl. hierzu Paech, 1987).

»Das bedeutet nach unserer Auffassung, daß die Chronik aus Stücken des
Lebens zum Thema organisiert wird und nicht umgekehrt. Das bedeutet
gleichermaßen, daß die ›Kinoprawda‹ dem Leben nicht vorschreibt, nach
dem ›Szenarium‹ des Schriftstellers zu verlaufen, sondern daß sie das Leben
beobachtet und aufzeichnet, wie es ist, und erst dann Schlußfolgerungen
aus den Beobachtungen ableitet. Das ist unser Vorzug und nicht ein Nach-
teil« (Vertov, 1973, S. 99/100).

Was Vertovs Ansatz (u. a.) vom abstraktiven Verfahren Ruttmanns
in »Berlin. Die Sinfonie der Großstadt« unterscheidet, ist die Montage der Fakten, die der Montage der Formen Ruttmanns gegen-
übersteht. Aber in Moskau und in Berlin sind Fakten auch die Inhalte der Formen urbanen Lebens, was sich sowohl in Ruttmanns
»Berlin«-Film wie in Vertovs »Der Mann mit der Kamera« bemerk-
har macht, die beide die Realität ihrer Großstadtwirklichkeit artiku-
lieren.

Etwas ganz anderes als das ›Kinoauge‹ (›Kinoglaz‹) Vertovs sieht
hingegen Germaine Dulac, auch wenn sie, Vertovs Ideen zum Verwechseln ähnlich, schreibt: »Der Film ist ein weit auf das Leben ge-
öffnetes Auge, ein Auge, das mächtiger ist als das unsere und das
sieht, was wir nicht sehen« (Dulac, 1984, S. 54).

Denn was dieses Auge vor allem sieht und wem der ›reine Film‹ (cinema pur) Ausdruck geben soll, ist das, was Louis Delluc *photogénie* genannt hat, etwas, was den Lebewesen und Dingen der Realität eigentümlich ist und – auf poetische Weise – nur vom Film ausgedrückt werden kann. Über einige Bedingungen des Photogenen hat Jean Epstein gesagt, daß

»der Film alle Beziehungen zu historischen, erzieherischen, romanhaften, moralischen oder unmoralischen, geographischen oder dokumentarischen Themen vermeiden muß, da sie nur ärgerlich sein können. Der Film muß versuchen, allmählich und schließlich nur noch kinematographisch zu sein, d. h. nur noch photogene Elemente zu verwenden. Das Photogene ist der reinste Ausdruck des Films« (Epstein, 1946, S. 151).

Den Futuristen würde Germaine Dulac antworten, daß natürlich »die Literatur und ihre verschiedenen Formen, daß das Drama, daß die Musik wie der Film Künste der Bewegung sind« (Dulac, 1984, S. 53). Und deswegen wurde er als Medium der Handlungs- und Situationsverkettung »in den Dienst einer ›zu erzählenden Geschichte‹« (S. 54) gestellt. Aber:

»Sollte uns der Film als Kunst des Sehens, so wie die Musik die Kunst des Hörens ist, nicht vielmehr zu der aus Bewegung und Leben bestehenden visuellen Idee führen? Zu einer Kunst des Auges, die aus einer Inspiration der Sinne hervorgeht, sich in der Kontinuität der Bilder entwickelt und wie die Musik unser Denken und Fühlen anspricht. [...] Der eigentliche Film, von dem wir alle träumen, ist eine visuelle Symphonie, die ganz aus der Empfindung eines Künstlers lebt und sich auf der Leinwand verwirklicht« (S. 55).

Die Befreiung des Kinos ›aus dem Griff der etablierten Künste‹ bestimmt die Ideen all dieser Avantgarden des Kinos, wenngleich der anti-institutionelle Affekt verschiedene Richtungen hat und wie bei Dziga Vertov auf die Fakten des Lebens oder bei Germaine Dulac auf die Verwirklichung der ›visuellen Idee des Künstlers‹ zielt. Germaine Dulac wiederum hat verschiedene Phasen in unterschiedlichen Gruppierungen von den Filmimpressionisten über das cinéma pur zu den Surrealisten durchgemacht, die hier nicht hinreichend differenziert werden können (Schlüpmann, 1984, S. 38–51).

8.2 Die Kunst des Sichtbaren?

Während in Frankreich das theoretische Reflektieren über den Film immer an eine ästhetische Praxis (des Schreibens, Filmens oder Malens oder allem zugleich, wie z. B. bei Fernand Léger) gebunden blieb, wurde die Theorie des Films im Deutschland zwischen den beiden Weltkriegen zur ›Philosophie‹ von Intellektuellen, die theoretisch-definitorische Zuordnungen des Films in der Regel innerhalb des Systems der Künste versuchten.

Über zwei Jahre hin, zwischen 1924 und 1926, erschienen in Deutschland eine ganze Reihe von explizit theoretischen Schriften zum Film: von Georg Otto Stindt »Das Lichtspiel als Kunstform« (1924), von Otto Foulon »Die Kunst des Lichtspiels« (1924), von Béla Balázs »Der sichtbare Mensch oder Die Kultur des Films« (1924), von Rudolf Kurtz »Expressionismus und Film« (1926) und von Rudolf Harms »Philosophie des Films« (1926). Wie kam es zu diesem Boom an theoretischen Darstellungen, die teilweise aus akademischen Bearbeitungen dieses neuen Gegenstandes Film stammten, in Deutschland und zu dieser Zeit?

Eine Rolle hat sicherlich gespielt, daß der ›Kampf um den Film‹ (Vgl. Richter 1976) in Deutschland eine Verschiebung erfahren hat: Während die nationale Filmproduktion vor dem Ersten Weltkrieg noch weitgehend vom französischen, skandinavischen und amerikanischen Film dominiert war, haben das Ausbleiben ›feindlicher‹ Filme und entsprechend der Rückgriff auf die eigene Filmproduktion im Krieg und die Tatsache, daß der Film als politischer und wirtschaftlicher Machtfaktor im Staat erkannt wurde, zu seiner Anerkennung in Deutschland beigetragen. Seitdem ist die kulturkritische Ablehnung des Films weitgehend dem Kampf um den Einfluß auf die Bevölkerung mit filmischen Mitteln gewichen. Der wirtschaftlichen ›Eroberung‹ des Films durch die Ufa des Großindustriellen Alfred Hugenberg im Namen starker reaktionärer Kräfte stand die Aufforderung ›Erobert den Film!‹ (1925) von Willi Münzenberg, dem Organisator der kommunistischen Arbeiterpresse in Deutschland, gegenüber. Eine theoretische Definition des Films mußte also einer Standortbestimmung in dieser gesellschaftlichen Auseinandersetzung gleichkommen.

Zum anderen hat eine Rolle gespielt, daß die Entwicklung der Filmindustrie in Deutschland zwischen 1919 und 1924 außerordentlich dynamisch verlaufen ist; das gilt sowohl für die Zahl der hergestellten Filme als auch für stilistische Experimente. Der filmische Expressionismus, mit dem Film von Robert Wiene »Das Cabinet des Dr. Caligari« (1919/20) als Höhepunkt, wurde zum Exportschlager der deutschen Filmindustrie: Weil die deutsche Wirtschaft und entsprechend die Währung in verheerendem Zustand waren, konnten diese Filme billig hergestellt und vertrieben werden; weil der deutsche Markt für ausländische Filmproduktionen aus dem gleichen Grund finanziell uninteressant war, war die einheimische

Filmindustrie zu Hause konkurrenzlos. Allerdings hörten diese für den Film ›paradiesischen‹ Zustände schlagartig auf, als sich die deutsche Wirtschaft mit amerikanischem Geld wieder erholte und die Jahre 1924 bis 1926 (und folgende) zu Krisenjahren der Filmwirtschaft in Deutschland wurden.

Die theoretische Reflexion über den Film in diesen Jahren diente also dem

»Versuch der systematischen Bestandsaufnahme und Reflexion des einmal ästhetisch Erreichten, zugleich [war sie] aber auch eine Reaktion auf die ähetisch-gesellschaftliche Krise, durch die es die neuen Medienerfahrungen zu retten und zu aktualisieren galt, vor allem aber waren es Überlegungen von ›Intellektuellen‹, deren sozialer Standort die Wahrnehmungs- und Interpretationsperspektive bestimmen sollte« (Heller: Literarische Intelligenz und Film, Tübingen 1985 – zur Filmtheoriediskussion s. bes. S. 201-243).

Um diese Perspektivierungen zu verdeutlichen und die Rolle, die das literarische Paradigma dabei gespielt hat, sollen im folgenden diese drei unterschiedlichen Positionen kurz dargestellt werden: Der (akademische) Versuch von Rudolf Harms, den Film in das System der Künste zu integrieren, die Bildästhetik des Films von Béla Balázs (und die Antwort von Sergej Eisenstein) sowie die Diskussion des Films als ›Kunstwerk im Zeitalter der technischen Reproduzierbarkeit‹ bei Bertolt Brecht (unter dem Einfluß von Walter Benjamin).

Das Interesse von Rudolf Harms ist, den Film in das (idealistische) »System der Ästhetik« (1905) seines Lehrers Johannes Volkelt, »der übrigens ein starker Filmgegner« war (Harms, 1970, S. 138), zu integrieren und so zu legitimieren. Um als ästhetisch anerkannt zu werden, muß das Kunstwerk vier Grundnormen erfüllen: Es muß eine Einheit von Gehalt und Form sein, seine Handlungen müssen ›menschlich-bedeutungsvoll‹ sein, seine Besonderheit als Kunstwerk muß es mit einer ›Herabsetzung des Wirklichkeitsgefühls‹ erreichen, und es muß eine organische Einheit bilden: »Trotz starker Beschränkungen und Grenzen im Film selbst scheint sich doch ein voller Anschluß an die Hauptkünste als möglich zu erweisen« (S. 167). Dagegen erweisen sich gerade diese Beschränkungen und Grenzen als Charakteristika, die den Film der idealistischen Ästhetik vorenthalten. Harms ist bemüht, zwar die Besonderheiten des Films herauszuarbeiten, da »Erfordernis jeder Kunst [...] unbedingte Stilreinheit [ist], das heißt künstlerisch-organische Zusammengesetztheit sinnvoller Art seiner künstlerischen Ausdrucksmittel« (S. 33), aber die oft erstaunlich genaue Beschreibung filmischer Ausdrucksmittel läßt die geforderte Einheitlichkeit zunehmend disparat werden.

Es sind die künstlerischen Techniken, die einem zunächst einheitlichen künstlerischen Willen in verschiedenen Künsten unterschiedlichen Ausdruck geben. Aber der Film ist als Kunst wesentlich Technik; Harms relativiert die technische Abbildqualität, indem er sie weitgehend der ästhetischen Intention unterordnet: Die fotografische Technik erlaubt eine »absolut realistische Wiedergabe von Linie und Form. Es steht dem Film aber frei, szenischen Aufbau, ornamentales Beiwerk usw. völlig frei nach persönlicher Initiative zu schaffen. Insofern ist die rein kopierende Natur des Wiedergabemittels ohne nennenswerten schädlichen Einfluß« (S. 80). Hier wird der Idealismus von Harms besonders deutlich, dem später die Realismus-Theorien des Films widersprechen, denen die ›kopierende Natur‹ des Films gerade zur ›Errettung der äußeren Wirklichkeit‹ (Kracauer) dient.

Nicht der Vergleich zwischen den Künsten, sondern ihr jeweiliges Verhältnis zu den ästhetischen Normen ist Gegenstand dieser ›Philosophie des Films‹. Die Mittel des Films als Kunst, mit denen er diesen Normen gerecht werden soll, sind das Bild und die Handlung, dazwischen vermittelt das Wesen des Films, die Bewegung. »Das Element des Films aber ist die Bewegung. Damit schafft sich der Film sein künstlerisches Objekt zum größten Teil selber. Durch die Möglichkeit einer Handlung auf einem selbstgewählten Hintergrund ist er souveräner geworden in der Stellung gegenüber seinen Ausdrucksmitteln« (S. 56), d. h. künstlerischer im Rahmen seiner Konstitution als Technik. Die Frage nach dem Verhältnis zur literarischen Technik würde sich auf der Ebene der Handlung stellen.

Aber weil er von vornherein vom Film als selbständigem, organischen Kunstwerk ausgeht, ist eine Abgrenzung zur Literatur oder zum Theater weniger wichtig als die Annäherung an z. B. literarische Erzählweisen.

»In der Tat liefert der Film eine Handlung in Bildern, er ist infolge seiner Bewegung und Beweglichkeit fähig zu konflikthaltiger und dramatischer Spannung. Filmkunst ist innigste Einheit von Bild und Handlung: Ein Filmmanuskript allein ohne das Bild ist als selbständiges Kunstwerk nicht denkbar« (S. 99).

Mit der Tendenz, das Spezifische des Films zu betonen, entfernt sich Harms von Balázs, der das Filmmanuskript (des Tonfilms) analog zum Drama zu einer selbständigen literarischen Gattung erklärt hat (s. o.). Zugleich erweitert und reduziert er damit den künstlerischen Ausdrucksbereich des Films, wenn filmischer Ausdruck allein durch äußere, sinnlich-anschauliche Mittel möglich ist:

›Keine Kunst ist imstande, in solchem Wechsel wie der Film die verschiedensten Bilder an unseren Augen vorüberziehen zu lassen. [...] Die Darstellung psychologisch feiner und feinster Konfliktwirkungen ist unmöglich. Eine einfache Übertragung eines Bühnendramas auf den Film wird stets auf Kosten des ersten erfolgen« (S. 111).

So ist diese konservativ gemeinte ›Philosophie des Films‹ (als Bewahren des Films im idealistischen System der Ästhetik) doch fortschrittlich, weil sie dem Eigentümlichen des Films zu seinem Recht verhilft, wobei Berührungen mit anderen Künsten wie der Literatur nur am Rande eine Rolle spielen.

An einem Punkt trifft sich Harms mit der frühen Filmtheorie von Béla Balázs unmittelbar, und zwar, wenn er ihn zitierend den Film als das sinnlich-anschauliche Medium begrüßt, das die

»latente Physiognomie der Dinge herauszustreichen, zu betonen und für alle deutlich zu machen [wie geschaffen ist]. Es gibt keine Kunst, die so berufen wäre, dieses Gesicht der Dinge darzustellen wie der Film« (S. 156; Zitat in Balázs, 1982, S. 92 f.).

Für Balázs schließt 1924 (»Der sichtbare Mensch«) die enthusiastische Feier der Kultur des Sichtbaren die Abrechnung mit der Kultur des Buches und der Worte, »wo die Seele [...] fast unsichtbar geworden ist« (Balázs, S. 53), ein. Nicht wie für Harms die größere Nähe zum Theater, sondern der entschiedene Gegensatz zur Literatur ist Ausgangspunkt: »Feinheit und Kraft des Ausdrucks machen den Dichter. Feinheit und Kraft der Bildwirkung machen die Kunst des Films aus. *Darum hat er nichts mit der Literatur zu schaffen*« (S. 60).

Die »große Rolle und Bedeutung der sichtbaren Dinge« (S. 65) hat zwei Komponenten, das Filmbild und das, was es abbildet, z. B. das Gesicht des Menschen in Großaufnahme, das in seiner reinen Oberfläche dennoch ›lesbar‹ wird. Der literarisch erzählte ›Inhalt‹, die ›tiefere Bedeutung‹, das sind Abstraktionen, während es in der Literatur und im Film auf die formale Realisierung, den ›Text‹ ankommt, und der besteht im Film jenseits der Literatur bereits aus der konkreten Sichtbarkeit der Bilder und dessen, was sie abbilden, der Gesichter und Gebärden.

Der eindeutige Vorrang der ›sichtbaren Dinge‹ vor dem Medium ihrer Sichtbarkeit, dem Filmbild, deutet voraus auf die ontologischen Realismustheorien bei Bazin und Kracauer (»Die Errettung der äußeren Wirklichkeit«); sogar dort, wo das fiktionale Erzählen filmisch realisiert werden soll, muß sich die Bilderfolge an der Kontinuität des (vorfilmisch) Sichtbaren orientieren:

»Eine in Worten gedachte Erzählung wird nämlich viele Momente überspringen, die im Bilde nicht zu überspringen sind. Das Wort, der Begriff, der Gedanke sind zeitlos. Das Bild aber hat eine konkrete Gegenwart und lebt nur in dieser. In Worten liegt Erinnerung, man kann mit ihnen auf Ungegenwärtiges hinweisen und anspielen. Das Bild aber spricht nur für sich selbst. Darum fordert der Film, besonders bei der Darstellung von seelischen Entwicklungen, eine lückenlose Kontinuität der sichtbaren Einzelmomente. Er muß aus dem ungemischten Material der reinen Visualität herausgearbeitet sein. Denn jede literarische Überbrückung spürt man sofort wie die Kälte eines luftleeren Raumes« (S. 63 f.).

Obwohl er am Ende doch der ›Bilderführung‹ eine gewisse Bedeutung analog zum literarischen Stil gibt (S. 117), liegt der wesentliche Gegensatz zur abstrakten Literatur in der Bindung des Film-Bildes als filmischem Ausdrucksmaterial an die Kontinuität des vor-filmisch Sichtbaren, weshalb der Film nur kleine, kontinuierlich erzählbare Geschichten darstellen soll. »Die traurige Reihe mißlungener Dostojewski-Verfilmungen« (S. 64) beweist, daß ein derartiges Volumen (noch!) nicht zu bewältigen ist (wobei fraglich ist, wie Dostojewskis »Der Idiot« jemals ›lückenlos filmisch wiedergegeben werden sollte‹).

Die Zurückführung des filmischen Ausdrucksmaterials auf das Film-Bild (die Einstellung) und der filmischen Artikulation auf die kontinuierliche Wiedergabe des vorfilmisch Visuellen wird nach der Einführung des Tonfilms zum Kern der Theorien des filmischen Realismus werden und dort in der Plansequenz und Tiefenschärfen-Montage wiederkehren (s. u.).

Daß Sergej Eisenstein, der Theoretiker und Praktiker des ›Montage‹-Films, diesem Ansatz von Béla Balázs vehement widersprechen würde, war selbstverständlich: »Béla vergißt die Schere!« Eisenstein kritisiert, daß »Balázs immer nur von ›Bild‹, von ›Einstellung‹, niemals aber von einem ›Sequenzteil‹ [spricht]!« (1973, S. 138) (Balázs hatte davon gesprochen, daß die Bilder aufgefädelt sein sollen wie eine »Perlenschnur« [Balázs, 1982, S. 122]; man sieht die Perlen, aber nicht die Schnur). Für ihn, Eisenstein, existiert die einzelne Einstellung nur als Element der Montage, das erst in der Verbindung mit anderen Montage-Elementen etwas artikuliert; Film ist dabei viel weniger Abbildung als Ausdruck, und deshalb rückt bei Eisenstein das Montage-Element, das zur Sequenz ›addiert‹, ›kontrastiv/dialektisch erweitert‹ wird, in die Nähe der Vorstellung von einer Film-Sprache, bzw. auf der Ebene der Abbildungsschicht in die Nähe der Schrift. (Auf die écriture-Problematik in Eisensteins Filmtheorie wird später zurückzukommen sein.) Von hier aus stellt sich die Frage nach der Beziehung zur Literatur ganz anders: Eisenstein sieht unter dem Vorzeichen des Montage-Films geradezu eine »zweite literarische Periode des Films« anbrechen (die ›erste literarische Periode‹ bezieht sich auf von der Literatur dominierte Verfilmungen); in der Auseinandersetzung mit Balázs hat er darauf hingewiesen, was er unter ›literarischer Periode‹ versteht:

»Das Verständnis des Films tritt jetzt in seine ›zweite literarische Periode‹: In die Phase seiner Annäherung an die Symbolik der Sprache. Der Rede. Der Rede, die der ganz konkret materiellen Bezeichnung einen symbolischen (d. h. nicht-buchstäblichen) Sinn, bzw. ›Bildhaftigkeit‹ verleiht und zwar durch eine der buchstäblichen Bedeutung wesensfremde Kontextzusammenstellung, d. h. also auch durch die Montage« (Eisenstein, 1973, S. 139).

Das bedeutet, daß Eisenstein nicht Literatur nachahmen, aber auch nicht die Fähigkeit der Literatur, komplexe Zusammenhänge darstellen zu können, verwerfen, sondern die *literarische Erfahrung* für den Film mit dessen spezifischen Mitteln nutzen will.

»Wenn sich nun der Film in seiner ersten literarischen Periode auf die dramatische oder epische Sujet-Fabel-Erfahrung der Literatur stützte, d. h. von der Literatur die Elemente einer Konstruktion der Dinge zu einem Ganzen entlehnte, so verwertete die zweite literarische Periode im Unterschied hierzu die Literatur auf einer anderen Ebene: Sie applizierte die Materialien, mit denen die Literatur operiert.
In dieser Hinsicht nutzte die Filmkunst die literarische Erfahrung zunächst für die Ausarbeitung ihrer eigenen Rede, ihrer eigenen Wortkunst, ihrer eigenen Bildlichkeit. [...]
Die neue Filmkunstperiode geht diese Frage von innen her an. Für sie ist diese Frage auf der methodologischen Ebene der ureigentlichen filmkünstlerischen Ausdruckshaftigkeit [...] angesiedelt« (Eisenstein, 1975, S. 245).

Auch Griffith hatte seine ›literarische Erfahrung‹ aus der Lektüre der Dickens-Romane auf seine Filmproduktion angewandt, war aber in der ›Literarisierung des Films‹ nach Eisensteins Meinung steckengeblieben, denn »im Verlauf von zwölf Jahren hätte man ja eigentlich ›bemerken‹ können, daß es außer den ›erzählerischen‹ Möglichkeiten dieser, mit Verlaub gesagt, ›Montage‹ in der Perspektive auch noch Wirkungsmöglichkeiten gibt« (Vgl. Eisenstein, 1973, S. 141).

Eisensteins sämtliche theoretischen und praktischen Bemühungen sind auf die Bedingungen dieser Wirkungsmöglichkeiten im Film gerichtet; sie gehen zunächst und primär von der Konstruktion visueller (auch auditiver) Elemente durch Montageformen aus; ihre (dialektische, kontrastive, additive) Verbindung begnügt sich gerade nicht mit dem Vorzeichen des Sichtbaren, sondern zielt in der Wirkung auf die begriffliche Aussage im Medium der Abbildung. Die intellektuelle Montage produziert über das Sichtbare hinaus Vorstellungen, die das Sehen ins Denken münden lassen (sollen). Die Buchstaben literarischer Texte und ihre morphologische bis syntaktische Organisation sind eine mögliche Orientierung bei der montageförmigen Strukturierung filmischer Texte in Hinsicht auf ihre Wirkung in der Rezeption.

Im Zusammenhang mit dem Einfluß der Kinoerfahrung der Schriftsteller auf ihre Schreibweise war schon einmal auf Bertolt Brechts »Kritik der Vorstellungen« vom Film hingewiesen worden:

»Die alten Formen der Übermittlung nämlich bleiben durch neu auftauchende nicht unverändert und nicht neben ihnen bestehen. Der Filmsehende liest Erzählungen anders. Aber auch der Erzählungen schreibt, ist seinerseits ein Filmsehender. Die Technifizierung der literarischen Produktion ist nicht mehr rückgängig zu machen« (Brecht, 1973, S. 156).

Brecht, der gegen die Art der Verfilmung der »Dreigroschenoper« durch die Nero-Filmgesellschaft prozessierte, antwortete damit auf Bemerkungen seiner Kritiker, denen zufolge er sein literarisches Kunstwerk, die »Dreigroschenoper«, durchaus vor den Apparaten der Filmindustrie hätte bewahren können, als Kunst, daß er sich aber nicht über ein verfälschtes Ergebnis wundern solle, wenn er um des Profites willen sein Kunstwerk an die Filmapparate abgebe.

Brecht hat als Autor eines literarischen Werkes einen Prozeß gegen eine seiner Meinung nach verfehlte Verarbeitung durch den Film (als Industrie) geführt, um im Sinne eines »soziologischen Experiments« auf einen anderen Prozeß aufmerksam zu machen, den Walter Benjamin so gekennzeichnet und damit auch in Beziehung zur literarischen Tradition gestellt hat: »Die Reproduktionstechnik, so ließe sich allgemein formulieren, löst das Reproduzierte aus dem Bereich der Tradition ab« (Benjamin, 1963, S. 16). Dieser Prozeß der Technifizierung künstlerischer Produktionsweisen durch Reproduktionsapparaturen (vor allem im Film) muß notwendig den tradierten Kunstbegriff auflösen. Statt dessen wird der Kunstbegriff als Qualitätsmerkmal den Industrieprodukten wie ein Label aufgedrückt; so ist beinahe alles,

»was wir heute auf der Leinwand sehen, [...] ›Kunst‹. Es muß ja ›Kunst‹ sein: Als ›Kunst‹ war so was, wenn auch in ein wenig anderer, nunmehr leicht antiquierter Form als Roman, Drama, Reisebeschreibung, Kritik, auf dem Markt schon durchgesetzt, also unterbringbar. Die filmische Form eröffnete größere Verbreitungsmöglichkeiten (nebst gigantischem Kapitalumsatz) und fügte den alten Reizen die Reize des neuen Technikums hinzu« (Brecht, 1973, S. 160).

Der tradierte Kunstbegriff jedoch taugt außer als Etikett für Kunstwaren, die sich den Schein einer genialischen, subjektiv-ursprünglichen Entstehungsweise borgen, zu nichts mehr.

»Alle Definitionen nun, die den apparatfeindlichen Kunstbegriff enthalten, machen ihren jeweiligen Stoff nicht handlich, sondern entfernen die ›Kunst‹ von jedem Zugriff und bezeichnen sich selbst als folgenlos. Es kommt aber darauf an, Definitionen aufzustellen, welche die Handhabung des Stoffes ermöglichen« (S. 207).
»Es ist nicht richtig, daß der Film die Kunst braucht, es sei denn, man schafft eine neue Vorstellung von Kunst« (S. 162).

Die Beziehung zwischen Literatur und Film wäre dann unter dem Einfluß der apparativen Reproduktionstechniken neu zu fassen: Der bürgerliche Roman etwa, der noch immer eine in sich stimmige ›Welt‹ konstruiert – »innerhalb dieser Welt stimmen dann alle Einzelheiten natürlich genau«, während Details gegenüber der äußeren Wirklichkeit nicht standhalten können –, wird scheitern, sobald er mit den technischen Bedingungen seiner Reproduktion konfrontiert wird, die aber auch schon die Bedingungen seiner Produktion sind: als technisch-urbaner lebensweltlicher Kontext oder sogar als Produktionsbereiche selbst; der Film, dann der Rundfunk und schließlich das Fernsehen sind zu den wichtigsten Arbeitgebern von Schriftstellern geworden. Bekanntlich hat sich auch Brecht um die Kooperation mit der Filmindustrie bemüht, ist aber immer wieder an seinen Ansprüchen und der Unfähigkeit der Filmindustrie, ihnen gerecht zu werden, gescheitert (Vgl. Gersch, 1975); denn es trifft zu: »Sie [das sind künftig alle Literaturproduzenten] sind eben doch abhängig vom Film, seinem Fortschritt oder Rückschritt, und die Produktionsmittel der Filmschreiber sind durchkapitalisiert« (Brecht, 1973, S. 157).

Umgekehrt kann der Film für die Literatur, für Roman und Drama »von unabsehbarer Bedeutung sein, sofern der Roman selber noch etwas bedeuten kann«; daß er es kann, hat Brecht z. B. mit dem »Dreigroschenroman« gezeigt.

Ein Ergebnis des als soziologischer, nämlich in der Gesellschaft selbst als juristischer Prozeß durchgeführten Experiments war, daß die Entgegensetzung von Kunst und Industrie, wie René Clair sie zum Ausgangspunkt für das ›cinéma pur‹ überhaupt gemacht hatte (»Die Frage des reinen Films ist direkt mit der nach dem Kino als Kunst oder Industrie verbunden«), während Rudolf Harms den Film als Kunst ins idealistische System der Ästhetik zurückversetzen wollte, die tatsächliche Bedingtheit künstlerischer Produktion von den apparativen Reproduktionstechniken und ihren industriellen Agenturen verschleiert. (Diese Bedingungen treffen auf Drama, Theateraufführung und Film des Dreigroschen-Stoffes in ähnlicher Weise zu.)

Nicht Wirklichkeit der Kunst (cinéma pur) versus kunstlose Wirklichkeit (Industrie), sondern eine Kunst, die die industrielle Wirklichkeit analytisch zu durchdringen und wiederzugeben vermag, ist gefragt: »Als ob man von der [Film-]Kunst etwas verstehen könnte, ohne von der Wirklichkeit etwas zu verstehen! Und hier fungiert als Wirklichkeit gleichzeitig mit dem Stoff der Apparat« (S. 161).

8.3 Der neue Realismus des Tonfilms

Der reine Film ist eine Abstraktion, die von den Bedingungen des Films selbst absieht, in jedem Fall davon, die Aufzeichnung und Wiedergabe einer vor-filmischen Wirklichkeit durch die (Produktions- und Rezeptions-)Wirklichkeit Film/Kino zu sein (denn ›hier fungiert als Wirklichkeit gleichzeitig mit dem Stoff, der wirklich vor der Kamera gewesen sein muß, der Apparat‹).

Also ist André Bazins Plädoyer für »ein unreines Kino« realistisch, weil es einmal die wirklichen äußeren Bedingungen des Films anerkennt und zum anderen, weil »es sich dabei um eine Ausdrucksform handelt, die auf der realistischen Darstellung basiert, auf der einfachen Registrierung von Bildern, auf einer rein äußerlichen Betrachtung« (Bazin, 1975, S. 52). ›Unrein‹ ist der Film, weil er sich mit seinen »Techniken der Erzählung, die der Montage und dem Wechsel der Einstellungen entsprechen« (S. 52), auf etwas bezieht, was er selbst nicht ist, eine vor-filmische Wirklichkeit, die insbesondere auch das Theater und die Literatur einschließt. Diese haben aufgrund ihrer Narrativität zum (fiktionalen) Film eine besondere Affinität, weil der eben auch in erster Linie eine erzählende Kunst ist.

Die Selbstverständlichkeit, mit der Bazin und mit ihm Kracauer u. a. für den ›unreinen‹, zugleich fiktionalen und realistischen Film plädieren, der sich vor-filmisch zunehmend auf bereits narrativ verarbeitetes Material bezieht, obwohl sie doch einer ontologischen Filmtheorie (Bazin) der ›Errettung der physischen Wirklichkeit‹ (Kracauer) das Wort reden, ist ohne die grundsätzliche Re-Institutionalisierung des Films als Tonfilm am Beginn der 30er Jahre schwer verständlich. Der Tonfilm ist der ‚unreine‘ Film par excellence.

Kehren wir noch einmal zu den Beobachtungen Maxim Gorkis bei einer Vorstellung des Lumière-Kinematographen im Jahre 1896 zurück: Das zunächst stehende Bild (historisch die Fotografie als materiale Voraussetzung des Films) fängt an, sich zu bewegen: »All das bewegt sich, wimmelt von Leben, und wenn es die Ränder der Leinwand erreicht, verschwindet es.« (Der Stummfilm ist die Epoche des Primats der Sichtbarkeit im Film; daher ist der ›reine Film‹ auch der rein visuelle Film.) Aber als Gorki die Bewegungen jenseits der Ränder der Leinwand verschwinden sieht, lauscht er ihnen nach – und hört nichts, denn »all das geschieht in seltsamer Lautlosigkeit, kein Rumpeln der Räder, kein Schritt, kein Wort sind zu hören. Nichts.« Von einer Fotografie hätte Gorki keine Töne erwartet, wohl aber von der Darstellung der Bewegung im Film, die jenseits der Leinwand nicht ›verschwunden‹ wäre, wenn er sie noch hätte hören können.

Der Wirklichkeitseindruck des Films *(impression de réalité)* ist erst vollkommen, wenn auch der nicht sichtbare Raum in die filmische Repräsentation einbezogen ist. Die Montageformen des Stummfilms haben zwar auch Bewegungen über den ›Rand der Leinwand‹ hinausführen können (z. B. durch Kameraschwenks innerhalb der Einstellung oder die Verkettung von Einstellungen), und auch die Stummfilmmusik hat versucht, den imaginären Raum auszufüllen. Aber erst der quasi-natürliche Synchronton kann dem Film, der sich unter die Herrschaft der Zeit begeben hatte, den äquivalenten Raum in seiner virtuellen Unendlichkeit zurückgeben.

In der Geschichte der Filmtheorie gibt es an dieser Stelle eine bemerkenswerte Ungleichzeitigkeit: Wie zu Beginn des Films (sogar der Fotografie, als man die Blätter in der Daguerreotypie eines Baumes zittern sah) hat auch die Theorie des Tonfilms den Realitätseindruck fast ausschließlich am Phänomen der Bewegungs-Reproduktion festgemacht, noch immer erstaunt über das ›Vorhang-Spiel‹ des Verdeckens und Aufdeckens durch Bewegung, das die Glaubwürdigkeit (croyance) der Realität des Dargestellten analog zu unserer Alltagswahrnehmung verbürgt. Als Phänomenologen und Gestalttheoretiker haben Michotte van den Berck (1948), Jean-Jacques Rinieri (1953), Pierre Francastel (1948) u.v.a. mehr hingesehen als hingehört (zu Theorien des Realitätseindrucks im Film s. Marie, 1977, S. 125-136).

Auch der Filmsemiologe Christian Metz ist zunächst von der Phänomenologie beeinflußt, wenn er auf die Frage, warum der Realitätseindruck beim Film größer als bei der Fotografie ist, antwortet: »(...) es ist die Bewegung (einer der größten Unterschiede, zweifellos der größte, zwischen dem Kino und der Photographie), die Bewegung erzeugt einen starken Realitätseindruck« (Metz, 1972, S. 25). Die Bewegung macht das Abgebildete gegenwärtig, weil sie selbst materiell präsent ist in der Mechanik der Projektion: »(...) beim Kino ist der Eindruck der Realität auch die Realität des Eindrucks, die wirkliche Präsenz der Bewegung«; dennoch ist sie »›immateriell‹, sie offenbart sich dem Auge, niemals der Berührung« (S. 27 f.). Erst der so ›irrealisierte‹ Realitätseindruck kommt in die Nähe des fiktionalen, dem er den Eindruck des Realen im Film geben soll. *Der Realitätseindruck im Film ist die Mimesis des Fiktiven unter dem Eindruck des Realen.* In der aristotelischen Poetik entspricht das dem zweiten Mimesisbegriff, der Diegese, das ist das Imaginäre der Erzählung, das sie ›nachahmt‹, wenn sie die Fiktion ›realisiert‹. Metz spricht daher auch von der

»Realitätswirkung [effet de réalité], hervorgerufen durch die Diegese, durch das fiktive Universum, durch das ›Dargestellte‹, das jeder Kunstgattung eigen ist, und anderseits der Realität des Materials, das in jeder dieser Kunstgattungen angewandt wird zum Zwecke der Darstellung; auf der einen Seite steht der Realitätseindruck, auf der anderen die Perzeption der Realität« (S. 33).

Wenn das Sichtbare der Fiktion im Film den Kriterien der Glaubwürdigkeit (croyance, verisimilitude) unterliegt, produziert es im Unsichtbaren, aber Hörbaren seine Wahrheit, weil es sich dort unmittelbar mit dem Imaginären verbindet. Die Lücken zwischen zwei Einstellungen, die der diegetische Horizont zur Vorstellung einer Kontinuität des Erzählten zusammenschließt, werden erst ›wirklich‹ ausgefüllt durch die (All-)Gegenwart des Tons (der Ton kann ON-Screen und OFF-Screen realisiert werden, das Bild gibt es nur ON-Screen); erst als hörbarer ist der nicht-sichtbare, aber vorgestellte Raum ›wirklich‹.

»Der Stummfilm war aus Teilen zusammengesetzt, der Tonfilm kennt so etwas nicht, und daher stoßen die Monteure hier ständig auf Widerstände; denn der Tonfilm haßt Lücken und setzt deshalb die Kontinuität der Erzählung an die erste Stelle seiner Verfahren« (Malraux, 1946).

Der Realismus des Tonfilms macht das Film-Bild transparent zu einem bedeuteten Raum der Wirklichkeit, weil er bereits akustisch anwesend ist, bevor er sichtbar wird, d. h. analog zur Alltagserfahrung ›wissen‹ (nicht glauben) wir ihn wirklich vorhanden, ehe wir ihn hören, bis wir ihn sehen: Während der sichtbare Raum den Zuschauer aus seiner Wirklichkeit ausschließt, um sie zu einer Wirklichkeit(srepräsentation) für uns zu machen, schließt uns der nicht-sichtbare, hörbare Raum als eine Wirklichkeit mit ein.

Der Realitätseffekt des Tonfilms macht das Imaginäre des fiktionalen Films für den Zuschauer bewohnbar. Der Tonfilm (mehr als der Farbfilm, z. B. ist der Code für dokumentarische Authentizität noch heute schwarz/weiß) hat den »Mythos vom totalen Kino« (Bazin) ein wesentliches Stück seiner Verwirklichung näher gebracht – um so erstaunlicher ist, daß die Filmtheorie noch heute im wesentlichen eine Theorie des Stummfilms, der Bilder ohne Töne, ist (zur Diskussion der historischen Entwicklung vgl. Heath, 1974, S. 17-20).

Die Beziehung zwischen Literatur und Stummfilm war ein Problem der Film-Form: Während der literarische Signifikant (das geschriebene Wort, der Satz, der Text) dem literarisch Imaginären in der Regel keine Widerstände bereitet, sondern es selbstlos konstituiert (»Lesen heißt, an den Zeichen den Kontakt mit der irrealen Welt realisieren« [Sartre, 1980, S. 125]), ist die gegenständliche Sichtbarkeit der Filmbilder so sehr Vorschein des Realen, daß das Imaginäre erst durch die Lücken zwischen den Bildern hindurch (in der Montage der Einstellungen) erreicht wird; ein Vorgang, den Béla Balázs in seiner frühen Filmtheorie so enthusiastisch als die Sichtbarkeit des Menschen begrüßt und gegen die Abstraktheit der Literatur ausgespielt hatte. Das ändert sich mit dem Tonfilm, der von vornherein den Zuschauer durch die Art seines Realitätseindrucks auf sein Imaginäres verweist und anstatt dem visuellen Schein den Traum einer Sache anbietet. »In dieser Hinsicht ist der erzählende Film, der wie eine Mühle unsere halbwachen Zustände mit Bildern und Tönen überfüttert, eine Maschine, die unsere Gefühle zermahlt und unsere Aktionen hemmt« (Metz, 1977, S. 130). Hier, im Imaginären ihrer erzählten Geschichten in den Köpfen ihrer Leser und Zuschauer, treffen sich Literatur und Film.

»So kommen wir also zu der grundsätzlichen Beziehung zwischen Roman und Film – ihrer ästhetischen Beziehung, die die Grundlage ist für ihre mehr an der Oberfläche relevante psychologische und soziologische Ähnlichkeit. Beide sind Erzählungen. Aber die Erzählung hat ihre eigenen Gesetze, und die sind von denen des Schauspiels grundverschieden. Eines dieser Erfordernisse ist die Kontinuität, die besonders deutlich in den Reihen von Erzählungen ist, die uns mündlich überliefert wurden, ›Tausend und eine Nacht‹ zum Beispiel« (Magny, 1948, S. 30 f.).

Weil der literarische und filmische Realismus gerade hinter der ästhetischen Erscheinung der Formen (z. B. der filmischen Montage) das Wesen des Realen als dargestellten Inhalt sucht, muß er zugunsten der Kontinuität des Erzählens und der Transparenz zur bedeuteten Realität – dem illusionären Referenten (zur Begrifflichkeit vgl.

Barthes, 1978, S. 131–135 und Riffaterre, L'illusion référentielle. In: Barthes, et al, 1982, S. 91–118) – alles vermeiden, was auf Brüche (Montage) und das signifikante Material selbst verweist; das bewirkt, daß Literatur und Film jenseits ihrer Spezifik in ihrem Beitrag zur Konstitution ihres gemeinsamen Imaginären aufgehen. So ist der Neorealismus die Fortsetzung der Literatur mit den Mitteln des Films, ihre Realisierung nicht als Adaption, sondern als Kontinuität. »›Paisa‹ ist fraglos der erste Film, der die *genaue Entsprechung* einer Sammlung von Kurzgeschichten ist« (Bazin, 1975, S. 149). Literatur und Film sind über die gemeinsame Erzählung als ihr ›tertium comparationis‹ vermittelt, deren »Notwendigkeit mehr biologisch als dramatisch [ist]. Sie treibt Knospen und wächst mit der Wahrscheinlichkeit und Freiheit des Lebens« (S. 147). Welche Blüten sie treibt, hängt »ausschließlich vom jeweiligen Künstler ab; das Fleisch und Blut der Realität werden sich in den Netzen von Literatur und Film nicht leichter verfangen als die ausschweifendsten Fantasien der Imagination« (S. 140). Aber der Film wird dem Eindruck des Realen von vornherein näher sein.

Nicht ohne Grund hatte Sergej Eisenstein in dem Manifest von 1928 zur »Zukunft des Tonfilms« »eine Reihe prinzipieller Bedenken theoretischer Art« (Eisenstein/Pudovkin/Alexandrov, 1984, S. 166) geltend gemacht:

»Der Ton ist eine zweischneidige Erfindung. Wahrscheinlich wird seine Ausnützung in der Linie des geringsten Widerstandes gehen, d. h. in der Linie der Befriedigung der einfachen Neugierde. In erster Reihe steht hier die kommerzielle Ausnützung gangbarer Ware, also der *sprechenden Filme*. Es sind solche Filme, bei welchen die Aufzeichnung von Tönen auf naturalistische Weise geschieht, wobei der Ton mit der Bewegung auf dem Bild genau zusammenfällt und eine gewisse *Illusion* sprechender Menschen, klingender Gegenstände usw. erzeugt« (S. 167).

Eisenstein wollte den Film vor dem Tonfilm retten; er wollte, daß der Ton im Film als Kunst der Montage auch montagefähig (kontrapunktisch) gegen den Realitätseindruck »nicht automatisch, sondern künstlerisch motiviert sein müsse« (Lotman, 1977, S. 29). Dahinter steckt eine ganz andere Auffassung und »Geschichte des Kinos als Kunst, [als] eine Kette von Entdeckungen, die darauf abzielen, den Automatismus aus all den Gliedern zu eliminieren, die in den Bereich künstlerischer Ziele gehören« (S. 29). So, wie auch die russischen Formalisten Kunst als Differenz zur Alltagswahrnehmung definiert und kontinuierliche Übergänge abgebrochen haben, so mußte der Film als Kunst gerade als Tonfilm gegen die Evokationen des Realitätseindrucks in Schutz genommen werden. Aber: »Der Film entgeht nur mit Mühe dem Realismus. Er klebt zu fest an seinem Objekt. Das Bild wird von dem, was es darstellt, wie vernebelt« (Baudry, 1967, S. 607).

Entwicklungen in der modernen Literatur haben mit traditionellen Verfahren (Personen, Raum- und Zeitgestaltung, dem Gegensatz objektiver und subjektiver Welt, Realität und dem Imaginären) gebrochen und den Roman erneuert, indem sie mit der Erzählung Schluß gemacht haben und auf den Boden der Literatur, die Schreibweise, zurückgekehrt sind: »Die Erzählung töten, um sie durch den Text, durch die Schreibweise zu ersetzen, die selbst ihre eigene Erzählung, ihr Zweck, das Ziel dieser Schriftsteller ist« (S. 86). Wäre es also denkbar, daß anstelle des Imaginären der realistischen Erzählung die Schreibweise der ›Ort‹ sein könnte, an dem sich der (moderne) literarische und filmische ›Text‹ treffen?

»Die Frage ist, wie ein Film aussehen müßte, der nicht mehr Instrument der Darstellung (représentation), sondern Schreibweise sein möchte. Er befreit sich von seinem Realitatseindruck (illusion réaliste) und führt einen Bruch zwischen Signifikant und Signifikat ein und entwickelt auf diese Weise ein Zeichensystem und seinen eigenen metaphorischen Raum. Am Beispiel der frühen Filme Buñuels kann man sich eine Vorstellung davon machen, wie dieser Film sein wird. Ausgehend von der ideogrammatischen und an der Seite einer phonetischen Schreibweise [wird sich der Film] der ihm eigenen Möglichkeiten der Sinn[produktion] bedienen« (S. 87).

Eine Annäherung an Vorstellungen vom Film als Schrift (und historisch an den modernen ›nouveau roman‹) ist die Idee von der »Kamera als Federhalter (caméra-stylo)«, die Alexandre Astruc 1948 proklamiert hat. Vermittelt vor allem über Jean Cocteau, sind mit der Idee der *caméra-stylo* Theoreme der französischen Film-Avantgarde der 30er Jahre wachgeblieben. Cocteau, der sich des Films wie ein Maler und Schriftsteller bedient hat, äußerte mit Blick auf sich selbst: »Damit die Filmkunst eines Schriftstellers würdig wird, muß zunächst einmal der Schriftsteller ihrer würdig werden und ein Stück Literatur nicht mit der linken Hand interpretieren, sondern mit beiden Händen zupacken und ein [Film]Werk herstellen, dessen Stil dem seiner Feder entspricht« (1951, S. 20). Und Astruc fährt fort, indem er die Voraussetzungen für diese ›stilistische‹ Gemeinsamkeit hervorhebt:

»[Der Film] wird nach und nach zu einer Sprache. Einer Sprache, das heißt zu einer Form, in der und durch die ein Künstler seine Gedanken, so abstrakt sie auch seien, ausdrücken oder seine Probleme so exakt formulieren kann, wie das heute im Essay oder im Roman der Fall ist. Darum nenne ich diese neue Epoche des Films die Epoche der Kamera als Federhalter [la caméra-stylo]« (Astruc, 1964, S. 112).

Nicht die filmische Adaption von Literatur als Wiedererzählung des Inhalts eines Romans mit der Kamera ist gemeint, sondern einen Film schreiben wie einen Roman, und das setzt voraus, daß der Film eine Sprache entwickelt, die »ein der literarischen Sprache genau entsprechendes Äquivalent bietet« (S. 114). Astruc kommt dabei den Vorstellungen von einer Schrift des Films nahe, wenn er vom »dynamischen, das heißt signifikativen Charakter des filmischen Bildes« spricht (S. 113). Ohne jedoch die Möglichkeit der Analogie des Film-Bildes zum Schrift-Zeichen theoretisch zu vertiefen, interessierte ihn mehr die Durchsetzung des (künstlerischen) Films durch die Analogie zur Literatur, d. h. die Integration des Films in die Kunst als Institution, eine Strategie, die von der ›politique des auteurs‹ Anfang der 60er Jahre bewußt wieder aufgenommen wurde.

Bei Astruc heißt es: »Der Autor schreibt mit seiner Kamera wie ein Schriftsteller mit seinem Federhalter. Wie könnte man in dieser Kunst [...] einen Unterschied machen zwischen dem, der das Werk erdacht und dem, der es geschrieben hat?« (S. 114) Knapp zehn Jahre später schreibt André Bazin in den »Cahiers du Cinéma«:

»Die *politique des auteurs* besteht, kurz gesagt, darin, daß man die Persönlichkeit im künstlerischen Schaffen zur Grundlage macht unter der Voraussetzung, daß sie sich kontinuierlich von einem Film zum nächsten entwickelt. Sicherlich wird es einige hervorragende Filme geben, die nicht darunter zu fassen sind, die aber systematisch tiefer eingestuft werden sollen als andere, deren persönliches Autoren-Merkmal [...] man in jeder Minute erkennt« (Bazin, 1957, zit. nach Caughie, 1981, S. 45; Vgl. hierzu auch Paech, 1985).

So problematisch die Anwendung dieses Autorenbegriffs auf die nach dem Krieg begeistert rezipierten Hollywood-Regisseure wie Howard Hawks oder John Ford auch sein mag, die Aufforderung an die Filmkritik, die ›persönliche Handschrift‹ der Film-Autoren zu würdigen, hat dazu geführt, daß sich Persönlichkeiten (der Literatur) gleichermaßen mit dem Film kreativ auseinanderzusetzen begannen, d. h. die Parallelität von *nouveau roman* und *nouvelle vague* ist u. a. der Gemeinsamkeit des Autoren-Begriffs geschuldet (zur französischen und deutschen Entwicklung nach dem Zweiten Weltkrieg vgl. Wert, 1978).

8.4 Literarische und filmische Schreibweise

»Der Kinematograph ist eine Schrift mit Bildern in Bewegung und mit Tönen.«
(Robert Bresson)

Daß der Film eine Sprache sei, ist fester Bestandteil der metaphorisierenden wie der umgangssprachlichen Rede über den Film. Im Zusammenhang mit der Beziehung des Films zur Literatur kann diese linguistische Definition außer Acht bleiben, denn eine ›Sprache‹ des Films wäre von der Sprache der Literatur zu sehr verschieden, so daß sich auf dieser Ebene keine Beziehung herstellen ließe (eine Feststellung, die ihre Tragweite bei der Diskussion der Adaptionsproblematik bekommt.)

Daß der Film eine Schrift bzw. eine Schreibweise (écriture) sei, ist in der Stummfilmzeit häufig bemerkt worden: »Andererseits macht uns der Film auf die Ideographie primitiver Schreibweisen, die Hieroglyphe, durch das darstellende Zeichen aller Dinge aufmerksam, und vielleicht liegt gerade darin in Zukunft seine größte Stärke« (Gance, 1946, S. 148). Während der Zeit des Tonfilm-Realismus ist diese Rede verstummt, und erst bei Alexandre Astruc und schließlich mit der Renaissance der Montagetheorie des Films (Eisenstein, Godard) wieder lautgeworden. Unter dem Aspekt der Schrift oder Schreibweise lohnt es sich durchaus, parallel zur Schreibweise der Literatur eine Beziehung herzustellen.

Zunächst ist der Einwand, daß die Analyse des Films als ›Bilder-Schrift‹ (Ideographie) charakteristisch besonders für die Probleme des Stummfilms sei, nicht von der Hand zu weisen. Die Bilder (der Einstellungen) waren so lange das wesentliche Ausdrucksmaterial des Stummfilms, bis es von seiner expressiven Überforderung abgelöst wurde, als der Ton und die verbale Sprache hinzukamen. Aber die Konvergenz von Bild und Ton, ihr völliges ›natürliches‹ Verschmelzen, ist nur zum Teil gelungen, da die technisch getrennt gebliebenen ›Spuren‹ des Lichts und des Tons auch aus film-künstlerischen Überlegungen bald wieder unabhängig voneinander eingesetzt wurden: Jean-Luc Godard z. B. hat bewußt nicht mehr vom Film, sondern von ›Bildern-und-Tönen‹ gesprochen. Die Ebene, auf der in diesem Fall der Film als Kunst wiederhergestellt wird, ist die Schreibweise.

Es ist die Frage, in welcher Weise das, was Roland Barthes mit der literarischen Schreibweise bezeichnet hat, auf den Film (bzw. das cinéma im weiteren Sinne) bezogen werden kann: Von der Sprache heißt es, daß sie für alle Schriftsteller einer Epoche eine äußerste Grenze des Schreibbaren bildet, einen Horizont für einen sozialen Korpus, der für den Schriftsteller den »Raum für eine Aktion, die Definition und das Erwarten eines Möglichen [ist]; sie bleibt außerhalb des Rituals der Literatur« (Vgl. Barthes, Am Nullpunkt der Literatur, 1982, S. 15). Quer dazu interveniert der Schriftsteller als Person in den sozialen Korpus der Sprache durch seinen Stil: »Der Stil ist ein Erfordernis, das die sprachliche Ausdrucksweise an das Lebensgefühl des Autors bindet« (S. 19). Zwischen den Bedingungen des Schreibens, der Sprache und dem Stil, nimmt sich der Schriftsteller die Freiheit der Schreibweise: Die Wahl einer Schreibweise ist diese Geste des Schriftstellers für die Freiheit gegenüber den Konventionen der Sprache und des Stils, ihren sozialen und individuellen Bedingungen. Die Schreibweise ist diese Geste, die »sich spürbarer mit der Geschichte als irgendein anderer Schnitt durch die Literatur« berührt (S. 24).

Die Schreibweise als Geste der Freiheit gegenüber den Konventionen, Automatismen etc. der Sprache und des Stils (den sozialen und individuellen Bedingtheiten) ist semantisch Differenz (Derrida), pragmatisch Unterbrechung; und hier trifft sich Roland Barthes' Bestimmung der Schreibweise als Gestus mit Brechts Definition des epischen Theaters, von dem Walter Benjamin gesagt hat: »Das epische Theater ist gestisch. [...] Gesten erhalten wir um so mehr, je häufiger wir einen Handelnden unterbrechen. Für das epische Theater steht daher die Unterbrechung der Handlung im Vordergrunde« (Benjamin, 1966, S. 10). Der ›soziale Gestus‹ ist die Schreibweise des Brechtschen epischen Theaters, szenische Gestaltung als Versuchsanordnung eines produktiven Bewußtseins. Als ein Zustand, der durch die Unterbrechung der Handlung entstanden ist (›Dialektik im Stillstand‹), wird der Gestus aus der zeitlichen Abfolge der Handlung herauslösbar (›zitierbar‹) und zum Element, das quer zur zeitlichen oder gewohnheitsmäßigen Kontinuität als deren Widerspruch steht.

Die Schreibweise als Gestus der Freiheit gegenüber den Bedingungen des literarischen Schreibens entsteht auf dem Theater aus der Unterbrechung der Kontinuität der Handlungen (als ›Schrift‹ des Theaters), um im jeweils besonderen sozialen Gestus überprüfbares Element dieser Schreibweise zu werden.

»[Schließlich entsprechen die] Formen des epischen Theaters [...] den neuen technischen Formen, dem Kino sowie dem Rundfunk. Es steht auf der Höhe der Technik. [Es hat] sich bereits im Film mehr und mehr der Grundsatz durchgesetzt, es müsse dem Publikum jederzeit möglich sein,

›einzusteigen‹ [...], es müsse jeder Teil neben seinem Wert für das Ganze noch einen eigenen, episodischen besitzen« (S. 13).

Die Schreibweise im Film ist demnach der kinematographische Gestus des Unterbrechens (Montage) raum-zeitlicher Kontinuität, der Elemente (kinematographische Gesten) hervorbringt, deren vor-filmisch szenische oder kinematographische Bedeutung in neuen Kontexten überprüfbar wird. Oder Montage wäre zu definieren als »das In-Beziehung-Setzen des cinéma mit der écriture« (Ropars-Wuilleumier, 1981, S. 36), als Intervention des (Montage)Gestus in den Korpus des Films i. w. S.

Jean-Luc Godard hat z. B. in seinen letzten Filmen seit »Sauve qui peut (la vie)« (1979) immer wieder die Zeitlupe als signifikantes Element der ›kinematographischen‹ Unterbrechung kontinuierlicher Bewegungen und ihrer gewohnten Wahrnehmung eingesetzt (s. dazu Bellour, 1986, S. 109 f.). Raymond Lefèvre hat recht, wenn er in solchen (ähnlichen) Fällen von einer Schreibweise (procédé d'écriture [Lefèvre, 1983, S. 46]) und nicht von einem Godard-Stil spricht. Die Einfügung dieses Elements der Unterbrechung entspricht genau dem Sinn des Brechtschen ›sozialen Gestus‹, der staunen macht, Aufmerksamkeit auf etwas lenkt und wiederholbar ist in neuen Kontexten, falls er auch dort wieder als Unterbrechung fungiert: Wird es nämlich zum stilistischen Element, dann fügt es sich einer persönlich motivierten Intention (einer Manie womöglich), die die Illusion des Individuellen des ›Autors‹ (Godard) gegen die entfremdete Produktion in der Institution Kino zu behaupten hätte.

Andere Richtungen (Vgl. die Übersicht bei Metz, 1973, S. 275-312), die mehr an spezifisch kinematographischen Problemen orientiert sind, haben die Diskussion einer Schreibweise auf die Frage einer kinematographischen Schrift eingeengt (Eisenstein, 1929 und 1975, S. 200-241): Am bekanntesten sind die ideographischen Untersuchungen Eisensteins, der Darstellungs- sowie Artikulationsprozesse filmischer Montage am Beispiel semantisch besonders aufgeladener Bilder, der Hieroglyphen und japanischen Schriftzeichen, analysiert hat. Auf der gleichen Ebene, aber in entgegengesetzter Richtung bewegt sich Pasolini, wenn er die These vertritt, daß »das Kino – durch seine Reproduktion der Wirklichkeit – das geschriebene Moment der Wirklichkeit [ist]« (Pasolini, 1979, S. 219). Pasolini faßt die Realität grundsätzlich als bereits semiotisiert auf, so daß Elemente des Realen auf der gleichen semiotischen Ebene im Film ›verarbeitet‹ werden wie eine ›Schrift der Wirklichkeit‹, allein sein Insistieren auf der Kontinuität filmischer Darstellung (Einstellungssequenz) analog zur Realwahrnehmung zeigt, daß es ihm weniger um eine Schrift oder Schreibweise, sondern um eine Sprache als Horizont filmischer Artikulation geht: »Wenn ich mich durch die Sprache des Kinos ausdrücke – die, um es zu wiederholen, nichts anderes ist als das geschriebene Moment der Sprache der Wirklichkeit [!] –, bleibe ich immer im Bereich der Wirklichkeit: ich unterbreche ihre Kontinuität nicht durch die Anwendung jenes symbolischen und willkürlichen Systems, das das System der Sprachzeichen ist – welches, um ›die Wirklichkeit durch ihre Evokation zu reproduzieren‹, sie notwendig unterbrechen muß« (S. 219). – Die Sehnsucht nach der Kontinuität des Realen in dessen schönerer Artikulation durch die Sprache des Films verbindet sich wieder mit dem ›Mythos vom totalen Kino‹ André Bazins, so daß von hier aus eine ›Spur‹ zur Kritik des ›klassisch-realistischen Textes‹ führt, die abschließend diskutiert werden soll (zu dem Begriff ›Spur‹ s. Bazin, 1975, S. 86; Ropars-Wuilleumier, 1970, S.121).

8.5 Der klassische realistische Text

Der Begriff ›klassisch-realistischer Text‹ ist der besonders einflußreichen (Psycho-)Analyse des Films von John Ford »Young Mr. Lincoln« (1939) durch die »Cahiers du Cinema« (1970, No. 223) entnommen. Damit wird

»ein Kino bezeichnet, das auf der analogischen Repräsentation und der linearen Erzählweise beruht (›Transparenz‹ und ›Präsenz‹), also augenscheinlich völlig ins ideologische ›System‹ einbezogen ist, das diese Begriffe unterstützt und zusammenhält. Für eine solche ›Klassizität‹ konnte das Hollywoodkino als Modell betrachtet werden, soweit die Rezeption davon völlig von diesem System genormt war« (Cahiers du Cinéma, zit. nach der deutschen Übersetzung in Filmkritik, 1974, S. 10).

Die kritische Analyse des Hollywoodfilms als Modell für das Funktionieren des narrativen realistischen Films im herrschenden ideologischen (bürgerlich-kapitalistischen) System hätte Auskunft zu geben einmal über die interne Struktur von Filmen, die nach diesem Muster funktionieren, dann über die Art ihrer Rezeption, schließlich über die Beziehung, die sie mit anderen erzählenden Texten unterhalten, die womöglich ähnlich strukturiert sind.

Die Antwort aus dem Umkreis der englischen Zeitschrift »Screen« (s. auch Paech, Screen-Theory, 1985, S. 185-198) setzt die grundsätzliche Affinität des Tonfilms zum Realismus voraus: »Der Ton wurde im Namen des Realismus angewendet (Realitätseindruck, Film, das ist die Wahrheit 24mal in der Sekunde: Film als Wahrheit der Realität), zu dem er wesentlich beiträgt. [Und es] ist die Erzählung, die Hollywood als Sprache definiert. [...] Die Kombination beider ist im klassischen Sinne filmischer Realismus« (Heath, 1974, S. 18 f.). – Angewandt auf Romane und Filme bedeutet das:

»Der klassisch-realistische Text kann als Text definiert werden, in dem zwischen den Diskursen, die den Text bilden, eine Hierarchie besteht; diese Hierarchie wird von einem empirischen Wahrheitsbegriff bestimmt« (MacCabe, 1977, S. 241).

Im Roman ist z. B. die wörtliche Rede der Diskurs der Unmittelbarkeit (Objektsprache) und der empirischen Wahrheit, dem mit der narrativen Prosa eine Metasprache zugeordnet ist, die erst das Verhältnis des Textes zur bedeuteten Wirklichkeit klärt: Das Wissen des Erzählers setzt die Rede in Anführungszeichen und damit in ein Verhältnis zur bedeuteten Realität, definiert das empirisch Unmittelbare (Sprechen) zugleich als getrennt von und identisch mit dem dominanten Erzähldiskurs. Die narrative Prosa

»erhält ihre beherrschende Position, weil sie die wissende Instanz ist, und diese Funktion des Wissens wird im Kino durch die Erzählung (Narration) der Ereignisse wieder aufgegriffen. [...] Die Kamera zeigt uns, was geschieht – sie sagt die Wahrheit, an der wir die Diskurse [der handelnden und sprechenden Figuren] messen können« (S. 242).

Der narrative Diskurs ist die Dominante, die »als diejenige Komponente eines Kunstwerkes definiert werden [kann], an der sich alle anderen orientieren: sie regiert, determiniert und transformiert die restlichen Komponenten. Die Dominante garantiert die Integrität der Struktur« (Jakobson, 1979, S. 212). In dieser Funktion wird der narrative Diskurs im Roman unmerklich und scheint als Artikulation im Film (fast) vollständig zu verschwinden, nur als Erzählerperspektive ist das Wissen weiterhin anwesend: das zeigt sich darin, daß die Kamera ›zufällig‹ dort steht, wohin die handelnden Personen gehen werden, etc. Für den Zuschauer ist damit das beruhigende Wissen verbunden, an den erzählten Ereignissen in privilegierter Position beteiligt zu sein, selbst am dominanten Wissen teilhaben zu können, das ihm gegenüber der ohnmächtig-schicksalhaften Situation der Handlung und der Handelnden die sichere, aber geborgte Macht des Wissenden gibt. Das Vergnügen am klassisch-realistischen Roman- oder Filmtext ist der Genuß dieser Illusion von Macht gegenüber einer Fiktion erzählter Ereignisse. Darin ist der realistische Film – noch heute der Normalfall des Films im Kino und im Fernsehen – der direkte Nachfolger des Romans des bürgerlichen Realismus. Und indem der Film diesen Roman mit Vorliebe ›verschlingt‹, verwandelt er sich ihm zusätzlich in der Verfilmung an.

Der klassisch-realistische Text ist auch definiert durch die Abwesenheit einer Schreibweise. Es gibt keinen Gestus, der auf ihn selbst als Geschriebenes, Erzähltes, Gefilmtes aufmerksam macht, im Gegenteil, er tut alles, um von sich als Text, als Rede etc. abzulenken. Andererseits stecken in

»jeder gegenwärtigen Schreibweise [...] zwei Postulate: es besteht darin die Bewegung eines Bruches und die einer Erstmaligkeit, sie enthält das Muster jeder revolutionären Situation, deren fundamentale Zweideutigkeit darin besteht, daß wohl oder übel die Revolution aus dem, was sie zerstören will, das Bild dessen schöpft, was sie zu erringen strebt. [...] Die Vermehrung der Schreibweisen setzt eine neue Literatur in dem Maße, wie diese ihre Sprache nur erfindet, um Projekt zu sein. Die Literatur wird zur Utopie der Sprache« (Barthes, Am Nullpunkt der Literatur, 1982, S. 100 f.).

Beide Bewegungen haben die Beziehung zwischen Literatur und Film bestimmt: Nur sofern sie Schreibweisen sein wollten, haben sich Literatur und Film ›durchbrochen‹, um in wechselseitiger Abhängigkeit dennoch die Autonomie der eigenen Schreibweise ›pur‹ zu behaupten; und außerdem, um immer wieder festzustellen, daß es die Elemente des Literarischen und die Elemente des Filmischen (des Malerischen etc.) in den jeweiligen Schreibweisen sind, die nach wie vor am intensivsten am Projekt ihrer Artikulation der Moderne beteiligt sind.

Kontinuität und Bruch bestimmen denn auch die filmischen Schreibweisen, die bis hierher in recht unterschiedlichen Kontexten analysiert wurden: Für die Autoren des *pré-cinéma* bedeutete das, was im nachhinein als ›filmische Schreibweise‹ bei Flaubert, Zola, Dickens u. a. bezeichnet wurde, die Wiedergabe neuer Wahrnehmungsweisen und Erfahrungen mit neuen Dispositiven, die die industrielle Revolution, die Urbanisierung und Technifizierung des Lebens mit sich gebracht hatten, auf der Ebene der narrativen Struktur. (»Flaubert: eine bestimmte Art, den Diskurs zu unterbrechen, zu durchlöchern, ohne ihn unsinnig zu machen« [Barthes, Die Lust am Text, 1982, S. 15]). Der Kontinuität des Erzählens war die ›filmische Schreibweise‹ als eine Geste des Bruchs, als Ausdruck der Erfahrung der Distanzierung und Entfremdung und damit als Markierung der ›Moderne‹ ebenso eingeschrieben wie als Ausgangspunkt für eine neue Institutionalisierung des Imaginären zwischen Erfahrung und Realität: Die Erfahrung des Kinos wiederum scheint gerade die filmische Schreibweise im Bewußtsein der Realitätswahrnehmung als ›filmisch‹ ontologisiert zu haben: Während das Montageförmige des Films als adäquater Ausdruck der Wahrnehmung des Gesamt-Dispositivs Großstadt und Kino in der filmischen Schreibweise einer ›modernen‹, avantgardistischen Literatur von Joyce, Dos Passos oder Döblin aufgegriffen wird, erobert sich das Kino mit dem Tonfilm die Kontinuität des Imaginären zurück, die Gegenwelt, die viel mehr in der kontinuierlichen, realistischen narrativen Struktur des Hollywood-Films als in deren Sujets (z. B. dem ›film noir‹) deutlich wird. »Triumph und Bruch der bürgerlichen Schreibweise« (Roland Barthes) bezieht sich auf beide Artikulationen, die »Wege zur Integration, zum Zerstören oder zur Naturalisation der Literatur- [und Film-] Sprache gezeichnet« (S. 71 f.) haben. Zur Sache des Kinos wird die ›Geste des Bruchs‹ der Schreibweise erst wieder in der Konfrontation mit dem *cinéma de qualité* oder ›Opas Kino‹, dessen Formlosigkeit die bewußte filmische Formulierung entgegenzusetzen versucht wird (Godard u. a.). Das ›Filmische‹ (Montageförmige etc.) ›pur‹ garantiert indes keine Schreibweise für den avantgardistischen Film mehr; Godard etwa hat zunehmend Elemente der Literatur, der populären Ikonographie (Werbung, Illustrierte, Film), Musik etc. in seine Filme integriert; die avantgardistische Literatur dagegen kann sich vorübergehend noch den ›Kamerablick‹ als Schreibweise leisten, da die Artikulation des Filmischen im Literarischen noch immer der Anerkennung des Films in der Institution Literatur voraus ist.

9. Die literarische Lektüre eines Films

Béla Balázs (1939) sollte in einem viel umfassenderen Sinne recht behalten: Nicht nur hat heute »eine selbständige Geschichte der Filmkunst aufgehört, [und] die Geschichte der literarischen Gattung Szenarium [...] begonnen«, auch eine selbständige Geschichte der Literatur hat aufgehört und ist wie der Film zum Bestandteil der Medienkultur geworden.

Kein literarischer Autor in der Bundesrepublik kann seine Produktion noch außerhalb der audio-visuellen Medien auf einem rein literarischen Markt durchsetzen; im Gegenteil, es sind die Medien, die ihm oder ihr ermöglichen, die Rolle des Literaten durchzuhalten, wenn er oder sie Wert darauf legen. Aber das Bild des ›Autors‹ hat sich gewandelt: Wer heute vom Schreiben lebt, muß seine Texte multimedial vermarkten. Und es sind die erfolgreichen deutschsprachigen Autoren der Gegenwart, die sowohl sich selbst in einer multimedialen Wirklichkeit des Radios, des Fernsehens, des Kinos, der Zeitschriften und Bücher als Autoren reproduzieren als auch diese Wirklichkeit in ihren Produkten verarbeiten. Peter Handke zum Beispiel ist ein solcher »erfolgreicher Umsteiger zwischen den Medien. [...] ›Die linkshändige Frau‹ hat er selbst in eigener Regie aus seiner gleichnamigen Bestseller-Erzählung in das visuelle Medium überführt. Schon von Anfang an aber hatte er sich diesen Text als Filmerzählung vorgestellt«(Moeller, 1980, S. 86). ›Kinomorphe‹ (Moeller) Erzählweisen in literarischen Texten sind nicht mehr nur Ausdruck analogisierender Verfahren, sondern das Ergebnis des »Veröffentlichungspluralismus bei zeitgenössischen Autoren« (Moeller, 1971, S. 68) wie Peter Weiss, Heiner Kipphardt und Tankred Dorst (Vgl. Prümm, 1980), Günter Grass, Friedrich Dürrenmatt, Siegfried Lenz u.v.a.; Drehbücher für Fernsehspiele werden zu Erzählungen umgearbeitet, erscheinen als Hörspiele und werden auf dem Theater aufgeführt.

Ist Alexander Kluge Filmregisseur (u. a. »Abschied von gestern«, 1965/66 – »Gelegenheitsarbeit einer Sklavin«, 1973 – »Der starke Ferdinand«, 1975 – »Die Patriotin«, 1979 – »Die Macht der Gefühle«, 1983) oder literarischer Erzähler (u. a. »Lernprozesse mit tödlichem Ausgang«, 1973 – »Lebensläufe, Anwesenheitsliste für eine Beerdigung«, 1974 – »Neue Geschichten« Hefte 1–18 – »Unheimlichkeit der Zeit«, 1977 – »Schlachtbeschreibung. Der organisatorische Aufbau eines Unglücks«, 1978) oder Filmtheoretiker (u. a. »Gelegenheit einer Sklavin. Zur realistischen Methode«, 1975 – zusammen mit Klaus Eder: »Ulmer Dramaturgien. Reibungsverluste«, 1980, [Hg.] »Bestandsaufnahme: Utopie Film«, 1983) oder kritischer Kulturanalytiker, der zusammen mit Oskar Negt so einflußreiche Bücher wie »Öffentlichkeit und Erfahrung« (1972) und »Geschichte und Eigensinn« (1981) veröffentlicht hat? Die Frage ist unsinnig, denn natürlich ist er dies alles zusammen (und Rechtsanwalt und Filmpolitiker) und zwischen den Tätigkeiten als literarischer Erzähler, Filmregisseur und -theoretiker und Kulturanalytiker bestehen unmittelbare Zusammenhänge, die bis in die Verarbeitung von Texten (»Ein Bolschewist des Kapitals« aus »Lernprozesse mit tödlichem Ausgang«) zu Filmen (»Der starke Ferdinand«) oder Filmen zu literarischen Texten reichen: Kluges Drehbücher zu »Die Artisten in der Zirkuskuppel: Ratlos« (1968), zur »Patriotin« (1979) oder zu »Der Angriff der Gegenwart auf die übrige Zeit« (1985) sind literarische Kompilationstexte, die wie der Band zur »Patriotin« an die Form der kulturanalytischen Arbeiten (etwa »Geschichte und Eigensinn«) erinnern.

Ob diese Hypertrophie des modernen multimedialen Autors den postmodernen »Tod des Autors« (Roland Barthes, The Death of the Author, 1982; Michel Foucault, 1979) in der Eigendynamik der Texte anzeigt, soll hier nicht diskutiert werden. Dagegen könnte es interessant sein, an einem Beispiel zu versuchen, nachzuvollziehen, wie sich der Austauschprozeß zwischen Texten verschiedener Medien – hier Rainer Werner Fassbinders »Die Ehe der Maria Braun« (1978) und Gerhard Zwerenz' »Die Ehe der Maria Braun. Nach dem gleichnamigen Film von Rainer Werner Fassbinder mit Hanna Schygulla in der Hauptrolle«, München (1979) 1981 – vollzieht. Fassbinders Film »Die Ehe der Maria Braun« ist auf der Grundlage eines Drehbuchs von Peter Märtesheimer und Pea Fröhlich »nach einer Idee von Rainer Werner Fassbinder« (Roth, 1979, S. 227) entstanden; allerdings hat der Regisseur während der Dreharbeiten das Drehbuch erheblich verändert und z. B. den Schluß des Films, Maria Brauns Tod, neu konzipiert (Vgl. dazu und zum Folgenden Moeller, 1984, S. 105–123). Aber nicht die Entstehung des Films auf der Grundlage der Drehbuch-Vorlage soll das Thema sein, sondern das Verhältnis des originären Films zum Roman von Gerhard Zwerenz, der ›nach‹ dem Film entstanden ist.

Amerikanische Erfahrungen »in dem neuen Genre, der Film-

Nach-Erzählung« (Zwerenz, 1981, S. 253), haben Zwerenz ermutigt, eine Art Roman-Reportage über den Film zu schreiben:

»Nimm den Film jetzt als Stoff und reportiere den Stoff. Schreibe also keinen Roman, sondern eine Roman-Reportage. Nimm diese zweite Wirklichkeit, den Film, so, als wäre er die erste Wirklichkeit, das Leben. Reportiere und beschreibe also den Film – und nichts sonst« (S. 252).

Nichts sonst: Dabei enthält diese Forderung bereits drei sehr verschiedene Verfahren mit ganz unterschiedlichen zu erwartenden Ergebnissen. Eine Reportage ›des Films‹ könnte ein Tatsachen-Roman über die Entstehung des Films, die Dreharbeiten etc. sein; die Beschreibung des Films könnte eine Art Drehbuch ›a posteriori‹ ergeben, wie das Jean-Luc Godard als Video-Scénario zu seinem Film »Passion« gemacht hat (Jean-Luc Godard: Scénario du film Passion [1982], in: Paech, 1987). Während in einem solchen Verfahren der Film als Medium der Erzählung einer Geschichte in die Beschreibung eingeht, würde im dritten Fall nur noch die filmisch erzählte Geschichte ›nach‹-erzählt werden, wobei das Medium Film transparent zur erzählten Geschichte wird, um dann, ohne den Film, literarisch wiedergegeben zu werden. Nur diesen dritten Fall meint Zwerenz mit seiner Film-Nach-Erzählung. In der Tradition der Feuilleton-Romane erschien die Zwerenz-Adaption der »Ehe der Maria Braun« zuerst als Fortsetzungsroman im STERN No 9, 1979, wo etwas prahlerisch erklärt wird, wie die »Bilder in Worte gefaßt« wurden:

»So glücklich geriet die ›Ehe der Maria Braun‹, daß der Stern ein bislang nur in den USA erprobtes Experiment riskieren konnte – einen Film-Vorabdruck in Romanform, der in diesem Heft beginnt. Der Autor Gerhard Zwerenz [...] brachte es fertig, sein Fabuliertalent dem Kino-Sujet unterzuordnen und einmal nicht nach dem Leben, sondern nach Drehbuch, Film und Dialogliste zu erzählen. [...] es ist ein Roman geworden. Spannend, lakonisch und mit gewohntem Biß hat Zwerenz die Bilder in Worte gefaßt – ohne die Literatur zu verraten und ohne den Film, der im März in die Kinos kommt, in seiner Wirkung auf die Romanleser zu schmälern« (Stern 1979, No 9, S. 246).

Außer im Hinweis des Titels (»Nach dem gleichnamigen Film von Rainer Werner Fassbinder mit Hanna Schygulla in der Hauptrolle«), der das Buch an den Erfolg eines Filmregisseurs, eines Filmstars und eines (hoffentlich) erfolgreichen Films anbindet, enthält der Roman keine direkten Spuren des Films mehr. (Die Filmfotos im Buch sind allerdings ›Spuren‹ des Films, deren interessante Problematik hier ausgespart werden muß.) Zwerenz hat also tatsächlich diese ›zweite

Wirklichkeit‹ genommen, als wäre es die ›erste Wirklichkeit‹, in der er eine Geschichte ge-/erfunden hat. Seine Position gegenüber der Wirklichkeit (der Geschichten) ist der des ›Vetters am Eckfenster‹ vergleichbar, der heute sicherlich seine Tage vor dem Fernsehgerät verbringen und dort seine Phantasmagorien finden würde. – Zwerenz hat einen Film gesehen und gehört und hat diesen Film nach-erzählt, als ob er die Geschichte der Ehe der Maria Braun aus nächster Nähe miterlebt hätte – hat er auch, aber als Film, und das sagt er nicht.

Einen Film erzählen bedeutet, ihn erst wieder zu dem zu machen, was er als Film durch die Unmittelbarkeit der dargestellten Handlungen in der Regel nicht mehr ist, eine Erzählung: »erzählt wird dennoch«, bzw. wieder, und was »der Film durch seine Bildersprache artikuliert, muß der Erzähler durch Worte oder Auslassungen oder direkte Bedeutungen einbringen« (S. 253). Der Erzähler muß also angesichts des Films die Geschichte erst (re-)konstruieren, die der Film mit seinen Mitteln und Bedingungen anders wiedergibt, als es die verbale Erzählung unter literarischen Bedingungen (andere wären: Filmkritik, Inhaltsangabe für die Filmwerbung etc.) tun wird.

Die Geschichte, die im Film und im Roman erzählt wird, ist also etwas sowohl vom Film als vom Roman Unabhängiges, die jedoch in einer dieser (oder einer anderen) Form erzählt werden muß, damit es sie gibt. Was für die ›Verfilmung‹ eines Romans gilt, nämlich daß nicht ein literarischer Text zum Film wird, sondern eine Geschichte filmisch erzählt wird, die zunächst ein Roman ist, gilt auch in dieser Umkehrung: Zwerenz hat keinen Film literarisiert, sondern eine Geschichte in einem Roman erzählt, die zuvor von einem Film erzählt worden war. Ebenso fruchtlos, wie Defizite in der Verfilmung gegenüber einem Roman zu beklagen, wäre es, Defizite der Literarisierung gegenüber dem Film herauszustreichen: denn die gibt es auch hier allemal! Der Film und der Roman (in welcher Reihenfolge auch immer) bestehen unabhängig voneinander oder gar nicht.

Das vorausgesetzt und das Filmische als Bedingung des Films und das Literarische als Bedingung des Romans anerkannt – um es unter den jeweiligen Bedingungen auch zu kritisieren –, kann man beide Formen der gemeinsamen imaginären Geschichte wieder aufeinander beziehen. Das soll im folgenden am Beispiel eines Ausschnitts versucht werden, indem die literarische Erzählung als Lektüre (Lesart) des Films aufgefaßt wird. Eine Schwierigkeit besteht darin, daß der Film bei der folgenden vergleichenden Lektüre nicht anwesend ist, sondern in einer zweiten, nicht literarischen Lektüre, die möglichst in einem Filmprotokoll formalisiert sein sollte (Weber, 1984), repräsentiert werden muß (ein Problem, das durch den Einsatz einer Videokopie auf einem Videorecorder stark reduziert werden kann). Es handelt sich im folgenden also um den Beginn einer vergleichenden Lektüre der Transformation vom Film zum Roman »Die Ehe der Maria Braun«, wobei diese Transformation als Tätigkeit des literarischen Autors selbst eine Lektüre des Films ist (zur Transformationstheorie und -praxis der Analyse der Literaturverfilmung s. Schneider, 1981; Kanzog, 1981; Joachim Paech [Hg.], Literatur und Film: Mephisto, Frankfurt 1984). Die vier Teile des (Film-)Schlusses haben eine effektive Dauer von 14 Min., 15 Sek. Erzählzeit, denen ca. 12 Minuten Erzähl- bzw. Lesezeit des Romans gegenüberstehen. Die erzählte Zeit umfaßt in beiden Fällen den Nachmittag und Abend vor Oswalds Tod, den Tag nach Oswalds Tod und die Stunden des darauffolgenden Tages bis zum Tod von Maria Braun am Tag des Endspiels um die Fußballweltmeisterschaft in Bern zwischen Ungarn und Deutschland, 4. Juli 1954. (Der Roman-Text wird kursiv, die ›Lektüre‹ des Films normal, der Kommentar in [...] wiedergegeben.)

[Eine Kriegshochzeit. Während das Standesamt von Bomben getroffen wird, heiratet Maria den Soldaten Hermann Braun, der am nächsten Tag zurück an die Front muß. (Über dieser ersten Sequenz liegt der Vorspann.) In der Nachkriegszeit bleibt Maria ihrer Ehe treu, bis sie erfährt, daß ihr Mann gefallen sein soll. Von nun an liebt sie ihren und ihrer Familie Ernährer, einen schwarzen US-Soldaten, von dem sie auch ein Kind erwartet, als Hermann plötzlich auftaucht. In den Kampf zwischen den beiden Männern greift Maria ein und erschlägt den Amerikaner mit einer Sektflasche. Vor Gericht nimmt Hermann die Schuld auf sich und geht ins Gefängnis. Maria will nun für ihre Ehe vorsorgen; sie treibt das Kind ab und erreicht, daß sie von dem Industriellen Oswald engagiert wird. Dank ihrer Initiative und entgegen der Vorsicht des Prokuristen Senkenberg, der den Betrieb über den Krieg gerettet hat, zieht hier, auch für Maria Braun, das Wirtschaftswunder ein. Oswald hat sich in Maria verliebt, beide schlafen miteinander, ohne daß Maria ihre Unabhängigkeit aufgibt. Als Maria, die alles getan hat, um für diesen Tag vorzusorgen, Hermann vom Gefängnis abholen will, ist dieser verschwunden. Ohne ihr Wissen haben Oswald, der bereits sehr krank ist, und Hermann einen Vertrag gemacht, daß Hermann bis zu Oswalds Tod auf Maria verzichtet. Nach einem Gespräch, zu dem sie sich mit Willi, dem Mann ihrer Freundin Betti, in einer Ruine getroffen hatte, geht Maria durch einen Park nach Hause].

Kamera Parallelfahrt nach links mit Maria (HN), die K. bleibt zurück und sieht Maria nach, die sich dem Haus nähert. Maria bleibt auf der Eingangstreppe stehen. ...

Sie kam von einer Bootsfahrt nach Hause.

Maria (POV – point of view, d. h. [hier] der subjektive Blick wird von der Kamera eingenommen) sieht auf der Treppe eine Rose in Einwickelpapier.

Vor der Haustür lag, in Papier eingewickelt, eine langstielige Rose.

Maria geht weiter die Treppe hoch, bückt sich unter das Steingeländer, um die Rose aufzunehmen, geht zur Haustür, schließt auf, geht in die Tür ... (K. leichter Hochschwenk mit Annäherung)

Sie hob die Blume auf und trug sie ins Haus.

[Die wichtigste Differenz: Das Imperfekt des Romans hat den Erzähler konstituiert, während die Präsenz Marias auf ihrem Weg nach Hause das Präsens filmischer Unmittelbarkeit behauptet; die K., die Maria in der Parallelfahrt begleitet hatte, läßt sie vorausgehen, um sie so auf ›ihr‹ Haus zu projizieren. Der E. resümiert die Bewegung, die die Kamera als Weg zum Haus vollzieht, als ›nach Hause kommen‹; das durch POV-Wechsel dramatisierte ›Finden‹ der Rose wird vom E. zum beiläufigen Aufheben reduziert].

K. sieht, mehrfach verdeckt durch Wände und Vorhänge, Maria durch den Hausflur zur Blumenvase gehen; sie stellt ihre Handtasche in die Vase, die Kamera bleibt bei der Vase (N).

Im Wohnzimmer stand sie vor dem wagenradgroßen Bukett von unterschiedlich verblühten Rosen. Manche waren schon völlig verdorrt, andere hatten ihre Blätter noch voll entfaltet. Jeden Monat eine dunkelrote Crimson Glory als Gruß von Hermann. Maria machte eine heftige Bewegung zum Blumenstrauß hin. In ihr breitete sich Schmerz aus. Er begann ganz leicht, beinahe sanft und verschärfte sich. Sie mußte weinen. Sie ging ins Bad und betrachtete ihr weinendes Gesicht im Spiegel ...

K. hinter Maria (A), die bleibt stehen, sieht auf die Rose in ihrer Hand, dreht sich um ...

[Die K.-Position hat ins Innere des Hauses gewechselt, um die Kontinuität der Bewegung Marias im Haus fortführen zu können: Diese Bewegung zielt auf den Moment, wo sie stehenbleibt und bemerkt, daß sie statt der Tasche noch die Rose in der Hand hält. Ein optisches Verfahren der K. wird deutlich: Indem immer wieder Wände, Säulen, Vorhänge, Türen etc. die Personen vor der K. verdecken, werden sie dem K.-Blick entzogen, ›verheimlicht‹, was zugleich anheimelnd und geheimnisvoll bedeuten kann. Marias Verwirrung drückt die Kamera auch dadurch aus, daß sie ihre Bewegung von der Tür ins Haus von links nach rechts verfolgt, sie jedoch in derselben Bewegung von rechts nach links an den Blumenstrauß herantreten läßt (möglicherweise durch eine Aufnahme im Spiegel). – Der E. hatte vorher bereits die Rosen, die Hermanns Abwesenheit bedeuten, zur Charakterisierung der Situation Marias benutzt: »Sie ist eine Frau mit Rosen, mit Prokura und mit Geld«, d. h. ohne Ehemann. In der Beschreibung des Buketts wird Zeitvergehen resumiert, im Namen der Rose wird eine abstrakte Wertschätzung signalisiert, die Marias Reaktion motiviert; der E. weiß um die inneren Gefühle und Gedanken Marias, er psychologisiert.]

... Dann fiel ihr Blick auf ihre rechte Hand. Darin hielt sie noch immer die rote Rose. Was war das: ...

Blumenvase (G) (POV Maria)
Wie vorher M: »Ha, Maria Braun, Sie müssen aufpassen, daß Sie nicht wunderlich werden.«

Die junge Frau lief ins Wohnzimmer zurück zur Bodenvase.

K. dreht in die Laufrichtung Marias zur Vase, fährt, teils verdeckt durch Vorhänge neben ihr her; Maria nimmt die Tasche aus der Vase, öffnet sie, nimmt eine Zigarette heraus (A); geht suchend an K. vorbei.

Hatte sie doch vorhin statt der Blume ihre schmale Krokouverttasche in den Strauß gesteckt. Sie nahm die Tasche heraus und steckte die Rose in die Vase, dabei sagte sie zu sich: »Maria Braun, jetzt mußt du aber aufpassen, daß du nicht wunderlich wirst.« Sie öffnete die Tasche und holte eine Zigarette aus der

angebrochenen Packung. Sie blickte sich suchend um. Weder Feuerzeug noch Streichhölzer fand sie.

[Die Organisation der Blicke stellt die Beziehungen her: Die K. war Maria dicht gefolgt, bemerkt mit ihr die Rose in ihrer Hand; der Blick auf die K. wird zum Blick der K. (Marias) auf die Vase, wo die Tasche in den Blumen steckt. Maria kommentiert ihr Fehlverhalten, indem sie über sich in der 3. Person spricht, d. h. sie ist ›nicht ganz bei sich‹. – Die psychologisierende (emotionalisierende) Motivation des E. sucht in Maria, was die Kamera als äußerlich, sich selbst fremd, außer sich sein, gezeigt hat und vom E. als subjektivierende Wahrnehmung: »Was war das?« und als Spiegelsituation nur angedeutet wird. Das Wort ›Krokokuverttasche‹ muß auf der Handlungsebene plausibel machen, daß diese kleine Tasche in die Blumen gesteckt werden konnte und muß Marias Neu-Reichtum konnotieren. Die K. ›zeigt‹ Maria im pelzbesetzten Mantel als Dame in einer teuren Wohnungseinrichtung.]

K. in Gegenrichtung, hinter Maria her zur Küche. Maria und der Gasherd sind im Türausschnitt. Maria zündet eine der Gasflammen an, geht in die Hocke ...

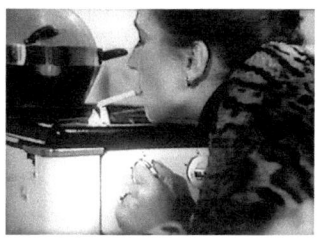

(G) Maria hält die Zigarette im Mund in die Flamme, steht auf, K. bleibt in der Höhe des Herdes, Marias Hand stellt die Flamme am Herdschalter aus.

Maria ging in die Küche, zündete mit dem Gasanzünder die Flamme des Herdes an und nahm sich Feuer für ihre Zigarette.

[Die Unterbrechung der kontinuierlichen Bewegung verschafft ihrer neuen Richtung zum Herd den Kontext und die Aufmerksamkeit, die schließlich dem einfachen Vorgang des Zigarettenanzündens Gewicht geben: In der Handlungskette wird Hermanns Rose mit der Tasche getauscht, die dadurch auf ihren Inhalt, die Zigaretten, aufmerksam macht, die Maria dann wie gewöhnlich am Gasherd anzündet. Der Türausschnitt konzentriert den K.-Blick auf diesen Vorgang, die Annäherung auf (G), und die Tatsache, daß die K. nicht Marias Aufwärtsbewegung folgt, sondern das Drehen des Schalters am Herd zeigt, müssen als Hinweise auf Bedeutungen, die noch einzulösen sind (Spuren), gelesen werden. – Während die K. ›Markierungsbilder‹ gezeigt hat, reiht der E. Handlungen, die die bloßen Vorgänge wiedergeben, aneinander, deren Bedeutung später nachgetragen werden muß.]

K. – fährt links parallel zum Gang Marias aus der Küche zum Telephon, das die K. vor ihr erreicht: weißes Telephon (G) Maria nimmt den Hörer ab, wählt, die Zigarette ragt rechts ins Bild. M: »Herr Oswald, Maria Braun, ich brauche jemand, der mit mir schlafen will.«

In tiefen Zügen rauchend, kam sie ins Wohnzimmer zurück. Sie nahm den Telephonhörer auf und wählte. Bevor Oswald sich melden konnte, sagte Maria: »Ich bin es. Ich brauche jemanden, der mit mir schlafen will.« – Keine Viertelstunde später war Oswald bei ihr. Er hatte sich sehr beeilt. – Maria war schon ausgezogen. Danach sagte Oswald: »Es war sehr schön.« – Maria erwiderte: »Es war immer sehr schön, wenn wir miteinander geschlafen haben.« – Er überlegte: »Weißt du, es war ein wenig wie damals, beim ersten Mal, in jenem Hotel.« – »Ich bin froh, daß du dich daran erinnert hast. Ich wollte es so. Ich wollte mich ganz fest daran erinnern.« – Er wurde ganz leise: »Damals hast du gesagt, du wolltest mir zuvorkommen. War das heute auch so?« – Maria strich dem Mann mit beiden Händen zärtlich über die Augen. ›Es gibt dabei Dinge, die sind so und zugleich ganz anders.« Oswald küßte die junge Frau, dann stand er auf und begann sich anzukleiden. »Willst du nicht die Nacht über bei mir bleiben?« fragte sie. – »Ich gehe nach Hause«, erwiderte Oswald, »und ich liebe dich und bin sehr glücklich und sehr müde.«

[Die K. bleibt bei Marias Bewegungen, eilt ihr jedoch diesmal voran, ›zeigt‹ ihr das Telephon; während Maria wählt und spricht, ist sie (fast) nicht im Bild; die semantisch bereits stark aufgeladene Zigarette und das Telefon haben einen zentripedalen Effekt, konzentrieren den Blick auf das Sichtbare/Hörbare, aus dem Maria ausgespart bleibt, d. h. sie ist weiterhin ›außer sich‹, wenn sie, zudem wieder von sich in der 3. Person sprechend, Oswald auffordert, mit ihr zu schlafen. Das Bild, das von Maria leer ist, verweist auf die Leere in Maria. – Marias signifikanter Abwesenheit im Bild, zu der auch das Aussparen der Begegnung mit Oswald gehört, setzt der E. das Melodrama der ›letzten Nacht‹ entgegen, eine Sentimentalität, zu der Maria kaum noch fähig ist und hier als literarischer Effekt Oswalds Tod vorbereiten soll.]

Büro Oswald. Durch die halboffene Tür (HT) vorn mit dem Rücken zur K. die Sekretärin Frau Ehmke, im Hintergrund Maria. Senkenberg schließt die Tür, Frau Ehmke sieht sich zu ihm um, Maria sieht hoch.
Senkenberg (N)
Maria wie vorher, (HN) M: »Na, Senkenberg, was ist denn los, warum starren Sie denn so?«
Senkenberg (POV Maria), durch einen Pfeiler halb verdeckt: »Herr Oswald ist tot. Die Haushälterin hat ihn gefunden.« Frau Ehmke umarmt den schluchzenden Senkenberg, K. fährt rechts um den Pfeiler herum, sieht Senkenberg durch ein Blumengitter (N): »Herzversagen« (im Off sind Preßlufthämmer zu hören) »Er ist im Schlaf gestorben. Die Frau sagt, er hat ein Lächeln auf dem Gesicht gehabt, wie ein Kind. «

Am Morgen kam Maria wohlgelaunt und frisch ins Büro. Der Pförtner in der Eingangshalle holte ihr den Fahrstuhl herbei. Die Lifttür öffnete sich. Maria wollte fröhlich lächelnd einsteigen und sah sich einem grämlichen Herrn Senkenberg gegenüber. »Tag.« – »Frau Braun –«, setzte Senkenberg an und brach nach den zwei Worten schon seinen Satz ab. »Na«, fragte Maria heiter. »Senkenbergchen, was ist denn nun schon wieder los? Weshalb diese Leichenbittermiene? Und warum starren Sie mich an wie ein Gespenst?« – »Oswald«, sagte Senkenberg und schluckte, »Herr Oswald ist heute nacht gestorben.«

[Dem Erzähler ist sehr daran gelegen, die Pointe von Oswalds Tod aus der Kontinuität des zeitlichen Ablaufs (gestern hatten sie noch zusammen geschlafen, heute ist Oswald tot) zu konstruieren, die noch als Bewegungsablauf ›auf dem Weg zum Büro‹ aufrechterhalten wird. – Der Film ist an einer solchen Abfolge nicht interessiert, die Verbindung zwischen den beiden Einstellungen denotiert nur schwach zeitliche Kontinuität; wichtiger ist die Position der Prokuristin Maria, die aus der Anteilnahme an Senkenbergs Bericht von Oswalds Tod ausgespart bleibt: die Kamera schiebt sich zwischen sie und Senkenberg/Frau Ehmke, während noch Marias Blick auf die beiden durch ein Gitter verstellt ist.]

Restaurant (HT). Kellner stehen um Marias Tisch, die ißt. RADIO-Übertragung (off) von Adenauer-Rede (»... haben wir das Recht, so viel aufzurüsten, wie wir können und wie wir wollen.«). Maria steht auf und erbricht sich an der Saaltür, Kellner eilen herbei. K. fährt leicht zurück, sieht die Szene jetzt durch eine Glastür, links in einer Ecke werden in einer sexuellen Szene einer Frau die nackten Brüste gestreichelt. Im RADIO (off) jetzt die Ankündigung des Beginns des Endspiels um die Fußballweltmeisterschaft im Berner Wankendorf-Stadion in 24 Stunden; Ungarn ist gegen die deutsche Mannschaft Favorit. Der Bayerische Rundfunk beendet um 23 Uhr seine Nachrichten.

Das Restaurant war leer. Zu früh am Tag. Maria setzte sich an den Tisch, wo sie so oft mit Oswald gesessen hatte. Ihr Stammplatz in der noblen Bastei. Der Ober legte ihr die Karte vor. Maria wählte langsam und mit Bedacht. Sie bestellte jede Speise, die sie mit Oswald hier zusammen gegessen hatte, und dazu drei Sorten Wein, die er am liebsten getrunken hatte. – Es wurde eine lange Liste. Maria hörte auf zu bestellen. Sie sah im riesigen goldgerahmten Spiegel, wie die Kellner sich hinter ihr versammelten und zu ihr hinstarrten. Maria begann zu essen, mit großen Bissen und Pausen. Von Zeit zu Zeit nippte sie am Wein. Der große schwarze Hut beschattete ihr Gesicht, das an diesem Tag von durchsichtiger Blässe war. – Maria legte das Besteck hin und sah vor sich auf das Damasttischtuch. Sie meinte Senkenbergs Stimme zu hören, der sich seiner Tränen nicht schämte und ihr immer wiederholte: »Herr Oswald ist gestorben. In der Nacht. Die Haushälterin hat ihn am Morgen gefunden. Herzversagen, stellte der Arzt fest und fügte hinzu: Ein friedlicher Tod.« – Maria erhob sich. Sie hatte Mühe aufzustehen. Der Stuhl unter ihr wollte nicht zurück. Sie schob ihn mit Gewalt ein kleines Stück hinter sich. Dann ging sie steif und marionettenhaft durch das Restaurant. Die Ober blickten auf Maria und sahen einander bedeutsam an. Maria näherte sich der Toilette. Es war ganz still in dem großen, leeren, feinen Lokal. Die Tür fiel hinter ihr mit einem dumpfen Laut ins Schloß. Sonst war alles ruhig in der Bastei, und man hörte, wie Maria sich übergab.

[In ihrer Komplexität nähert sich diese Szene einer allegorischen Darstellung, deren relativ selbständige Elemente zusammen ein

Sinnbild produzieren: A. Die arrivierte Maria, von Kellnern umgeben, B. der Leichenschmaus konnotiert mit dem Hunger der Nachkriegszeit, C. (neue Szenc) 1. das Erbrechen ›coram publico‹, 2. parallel damit die sexuelle Szene, 3. die politische Obszönität der Adenauer-Rede von der Wiederaufrüstung, der an anderer Stelle das Versprechen Adenauers, nie mehr würden Deutsche Waffen tragen, voranging. 1–3 sind jede für sich selbständige ›Szenen‹, deren Gleichzeitigkeit das Sinnbild des gesellschaftlich Obszönen evoziert. Hier kommt am deutlichsten so etwas wie Fassbinders ›Schreibweise‹ zum Ausdruck, aus einer Vielzahl von visuellen und akustischen Elementen komplexe, primär szenische, lesbare Bedeutungen zu konstruieren. – Der E. sucht erst gar nicht nach einem Äquivalent zur allegorischen Szene, sondern macht sie zu einem Schluß›tableau‹ für Maria und Oswald, dem noch in Marias Erinnerung der fehlende Bericht Senkenbergs von Oswalds Tod als Inhalt und Motivation der Szene eingefügt wird. Marias Einsamkeit im Bild ist in der Erzählung nicht gewollt. Die Sentimentalität von Marias Schmerz darf keine ›andere Szene der Politik und der Körper‹ stören: Auch Marias Erbrechen wird auf den dafür vorgesehenen Ort ausgegrenzt und nur dezent akustisch angedeutet...]
Marias Kopf (N) zwischen Flaschen auf dem Küchentisch. Klingeln.
K. vom Flur aus (HT) auf Maria am Küchentisch, hinter ihr der Gasherd. Klingeln.

Maria (N) wie vorher, wacht auf, steht unsicher auf, geht nach links, K. parallel (Maria ist häufig verdeckt), K. hält, Maria geht links aus dem Bild. Maria öffnet die Haustür. (POV Hermanns), sie hat noch Kleid und Hut von gestern an, Lippenstift ist verschmiert. Sie weicht zurück, Hermann geht rechts an K. vorbei auf sie zu, reißt Maria mit einem Ruck an sich, die Tür fällt zu.
Starke K.-Aufsicht auf Hermann, der mit dem Rücken zur K. im Wohnzimmer auf einem Sessel sitzt. RADIO-Übertragung des Endspiels der Fußball-Weltmeisterschaft 1954 läuft. M. (off): »Hast du Hunger?« H.: »Ja«

Hermann Braun, der aus Übersee zurückgekommen war, nickte, als seine Frau ihn fragte, ob er hungrig sei. Er war hungrig und war durstig und war scheu und vorhanden und trennte sich ungern von seinem Hut. Er hatte eingefallene Wangen und eine gefurchte Stirn, die er gern zusammen mit dem spärlichen Kopfhaar unter dem Hut verbarg.

[Diesmal ist dem Film, im Gegensatz zur literarischen Erzählung, die zwischen den beiden Absätzen Unbestimmtheit in der zeitlichen Abfolge durch ein deutliches Wiederaufnehmen der Erzählung produziert, an Kontinuität gelegen: Die Ankündigung des Fußballspiels für den nächsten Tag und die Übertragung nach Hermanns Ankunft lassen keinen Zweifel; ebenso ist Marias desolater Zustand die Folge des vorangegangenen Abends. Immerhin ist das nun der entscheidende Augenblick, als durch Hermanns Rückkehr die ›Ehe der Maria Braun‹, die durch den Krieg bisher nur einen halben Tag und eine Nacht dauern konnte und eher eine fixe Idee Marias war, Wirklichkeit werden kann. Film und literarische Erzählung spielen diesen Augenblick jedoch herunter, aber auf sehr verschiedene Weise: Der Erzähler isoliert Hermann und beobachtet ihn, macht sich Gedanken, warum er seinen Hut aufbehält. Der Film geht von der verlassenen Maria aus, konfrontiert sie mit Hermann (nicht umgekehrt, d. h. die Kamera sieht Maria Hermann sehen), zeigt, wie Hermann von ihr Besitz ergreift. Die dreifache Szene des Restaurants wird strukturbestimmend für den Rest des Films: Essen,

Sexualität und die akustische Präsenz des Ereignisses der Fußball-
weltmeisterschaft sind die drei Szenen, die zusammen eine raum-
zeitliche Einheit bilden und ständig interagieren:]
Treppe im Flur vom Wohnzimmer aus. RADIO. Maria im Unterrock, K.
fährt zurück ins Wohnzimmer, vorn kommt Hermann ins Bild, Maria
beugt sich über ihn, küßt ihn, »daß du in einem solchen Augenblick ans
Essen denken kannst« (ab nach rechts); M. (off) »Oder willst du baden, ich
laß dir ein Bad ein, willst du's heiß oder weniger heiß?« K.-Schwenk links
zu Hermann »Mittel«, K. (N) zu Hermann, dann zurück auf Maria »Ich
mach schon. Komme gleich«, die im angrenzenden Schlafzimmer erscheint,
wirft Hermann eine Sardinenbüchse zu »Hier, fang«.

*Hermann ging in Marias Haus umher, das auch sein Haus oder allein sein
Haus sein sollte, und er war so fremd darin, daß er hierhin und dorthin lief
und sich setzte und wieder aufsprang und schließlich auf dem Bett hocken
blieb, den Hut noch immer auf dem Kopf. – Maria lief geschäftig hin und her,
rannte in die Küche und rief von dort vorwurfsvoll: »Wie kannst du nur in einem solchen Augenblick ans Essen denken?« – Hermann antwortete vom Bett
her: »Du hast daran gedacht. Ich war nur hungrig. Ich hätte nie davon gesprochen.« – Er stand auf und ging in die Küche, wo er eine Büchse Ölsardinen
öffnete. Die Fische aus der Blechdose gabelnd lief er wieder zurück ins Wohnzimmer und hörte von draußen Marias Stimme: »Vielleicht möchtest du baden?«
– »Ja« – »Ich lass' dir Wasser ein.«*

Hermann (N/G) »Schau mich nicht so an, bevor ich nicht ganz fertig bin.
Du hast nämlich eine schöne Frau. Ätsch, du weißt gar nicht, wo die Küche ist. Ich zeige sie dir« Hermann geht ins Schlafzimmer. RADIO. Maria
kommt und läuft zum Schrank, nimmt Hemden heraus, wirft sie Hermann
zu. »Da, kannst du anziehen nach dem Baden, fehlt eines, das hat der
Hans.« In einem Linksschwenk kommt Hermann vorn ins Bild. M. (off)
»Du fragst gar nicht, wer der Hans ist«. H. »Nein«, sieht sich die Hemden
an, wirft sie auf einen Stuhl. »Macht ja auch nichts.« Hermann geht, aus der
Dose essend, rechts am Radio vorbei zum Fenster, M. (off) »Gibt es schöne
Frauen in Kanada?« – »Ja« – »So schön wie ich?« – »Ja« – »Du lügst« – »Ja«.
Der Kreisschwenk mit Hermanns Bewegung endet an der Tür zur Treppe.
Maria kommt im blauen Abendkleid die Treppe herunter. H.: »Warum hast du

dich angezogen?« M., bleibt auf der Treppe vor einem ovalen Spiegel stehen. »Hab mich tatsächlich angezogen; muß Sie doch erst kennenlernen, Hermann Braun. Wenn Sie mich an jemand erinnern, den ich sehr liebe, dann werde ich kein Kleid mehr brauchen.« H.: »Wir haben uns noch nicht geküßt.« M.: »Ja, ja, laß uns Zeit, Hermannchen« [RADIO-Übertragung: »7 Minuten noch ...«] »Wir waren zwei Tage verheiratet [RADIO: »... dann droht Verlängerung, aber noch ist es nicht so weit ...«] Unsere Tage sind lange Tage.« Maria kommt nach vorn, geht an Hermann vorbei. H.: »Hast du Angst?« »Ja« »Ich auch« Maria: »Laß uns eine Reise machen ...« (off) irgendwohin aufs Land ...« Hermann ißt Sardinen, die Kamera schwenkt nach rechts zu Maria, die verdeckt im Schlafzimmer ist. »... eine Hochzeitsreise zum Lernen. Ich will den kennenlernen, den ich liebe.« K. schwenkt zurück nach links zu Hermann »Warum fahren wir nicht?«; M.: »Weil das so einfach doch nicht geht, so von heute auf morgen;«, ab in die Küche, Hermann ißt Sardinen (N).

Maria dachte: Während er in der Wanne sitzt, werde ich mich schön machen. Mein Mann soll wissen, daß er eine schöne Frau hat. Sie lief zum Schrank und holte die neue Wäsche, die sie für ihn gekauft hatte. »Da, nach dem Bad kannst du das anziehen. Von den Oberhemden fehlt eins. Das hat der Hans —« — Hermann hockte noch immer auf dem Bett. — Maria fragte: »Du willst nicht wissen, wer Hans ist?« — Hermann: »Nein. « — Maria packte ein Oberhemd aus, knüllte das Papier zusammen und fahndete nach Stecknadeln. »Gibt es schöne Frauen in Kanada?« — »Ja« — »So schön wie ich?« — »Ja« — »Du lügst!« rief Maria. — »Natürlich!« rief Hermann zurück. Er drehte das Radio an. Die Stimme des Sprechers klang laut: »... abgeschossen, aber sein knalliger Schuß mit dem rechten Bein prallt von einem Bewacher ab ...« — Hermann schien der Fußballreportage zu lauschen, Maria rannte die Treppe hoch in das Zimmer mit ihrem Garderobenschrank. — Die ganze Zeit hatte Maria einen kurzen, spitzenbesetzten Unterrock getragen, der ihren Körper mehr betonte als verhüllte. — »Warum hast du dich angezogen?« staunte Hermann, als seine Frau wenig später die Stufen herunterkam, in einem schmalen, blauen Seidenkleid, das jede Linie der zierlichen Figur nachzeichnete. — »Ich muß Sie doch erst kennenlernen, Herr Braun. Und wenn Sie mich an jemanden erinnern, den ich sehr liebe, werde ich kein Kleid mehr brauchen.« — Er sah sie an und sagte: »Das ist verrückt. Wir haben uns noch nicht einmal geküßt.« — »Laß uns

Zeit, Hermann, wir waren nur zwei Tage verheiratet.« – »Hast du Angst?« – »Ja,« antwortete Maria. Sie nahm eine Zigarette und suchte nach Feuer.

[Die bisher größte Nähe zwischen filmischer Darstellung und literarischer Erzählung macht zugleich die größte Differenz deutlich. Man weiß, es ist dieselbe Szene, um die es geht, und daß bis in die Dialoge hinein die Erzählung nach-erzählt, was zu sehen und zu hören ist. Aber es ist die Gleichzeitigkeit von Fußballübertragung, Marias Körper im spitzenbesetzten Unterrock, ihrer aufgedrehten Betriebsamkeit und einem Olsardinen essenden Hermann, der mit dem Hut auf dem Kopf noch gar nicht zu Hause angekommen ist, die die wesentliche Mitteilung des Films an dieser Stelle ist und die von der Erzählung nur als Reihung kurzer Situationen nach-erzählt werden kann.]

Küche, von der Tür aus, Maria vor dem Herd, macht mit dem Anzünder die Flamme an; M. »Ich hab doch so etwas wie eine konkrete Verantwortung, die muß ich erstmal übergeben«
Dicht (N/G) an der Flamme zündet Maria die Zigarette an, spricht dabei »... dazu brauche ich einige Tage« sie bläst die Gasflamme aus, geht nach links aus dem Bild, »heutzutage, Hermann ...«, Gas entströmt hörbar. Hermann, geht durch die Küche »Vielleicht sollte ich doch jetzt lieber baden«.

Sie fand keins, und er grub nach in seinen Taschen und fand auch weder Streichhölzer noch Feuerzeug. Sie ging in die Küche und drehte das Gas am

Herd auf. Ihre Hände zitterten. Der Schalter rastete nicht in der Nullposition ein, sondern blieb ein wenig davor stehen. Marias Aufmerksamkeit war ganz auf Hermann gerichtet, der im Zimmer stand und eine Flasche Bier trank.

[Die Wiederholung des Markierungsbildes Gasherd kann mit der Erinnerung rechnen, wie der Schalter richtig bedient wird. Die Wiederholung selbst funktioniert wie ein Ausrufungszeichen. Worauf es hier ankommt, ist, zu entseheiden, ob die Katastrophe von Maria ungewollt oder gewollt herbeigeführt wurde. Das Ausblasen der Flamme wie das einer Kerze legt Marias Irrtum nahe, das Nicht-Einrasten des Schalters ist gewiß deutlicher als unglücklicher Zufall einzuordnen. Dagegen ist das Geräusch des strömenden Gases ein sehr deutliches Spannungssignal.]

Maria (HT) am Bett, Hermann auf der anderen Seite des Raumes im Wohnzimmer, ißt Sardinen. (RADIO) M.: »Vielleicht sollten Sie jetzt doch erstmal ihre Frau küssen.« H.: »Laß mich erstmal aufessen.« Maria kommt und nimmt Hermann die Büchse aus der Hand. H.: »Ich habe das für uns getan, für dich, weil ich dich liebe.« Er geht Maria nach ins Schlafzimmer. »Weil ich dich nur lieben kann als dein Mann, dem du nicht gleich dein ganzes Leben schenken mußt.« Maria an der Verandatür im Hintergrund: »Ich hab dir nicht mein Leben geschenkt, Hermann, ich war dein Scheckbuch.« Hermann setzt sich aufs Bett: »Ich wollte großzügig sein, damit du mich lieben kannst, verstehst du« [RADIO: ToooR! TooR!]. Maria bleibt im Zimmer stehen, hört auf das Radio, Hermann macht ihren Reißverschluß am Kleid auf, M.: »Ich will deine Frau sein. Du, ich hab mir was überlegt.« Hermann fängt an, sich auszuziehen. M. »Wir machen einen Vertrag, darin steht geschrieben, daß alles dir gehört.« H.: »Auch dein Herz?« M.: »Das gehört dir doch längst. Oder es gehört ganz und gar mir. Das ist vielleicht dasselbe.« [RADIO ... fünf Minuten vor dem Spielende ...]

Sie kam zu ihm zurück und sagte: »Ich hab's mir überlegt. Wir machen einen Vertrag, darin wird festgelegt, daß alles dir gehört, was ich habe.« »Auch dein Herz?« »Aber das hat dir doch immer gehört. Komm endlich her und zieh mich aus ...«

Maria (N) »Das mit dem Vertrag hab ich ernst gemeint.«
Hermann: (N) Dreht sich zu ihr um: »Abgelehnt, weil wir nämlich einen anderen Vertrag machen, ich schenke dir alles, was ich habe.«
(HN) Maria: »Im Ernst?« Geht nach rechts vorn im Schlafzimmer, Hermann kommt vorn durch Fokusverschiebung ins Bild: »Im Ernst« (N)

»...übrigens – das mit dem Vertrag hab ich ernst gemeint.« – Hermann trat zu Maria und sagte: » Vertrag abgelehnt. Wir treffen da ein anderes Abkommen. Ich schenke dir alles, was ich habe.«

Maria (HT) legt sich aufs Bett und läßt den Kopf am Rand herunterhängen:
»Wo's dir doch so wichtig war.« Hermann zieht sich aus: »Jetzt hab ichs ja.«
M.: »Aber ich bin reich. Ich werd ganz sicher noch viel erben.«

– »Das willst du wirklich tun? Wo das Geld so wichtig für dich war?« – »Jetzt, da ich es hab, verliert es an Bedeutung.« »Schön. Aber ich bin reich. Außerdem werde ich ganz sicher noch sehr viel erben.«

Hermann: (POV Maria, die ihn über sich verkehrtherum sieht) »Erben kann jeder.«
Maria (N, sieht hoch) »Sicher, mag sein, aber warum willst du mir alles schenken?«
Hermann (wieder wie oben POV Maria) »Weil ich heute dein Mann werde und dann nichts mehr brauche.«

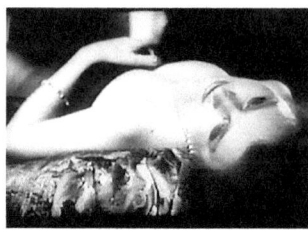 

Herrnann lächelte verzerrt und sagte leichthin: »Erben kann jeder.« Um die Beiläufigkeit seiner Worte zu betonen, drehte er das Radio wieder lauter. Die Stimme des Reporters überschlug sich fast: »Der 7. Eckball im Endspiel der Fußball-Weltmeisterschaft zwischen Deutschland und Ungarn. Eckball von links, unser Fritz läuft an – Fritz Walter. Halten Sie die Daumen zu Hause, halten Sie, und wenn Sie vor Schmerz zudrücken, jetzt ist es egal, ein Eckball für Deutschland – nach innen getreten! Aber verfehlt vom Innensturm –« – »Mußt du das jetzt hören?« fragte Maria. –Hermann antwortete »Es ist nicht unwichtig, weißt du – das Endspiel um die Weltmeisterschaft.« – Maria sagte: »Warum willst du mir alles schenken?« »Weil ich heute dein Mann werde und dann nichts mehr brauche.«

[Der Erzähler akkumuliert nun seinerseits die Elemente der Szene; dieses eine ausführliche ›Zitat‹ der Fußballübertragung steht pars pro toto für die ständige Präsenz dieses öffentlichen Ereignisses im Film; damit es an dieser Stelle motiviert ist, macht es der Erzähler zu Hermanns Reaktion auf die Frage der Erbschaft, zugleich erklärt er Maria und dem Leser die Bedeutung des Ereignisses. Eine Korrespondenz zwischen Film und literarischem Text ist interessant: Die K. interpretiert die Diskussion um die Erbschaft, die beide sich gegenseitig schenken, als ›verkehrte Welt‹, jedenfalls sieht Maria Hermann in dicscm Augenblick zweimal ›verkehrt‹. Der literarische Text vermerkt diesen Zusammenhang durch den Satz: »Hermann lächelte verzerrt«.]

Hermann beugt sich über Maria, umarmt sie, will sie küssen, da klingelt es [RADIO: ... aber nein, kein Tor, kein Tor ...] Hermann: »Wer kann das sein?« Maria: »Wie spät?« Hermann: »Viertel nach 6 etwa.« »WelcherTag?« »Der 4.« Maria richtet sich auf. »Dann wird es Senkenberg mit einer Notarin sein aus Lyon, stell dir vor, Oswald hat sein Testament in Lyon abgegeben.« Maria geht vorn im Bild aus dem Wohnzimmer: »Komisch, jetzt hatte ich den Termin fast vergessen«. Hermann zieht einen Morgenrock an, er setzt sich auf der hinteren Seite des Bettes vor den Toilettentisch.

Er legte die Arme um seine Frau und zog den Reißverschluß des blauen Seidenbleides herunter. Maria lächelte. Es läutete an der Tür. Maria zog den Reißverschluß wieder hinauf und ging öffnen.

Senkenberg und Mme Devould (A/N) kommen durch die Haustür, Senkenberg, als er Maria sieht: »Verzeihen Sie, Frau Braun, ich hatte geglaubt, daß wir ...« Maria von links: »Senkenberg, wir haben doch ausgemacht ...« Der lächelt: »... daß der Mensch etwas komplexer ist. Darf ich Ihnen vorstellen, Mme Devould.« Maria geht hinter Senkenberg vorbei zur Treppe: »Sie können schon reingehen, ich ziehe mir nur rasch was an«. Auf halber Treppe: »Nun fangen Sie schon an ...«
Starke Aufsicht (POV Maria) Senkenberg: »Aber ...«
Maria (wie vorher): »Ohne aber, Senkenberg, und ohne wenn und auch ganz ohne vielleicht«, verschwindet nach oben, K. schwenkt runter zu Senkenberg und Mme Devould, die zum Wohnzimmer gehen. Senkenberg: »Tut mir leid, Mademoiselle ...« Mme Devould: »Sie sollen kein ›aber‹ mehr sagen ...«

Es war Senkenberg, neben ihm eine aparte dunkelhaarige Frau. – Oswalds Prokurist stellte vor: »Madame Devould, die französische Notarin unseres Chefs. Sie arbeitet in Lyon, wo Herr Oswald sein Testament hinterlegt hat.«

Mme Devould grüßt ...
... Hermann, der im Hintergrund des Raumes auf dem Bett sitzt und sich zu den Eintretenden umgedreht hat, grüßt durch Kopfnicken zurück ...
Senkenberg (N), im Gegenlicht vor dem Fenster, dreht abrupt den Kopf um ...
... Hermann: »Ich bin Hermann Braun«.
Senkenberg wie vorher, leichte Ranfahrt an das erstaunt/entsetzte Gesicht.

Sie traten zu dritt in das Wohnzimmer, wo Marias Mann ihnen entgegenblickte. – »Hermann Braun«, sagte er. – Senkenberg sah zu ihm hin. – Hermann stellte das Radio leiser. – Madame Devould nahm aus ihrer Tasche das Testament und begann es zu verlesen:

Maria ist im Badezimmerspiegel im weißen Kleid zu sehen, sie verläßt das Badezimmer ...

... kommt die Treppe herunter, tritt neben Senkenberg ins Wohnzimmer; währenddessen (off) Mme Devould: »In der Hauptsache verfüge ich wie folgt: Das Eigentumsrecht an allem beweglichen und unbeweglichen Vermögen der Firma sowie die Nutznießung ausschließlich der oben verfügten Einschränkung, sowie mein gesamtes Privatvermögen ...«
Mme Devould (A) sitzt am Tisch und liest aus dem Testament: »...ausschließlich der oben gemachten Einschränkung fällt zur Hälfte an Frau Maria Braun, die mir mehr Glück gegeben hat als irgendein anderer Mensch

dieser Welt. Zur anderen Hälfte soll dieses Vermögen gemäß unserem in der Anstalt Kreuzhof am 14. Juni 1951 geschlossenen Vertrag fallen an Herrn Hermann Braun, der ...«
Hermann im Toilettenspiegel, (off) Mme Devould: »... obwohl er die gleiche Frau liebte wie ich ...«
Senkenberg und Maria (A), Mme Devould (off): »... Hermann Braun brachte einer Liebe, die nicht die seine war, mehr Ehrfurcht entgegen, mehr Opfer ...« Maria wendet sich zum Fenster, (zu Senkenberg): »Sie haben von diesem Vertrag gewußt?« Senkenberg: »Da war er schon sehr krank.«
Mme Devould (off): »... mehr Demut, als das unter Menschen gewöhnlich üblich ist ...«
Hermann wie oben im Spiegel, Mme Devould (off) »... nur, wer zu großer Liebe fähig ist ...«
»... ist auch fähig, die große Liebe anderer zu achten, und nur ...« Maria geht aus dem Zimmer, Senkenberg blickt ihr nach, ...
... in den Flur, wo Maria ins Badezimmer geht. Mme Devould (off) »... wer dienen kann, darf herrschen. Hermann Braun hat sich das Recht auf Herrschaft erworben wie kaum einer ...«
Hermann im Spiegel, senkt den Blick.

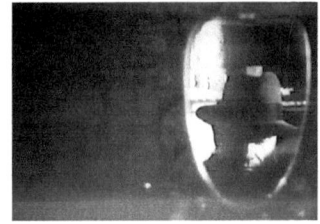

»In der Hauptsache verfüge ich wie folgt: Das Eigentumsrecht an allem beweglichen wie unbeweglichen Vermögen der Firma ... fällt zur Hälfte an Frau Braun, die mir mehr Glück gegeben hat als irgend ein anderer Mensch dieser Welt. Zur anderen Hälfte soll dieses Vermögen, gemäß unserem in der Haftanstalt Kreuzhof am 14. Juni 1951 geschlossenen Vertrag fallen an Herrn Hermann Braun, der mir ein Freund gewesen ist, obwohl er dieselbe Frau liebte wie ich. Ich habe ihm die Möglichkeit zur Unabhängigkeit gegeben. Er hat mir die Möglichkeit zum Glück gelassen.« – Die französische Notarin verstummte. – »Sie haben von diesem Vertrag gewußt, Senkenberg?« fragte Maria. – »Herr Oswald war sehr krank. Ich habe den Vertrag für ihn aufgesetzt, genau nach seinen Anweisungen. Er hat es so gewollt.« »Sie müssen sich nicht entschuldigen und sich nicht schämen, Senkenberg, jetzt nicht und nie.« Maria sagte, ohne ihre Worte an eine der drei Personen im Raum zu richten: »Ich habe Kopfschmerzen.« – Sie verließ das Zimmer.

[Die Unterbrechung kündigt an, was die Ehe der Maria Braun endgültig scheitern machen wird: Beide haben ihre Liebe an den Besitz von Geld, an den sozialen Aufstieg verkauft. Wie die Mutter Courage Brechts, die glaubte, vom Krieg leben und ihre Kinder ernähren zu können, nicht gelernt hat, nachdem sie alle Kinder an den Krieg verloren hat, ebensowenig lernt Maria Braun, daß man die Liebe und das Leben verrät, wenn man beides durch sozialen Aufstieg und Besitz erkaufen will. Die Testamentsverlesung kommt einer Urteilsverkündung gleich. Der literarische Erzähler begnügt sich mit dem ›Urteil‹, während der Film ein kompliziertes Beziehungssystem zwischen den Agenten aufbaut: Maria ist zunächst abwesend und in dem weißen Kleid, das sie anzieht, nur im Spiegel zu sehen; Hermann wird ebenfalls in die Szene ›gespiegelt‹, wie ein ovales Portrait wird sein Bild zitiert. Über den Erbvertrag in Beziehung gesetzt, sind sie sich bereits ganz und gar entfremdet. Als Maria ins Zimmer zurückkehrt, in dem das Testament verlesen wird, sind sie und Hermann am weitesten voneinander entfernt, zwischen ihnen Mme Devould und das Testament. Diese so zentrale Szene, die literarisch sehr einfach und dicht vermittelt wird, kann filmisch in verschiedene Handlungsorte und Blickpunkte aufgelöst werden, weil der Ton der Fußballübertragung und die Lesung des Testaments ständig und kontinuierlich akustisch anwesend sind und so die Einheit der Szene perpetuieren.]

Maria kühlt im Bad unter fließendem Wasser ihren Puls (G) (off) H.: »Maria, die Verlesung ist beendet. Herr Senkenberg und Mme Devould wollen gehen.« M.: »Entschuldige mich bitte.«

Hermann schließt die Haustür und geht ins Wohnzimmer zurück. Im Hintergrund kommt Maria aus dem Bad, blickt suchend um sich, geht zur Vase mit Hermanns Blumen, nimmt eine Zigarette aus einer Packung, langsam, gedankenverloren. Hermann, hinter ihr, verdeckt: »Gehts dir nicht gut?« Maria: »Doch, ich hab nur Kopfschmerzen.« Hermann: »Vergiß bitte nicht, ich habe dir alles geschenkt, das ganze Geld, das interessiert mich nicht mehr.« M.: »Ich habe dir auch alles geschenkt, das ganze Leben, hast du Feuer?« Sie geht an Hermann vorbei in die Küche. Hermann sitzt auf dem Bett. Er sieht in die Küche, ruft: »Nein! Nein!«
Explosion. Senkenberg und Mme Devould am Gartentor drehen sich um. Darüber der Titel in roter Schrift: Die Ehe der Maria Braun.

(POV Senkenberg, Mme Devould) Das Haus brennt.
Mme Devould fängt an zu schreien, Senkenberg geht zum Haus. Darüber der Abspann.
Senkenberg im Haus: »Frau Braun!« Mit einem Taschentuch vor dem Mund dringt er in das Haus ein, eine weitere Explosion. Fortsetzung des Abspanns.
Das zerstörte Wohnzimmer. RADIO: »Aus! Aus! Aus! Deutschland ist Weltmeister, schlägt Ungarn mit 3:2 Toren im Finale in Bern!« – Negativportraits von Adenauer, Erhard, Kiesinger, Schmidt, dessen Foto positiv wird. Reporterstimme ausgeblendet, das Amtszeichen eines Telephons ist nach wie vor zu hören ...

Senkenberg und Madame Devould standen in der Nähe der Tür. Hermann nahm weiter keine Notiz von ihnen, er schien wieder der Fußballreportage zu lauschen. Es war dies kein bloßer Sportbericht, man unterschied bald keine Worte mehr. Was aus dem Apparat drang, war ein einziger, anhaltender, ohrenbetäubender Massenschrei. Entscheidung im Endspiel! Deutschland war wieder wer! Des Reporters Stimme überschlug sich: »... aus ... aus ... Deutschland ist Weltmeister, schlägt Ungarn mit 3:2 Toren im Finale in Bern ...« – Senkenberg und die Französin verließen die Villa. Maria kam herein und blieb vor Hermann stehen, er sah ihr in die Augen und sagte ganz ruhig: »Vergiß nicht, Maria, ich schenke dir alles, das ganze Geld. Es interessiert mich nicht.« – Die junge Frau suchte sich zu beherrschen, aber ihre Stimme bebte, und ihre Hände zitterten. Nervös griff sie sich eine Zigarette. Nirgends Feuer. Es war idiotisch. Der Nichtraucher Senkenberg hatte sich ihr zuliebe angewöhnt, stets ein Päckchen Streichhölzer bei sich zu tragen, um ihr Feuer geben zu können. Oswald, der es haßte, wenn sie ihre Zigaretten am Gasherd anzündete, hatte ihr Woche für Woche ein Feuerzeug geschenkt, aber Maria verlor die Dinger schneller, als er sie kaufen konnte. Ich rauch ja nur, wenn ich völlig down bin, hatte sie beiden Männern erklärt und sie jedesmal ausgelacht, sooft sie ihr die Gefahren der Gasherd-Methode ausgemalt hatten. Sie meinte Oswalds Stimme zu hören: »Du wirst dir nochmal Wimpern und Augenbrauen versengen an der Kochflamme.« – Maria blickte zu Hermann hin, der hörte dem Rundfunkreporter zu, dessen Erregung abgeflaut war; er sprach jetzt wieder normal: »Nach diesen 30 Sekunden, die Sie den Reportern verzeihen müssen – ja, bitte, müssen, denn Sie können sich nicht vorstellen, was hier los ist – wir wollen versuchen, Ihnen das weitere Geschehen zu schildern ...« – Da stand die junge Frau

Das Ende vom Anfang

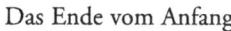

schon vor dem Herd und griff nach dem Gasanzünder. – Was ist das, dachte Hermann, dieser süßliche Geruch? Er sprang auf und lief zur Küchentür. Er sah seine Frau, und vor ihr schoß eine meterhohe bläuliche Stichflamme hoch, die Maria mitzunehmen schien, ein ganzes Stück vom Boden hob und sie zurückfallen ließ. Maria sank in sich zusammen, lag auf dem Boden, und um sie herum waren Feuer und Rauchwolken, Möbelsplitter und Rauchwolken. – »Nein!« schrie Hermann laut, »nein!« Die Wucht der Explosion schleuderte ihn ins Zimmer zurück, Trümmer prasselten auf ihn nieder, die Küche war ein einziges Flammenmeer. Senkenberg und Madame Devould befanden sich noch im großen Garten der Villa, als das Unglück geschah. – »Frau Braun!« rief Senkenberg entsetzt. »Frau Braun ...«

[Zunächst: Finale. Der Film geht recht planmäßig und zielstrebig auf das Ende los, nachdem die durch die Erbschaft und Hermanns Vertrag mit Oswald entstandene Lage atmosphärisch-szenisch vorbereitet ist: Maria sucht die Zigaretten bei der Blumenvase mit Hermanns Blumen, von dort aus sind der Gang in die Küche und die Explosion ein konsequenter Ablauf; Hermanns Reaktion ist eher ein überflüssiges Detail, das der Dramatisierung dient. Anders die literarische Erzählung: Der Erzähler spürt nach der knappen, auf den Testament-Text konzentrierten Darstellung das Verlangen, vor dem Ende noch einmal Spannung aufzubauen. Marias Assoziationen, die der Erzähler mitteilt und die noch einmal die wichtigsten Personen kurz ins Spiel bringen, kreisen um die Gasflamme und bereiten die Explosion vor. Spannung oder leeres Hinhalten, gleichwie, für den Roman ist nach der Explosion Schluß.

Finale des Films? Im Gegenteil, über der Fassade des brennenden Hauses erscheint der Titel des Films wie am Anfang, danach der Vor- bzw. Abspann. Zwar ist mit der Explosion auch das Fußballspiel zu Ende (Aus! Aus!), aber Deutschlands Wiederaufstieg nicht nur als Fußballnation hat mit diesem Sieg erst begonnen. Dieses Ende ist ein Anfang, das dem Anfang, der dieses Ende genommen hat, zum Verwechseln ähnlich ist. Das Standesamt, in dem die Ehe der Maria Braun geschlossen wurde, explodierte unter Bomben. Das Haus, in dem die Ehe schließlich vollzogen werden soll nach über zehn Jahren, explodiert ebenfalls. Das erste Bild zeigt ein Bild: Hitlers Portrait fällt von der Wand. Das letzte Bild zeigt nach einer Reihe von Negativportraits der Bundeskanzler der Bundesrepublik Deutschland das positiv gewendete Bild von Helmut Schmidt; Hoffnung auf Änderung durch Männer, die Verträge machen?

Dem literarischen Text, der schon die Fußballweltmeisterschaft interpretieren mußte, wäre hier wohl nur die Möglichkeit des Kommentars geblieben.]

Literaturverzeichnis

Agel, Henri: L'Odyssée et le pré-cinéma. In: L'âge nouveau 1960, N° 109
Albersmeier, Franz-Josef: Collage und Montage im surrealistischen Roman. Zu Aragons ›Le Paysan de Paris‹ und Bretons ›Nadja‹. In: LiLi 12, 1982, 46
– : Die Herausforderung des Films an die französische Literatur. Entwurf einer Literaturgeschichte des Films. Bd. 1: Die Epoche des Stummfilms (1895-1930). Heidelberg 1985
– : Kinematographischer versus literarischer ›Esprit Nouveau‹. Zur Antinomie von kinematographischer und literarischer Avantgarde in Frankreich (1895-1930). In: Katalog NGBK (Berlin): Zwischen Fahrrad und Fließband. Berlin 1986
– : Theater – Film – Literatur in Frankreich. Medienwechsel und Intermedialität. Darmstadt 1992
Allen, Robert C.: Vaudeville and Film 1895-1915. A Study in Media-Interaction. Diss. University of Iowa, 1977
Altenloh, Emilie: Zur Soziologie des Kino. Die Kino-Unternehmung und die sozialen Schichten ihrer Besucher. Jena 1914 (Repr. Hamburg 1977)
Amengual, Barthélémy: ›The Life of an American Fireman‹ et la naissance du montage. In: Cahiers de la Cinémathèque 1975, N° 17
Aragon, Louis: Les Collages. Paris 1965
Arnheim, Rudolf: Kritiken und Aufsätze zum Film (hg. von Helmut H. Diederichs). München 1977
Arvidson (Griffith), Linda: When the Movies Were Young. New York, London 1968
Asholt, Wolfgang: Von der Kamera verschlungen? Theater in Frankreich von 1887 bis 1937. In: Katalog NGBK (Berlin): Zwischen Fahrrad und Fließband. Berlin 1986
– ; Fähnders, Walter: Manifeste und Proklamationen der europäischen Avantgarde (1909-1938). Stuttgart, Weimar 1995
Astruc, Alexandre: Die Geburt einer neuen Avantgarde: die Kamera als Federhalter. In: Theodor Kotulla (Hg.): Der Film. Manifeste, Gespräche, Dokumente. Bd. 2: 1945 bis heute. München 1964
Aumont, Jacques: Griffith, le cadre, la figure. In: Raymond Bellour (ed): Le cinéma américain: Analyses de films, T. 1, Paris 1980
Bächlin, Peter: Der Film als Ware (1945). Frankfurt/M 1975
Balázs, Béla: Der Film, Werden und Wesen einer neuen Kunst (1949). Wien 1972
– : Das Filmszenarium, eine neue literarische Gattung (1939). In ders.: Essay, Kritik, 1922-1932. Berlin 1973
– : Der sichtbare Mensch oder die Kultur des Films (1924). In ders.: Schriften zum Film Bd. 1, hg. von Helmut H. Diederichs. Budapest, Berlin, München 1982

– : Zur Kunstphilosophie des Films (1938). In ders.: Essay, Kritik 1922-1932, Berlin, DDR, 1973
Balio, Tino (ed): The American Film Industry. Madison, Wisconsin 1976
Barbour, Alan G.: Cliffhanger. A Pictorial History of the Motion Picture Serial. New York 1977
Barthes, Roland: Am Nullpunkt der Literatur. Frankfurt 1982
– : Die Lust am Text. Frankfurt (1974) 1982
– : The Death of the Author (1968). In: Stephen Heath (ed): Roland Barthes: Image-Music-Text. Glasgow ³1982
– : The realistic Effect. In: Film Reader 3, 1978
Baudry, Jean-Louis: Antwort auf die Umfrage in den Cahiers du cinéma 185, 1966, dt. Teilübersetzung. In: Filmkritik 1967 Heft 11
– : Le dispositif: approches métapsychologiques de l'impression de réalité. In: Communications 1975, N° 23
Bauschinger, Sigrid, Susan S.Cocalis und Henry S. Lea (Hg.): Film und Literatur. Literarische Texte und der neue deutsche Film. Bern, München 1984
Bazin, André: Der kinematographische Realismus und die italienische Schule der Befreiung. In ders.: Was ist Kino? Bausteine zu einer Theorie des Films. Köln 1975
– : Die Entwicklung der kinematographischen Sprache. In ders.: Was ist Kino? Bausteine zur Theorie des Films. Köln 1975
– : Für ein ›unreines‹ Kino – Plädoyer für die Adaption. In ders.: Was ist Kino? Bausteine zur Theorie des Films, Köln 1975
– : La politique des auteurs. In: Cahiers du cinéma 1957, N° 70
– : Le mythe du cinéma total (1946). In ders.: Qu'est-ce que le cinéma? Edition définitive. Paris 1981
– : Theater und Kino. In ders.: Was ist Kino? Bausteine zu einer Theorie des Films. Köln 1975
Belach, Helga; Bock, Hans Michael (Hg.): ›Berlin Alexanderplatz‹. Drehbuch von Alfred Döblin und Hans Wilhelm zu Phil Jutzis Film von 1931. München 1995
Bellour, Raymond: »Moi, je suis une image«. In: Revue Belge du cinéma, 1986, 16 (engl. Ü. In: camera obscura 1982, 8-10)
– : Alterner, raconter. ›The Lonedale Operator‹ de D.W.Griffith. In ders. (ed): Le cinéma américain. Paris 1980, T. 1
Benjamin, Walter: Das Kunstwerk im Zeitalter seiner technischen Reproduzierbarkeit. Frankfurt 1963
– : Krisis des Romans. Zu Döblins ›Berlin Alexanderplatz‹. In: Matthias Prangel (Hg.) Materialien zu Alfred Döblins ›Berlin Alexanderplatz‹. Frankfurt 1975
– : Über einige Motive bei Baudelaire. In ders.: Charles Baudelaire. Frankfurt 1974
– : Was ist das epische Theater? Eine Studie zu Brecht. In ders.: Versuche über Brecht. Frankfurt 1966
– : Was ist episches Theater? In ders.: Versuche über Brecht. Frankfurt 1966

Blackbeard, Bill: The Pulps. In: Inge, M. Thomas (ed) Handbook of American Popular Culture. Vol 1, Westport, Conn. 1978, S. 195-223
Bluestone, George: Novels into Film. (1957) Berkeley, Los Angeles, London 1973 (›Madame Bovary‹, S.197-214)
Bordwell, David: Textual Analysis, etc. In: Enclitic 5, 1981, 2-6, 1982, 1
Borrély, Guy: L'homme et son regard. In: Revue des sciences humaines 1975, N° 159, S. 317-325
Bosséno, Christian: Le cinéma et la presse. In: La revue du cinéma: Image et son. N° 341-344, 1979
Boujut, Michel: Guirlande pour Fantômas. In: L'avant-scène cinéma 1981, 271/2 (spécial Feuillade)
Bowser, Eileen: The Reconstruction of A ›Corner in Wheat‹. In: Cinema Journal 15, 1976, 2
Brecht, Bertolt: Der Dreigroschenprozeß. Ein soziologisches Experiment. In ders.: Gesammelte Werke Bd. 18, Frankfurt
Bresson, Robert: Noten zum Kinematographen. München 1980
Brunow, Jochen (Hg.): Schreiben für den Film. Das Drehbuch als eine andere Art des Erzählens. München 1989
Bruns, Karin: Kinomythen 1920-1945. Die Filmentwürfe der Thea von Harbou. Stuttgart, Weimar 1995
Buddemeier, Heinz: Panorama – Diorama – Photographie. Entstehung und Wirkung neuer Medien im 19. Jahrhundert. München 1970
Burch, Noel: Charles Baudelaire versus Doctor Frankenstein./ How we got into pictures. In: Afterimage 1980/1, N°s 8/9
– : De ›Mabuse‹ à ›M‹: Le travail de Fritz Lang. In: Revue d'Esthétique, N°s 2-3-4, 1973 (spécial cinéma: théorie, lectures)
– : Passion, poursuite: la linéarisation. In: Communications 1983, N° 38
– : Porter or Ambivalence. In: Screen 19, 1978/9, 4
– : Un mode de représentation primitif? In: IRIS, 2, 1984, 1
Bürger, Peter: Theorie der Avantgarde. Frankfurt 1974
Cahiers du cinéma, Autorenkollektiv: ›Young Mr. Lincoln‹ von John Ford. Filmkritik 1974, N° 205
Caughie, John (ed): Theories of Authorship: A Reader. London 1981
Ceram, C.W.: Eine Archäologie des Kinos. Reinbek 1965
Chanan, Michael: The Dream That Kicks. The Prehistory and Early Years of Cinema in Britain. London 1980
Charney, Hanna: Images of Absence in Flaubert and Some Contemporary Films. In: Style 9, 1975, 4
Clair, René: Cinéma pur et cinéma commercial. In: Les cahiers du mois 1925 N°s 16/17
– : Le cinématographe contre l'esprit (1927). In: Marcel Lapierre (ed): Anthologie du cinéma. Paris 1946
Cocteau, Jean: Entretiens autour du cinématographe. Paris 1951
Cowry, Dos Passos ›Manhattan Transfer‹ und die Technik des Films. In: Lohner, E. (Hg.): Der amerikanische Roman im 19. und 20. Jahrhundert. 1974
Crary, Jonathan: Techniken des Betrachters. Sehen und Moderne im 19. Jahrhundert. Dresden, Basel 1996

Csida, Joseph – Bundy Csida, June: American Entertainment. A Unique History of American Show Business. New York 1978
Davies, David Stuard: Holmes of the Movies. The Screen Career of Sherlock Holmes. New York 1978
Décaudin, Michel: Les poètes découvrent le cinéma. In: Etudes cinématographiques 1965
Deslandes, Jacques – Richard, Jacques: Histoire comparée du cinéma. T. 2 Du cinématographe au cinéma 1896-1906. Paris 1968
Deslandes, Jacques: Le boulevard du cinéma à l'époque de Georges Méliès. Paris 1963 (=7^e art)
Deutelbaum, Marshall: Structural Patterning in the Lumière Films. In: Fell (ed): The Film Before Griffith. Berkeley, Cal. 1983
Diederichs, Helmut H. (Hg.): Der Student von Prag. Einführung und Protokoll. Stuttgart 1985 (=Focus Film Texte)
– : Die Anfänge der deutschen Filmkritik 1909-1915 unter besonderer Berücksichtigung der Zeitschrift ›Bild und Film‹. Diss. Frankfurt 1983, Stuttgart 1986
Döblin, Alfred: Berlin Alexanderplatz. Die Geschichte vom Franz Biberkopf. Frankfurt 1975
Drew, Bernard A.: From Pulp to Celluloid. In: Film Comment, Aug. 1978
Dubourg, Maurice: Le roman cinéma. In: Cinéma 68, N° 131
Dulac, Germaine: Das Wesen des Films: die visuelle Idee (1926). In: Les Cahiers du mois N°s 16/17 (dt. Ü. In: Frauen und Film, 1984, Heft 37)
Dupont, Ewald André: Wie ein Film geschrieben wird und wie man ihn verwertet. Berlin 1919
Eisenstein, Pudovkin, Alexandrov: Die Zukunft des Tonfilms (Ein Manifest). In: Hans-Joachim Schlegel (Hg): Sergej Eisenstein. Schriften 4. München 1984
Eisenstein, Sergej: Béla vergißt die Schere (1926). In: Hans-Joachim Schlegel (Hg.), Sergej M.Eisenstein: Schriften 2, München 1973
– : Die zweite literarische Periode des Films (1929). In: Hans-Joachim Schlegel (Hg.), Sergej Eisenstein: Schriften 3, München 1975
– : Das Mittlere von Dreien. (1934). In ders.: Schriften 1 (Hg. von Hans-Joachim Schlegel). München 1974
– : Das Organische und das Pathos in der Komposition des Films ›Panzerkreuzer Potemkin‹. (1939). In ders.: Schriften 2 (Hg. von Hans-Joachim Schlegel). München 1973
– : Das Organische und das Pathos in der Komposition des Films ›Panzerkreuzer Potemkin‹. (1939). In ders.: Schriften 2 (Hg. von Hans-Joachim Schlegel). München 1973
– : Das Prinzip einer Filmkunst jenseits der Einstellung (1929). In: Hans-Joachim Schlegel (Hg) Eisenstein, Schriften 3. München 1975
– : Dickens, Griffith und wir. (1944). In ders.: Gesammelte Aufsätze I, Zürich 1961
– : Dramaturgie der Film-Form (1929)
– : Eine nicht-gleichmütige Natur. Berlin 1980
– : Form and Content: Practice. In ders.: The Film Sense (1943). London 1970

– : Puschkin und der Film. In: Eisenstein über Kunst und Künstler. München 1977

Eisner, Lotte: Murnau (1967). Frankfurt 1979

Ejchenbaum, Boris: Probleme der Filmstilistik (1927). In: Wolfgang Beilenhoff (Hg.): Poetik des Films. München 1974

El Nouty, Hassan: Théâtre et pré-cinéma. Essai sur la problématique du spectacle au XIXe siècle. Paris 1978

Eller, Paul: Das Filmdrama als Buch. Börsenblatt des deutschen Buchhandels 1922

Elsaesser, Thomas (ed): Early Cinema. Space, frame, narrative. London 1990

– : Der neue deutsche Film. Von den Anfängen bis zu den neunziger Jahren. München 1994

Epstein, Jean: De quelques conditions de la photogénie (1926). In: Marcel Lapierre (ed) Anthologie du cinéma. Paris 1946

– : Le cinéma et les lettres modernes (1921). In ders.: Ecrits sur le cinéma Tome 1, Paris 1974

Färber, Helmut: ›A Corner in Wheat‹ von D.W. Griffith, 1909. Eine Kritik. München, Paris 1992

Fassbinder, Rainer Werner; Baer, Harry: Der Film ›Berlin Alexanderplatz‹. Ein Arbeitsjournal. Frankfurt 1980

Fell, John L. (ed): Film Before Griffith. Berkeley, Cal. 1983

Fell, John L.: Film and the Narrative Tradition. Norman/Oklahoma, 1974

– : Motive, Mischive and Melodrama. The State of Film Narrative in 1907. In: Film Quarterly 33, 1980, 3

Filminstitut der Landeshauptstadt Düsseldorf (Hg.): Cinéma muet. Materialien zum französischen Stummfilm. 2. Teil: Louis Feuillade. Der phantastische Realismus. Düsseldorf o.J.

Fisher, Robert: Film Censorship and Progressive Reform: The National Board of Censorship of Motion Pictures, 1909-1922. In: Journal of Popular Film, 4, 1975, 2

Flaubert, Gustave: Madame Bovary. (Ü. Arthur Schurig, 1919). Frankfurt 1976

Foucault, Michel: Überwachen und Strafen. Die Geburt des Gefängnisses. Frankfurt 1979

– : Was ist ein Autor? (1969). In ders.: Schriften zur Literatur. Frankfurt, Berlin, Wien 1979

Francastel, Pierre: Espace et illusion. In: Revue internationale de Filmologie 1, 1948, 5

Fréjaville, Gustave: Le cinéma et les spectacles (au Music-Hall). In: Les Cahiers du mois N° 16/17, 1925 (Cinéma) S. 109-115

Friedberg, Anne: Window shopping. Cinema and the postmodern. Berkeley, Cal., 1993

Fuzellier, Etienne: Présence du Moyen Age dans le cinéma. In: L'age nouveau 1960, N° 109

Gance, Abel: Le temps de l'image est venu! In: Marcel Lapierre (ed): Anthologie du cinéma. Paris 1946

Gartenberg, Jon: Camera Movement in Edison and Biograph Films 1900-1906. In: Cinema Journal 1980, 2
– : The Brighton Project: The Archives and Research. In: IRIS 2, 1984, 1
Gaudrault, André: Detours in Film Narrative. The Development in Cross-Cutting. In: Cinema Journal 19, 1979, 1
– : Film, récit, narration: le cinéma des frères Lumière. In: IRIS 2, 1984, 1
– : Temporality and Narrativity in Early Cinema 1895-1908. In: Fell (ed): Film Before Griffith. Berkeley/Cal. 1983
– : Du littéraire au filmique. Système du récit (Préface de Paul Ricoeur). Paris 1988
Gauthier, Guy: Villes imaginaires. Le thème de la ville dans l'utopie et la science-fiction. Paris 1977
Genette, Gérard: Frontières du récit. In: Communications 1966, 8
Gersch, Wolfgang: Film bei Brecht. München 1975
Giedeon, Siegfried: Die Herrschaft der Mechanisierung (1948). Frankfurt 1982
Gill, Richard: The Soundtrack of ›Madame Bovary‹: Flaubert's Orchestration of Aural Imagery. In: Literature/Film Quarterly 1973, 1
Godard, Jean-Luc: Man muß alles in einem Film unterbringen (1967). In: Godard-Kritiker. Ausgewählte Kritiken und Aufsätze über Film (1950-1970). München 1971
Gorki, Maxim: The Kingdom of Shadows. In: Leyda: Kino. A History of the Russian and Soviet Film. London 1966.
Grant, Barry, K: Whitman and Eisenstein. In: Literature/Film Quarterly 1976, 4
Griffith, D.W.: Weak Spots in a Strong Business -XIV. In: Motion Picture News 11, 18, 8 May 1915
Gubern, Roman: David Wark Griffith et l'articulation cinématographique. In: Cahiers de la Cinémathèque 1975, N° 17
Güttinger, Fritz: Der Stummfilm im Zitat der Zeit. Frankfurt 1984
Gunning, Tom: Le style non-continu du cinéma des premiers temps 1900-1906. In: Cahiers de la Cinémathèque 1979, N° 29
– : Weaving a Narrative. Style and Economic Background in Griffith's Biograph Films. In: Quarterly Review of Film Studies, Winter 1981
– : Non-continuity, Continuity, Discontinuity: A Theory of Genres in Early Film. In: IRIS, 2, 1984,1
Haag, Achim: ›Deine Sehnsucht kann keiner stillen‹. Rainer Werner Fassbinders ›Berlin Alexanderplatz‹. Selbstbildreflexion und Ich-Auflösung. München 1992
Hagen, John: Les actions simultanées. In: Les Cahiers de la Cinémathèque 1979, 29
Hardy, F. (ed): Grierson on Documentary. London (1946) 1979
Harms, Rudolf: Philosophie des Films. Seine ästhetischen und metaphysischen Grundlagen. Leipzig 1926 (Repr. Zürich 1970)
Heath, Stephen: Film: the art of the real. In: Cambridge Review, Oct. 1974
Heller, Heinz-B: Literarische Intelligenz und Film. Zu Veränderungen der ästhetischen Theorie und Praxis unter dem Eindruck des Films 1910-

1930 in Deutschland. Tübingen 1984 (= Medien in Forschung und Unterricht, Serie A, Band 15)
Hempel, Rolf: Carl Mayer. Ein Autor schreibt mit der Kamera. Berlin 1968
Herlinghaus, Hermann: Liegen die Wurzeln des Films in der Urzeit? In: Deutsche Filmkunst 6, 1958, 8
Hoffmann, ETA: Des Vetters Eckfenster. In ders.: Späte Werke. München 1969
Hofmann, Werner: Die Welt als Schaustellung. In ders.: Das irdische Paradies. München 1974
Holman, Roger (ed): Cinema 1900-1906. An Analythical Study. FIAF. 2 Vols, Bruxelles 1982
Horak, Jan-Christopher: Fluchtpunkt Hollywood. Eine Dokumentation zur Filmemigration nach 1933. Münster 1984
Hutchins, Patricia: James Joyce and the cinema. In: Sight & Sound 1951, 21
Jacobs, Lewis: Edwin S. Porter and the Editing Principle. In ders.: The Emergence of Film Art. New York [4]1974
– : The Rise of the American Film (1939). New York 1968
Jacobsen, Wolfgang; Kaes, Anton; Prinzler, Hans Helmut (Hg.): Geschichte des deutschen Films. Stuttgart 1993
Jacques, Norbert: Dr. Mabuse, der Spieler. Hamburg 1994
Jakobson, Roman: Die Dominante (1935). In ders.: Poetik. Ausgewählte Aufsätze 1921-1971. Frankfurt 1979
Jauß, Hans Robert: Paradigmawechsel in der Literaturwissenschaft. In: LB 1969, 3, S. 55
Jeanne, René; Ford, Charles: Le cinéma et la presse. Paris 1961
Jeanne, René: Cinéma 1900. Paris 1965
Jürgens-Kirchhoff, Annegret: Technik und Tendenz der Montage in der Bildenden Kunst des 20.Jahrhunderts. Lahn-Giessen 1978
Kaemmerling, Ekkehard: Die filmische Schreibweise. In: Matthias Prangel (Hg.): Materialien zu Alfred Döblins ›Berlin Alexanderplatz‹. Frankfurt 1975
Kaes, Anton (Hg.): Kino-Debatte. Texte zum Verhältnis von Literatur und Film 1909-1929. Tübingen 1978
– : Deutschlandbilder. Die Wiederkehr der Geschichte als Film. München 1987 (Fassbinder: Die Ehe der Maria Braun, S. 75-105)
Kanzog, Klaus (Hg.): Erzählstrukturen – Filmstrukturen. Erzählungen Heinrich von Kleists und ihre filmische Realisation. Berlin 1981
Katalog der Ausstellung des Deutschen Literaturarchivs: »Hätte ich das Kino!« Die Schriftsteller und der Stummfilm. Marbach 1976
Keiner, Reinhold: Thea von Harbou und der deutsche Film bis 1933. Hildesheim 1984 (= Studien zur Filmgeschichte, Bd. 2)
Klingender, Francis: Die Kunst und die industrielle Revolution. Frankfurt 1976
Klotz, Volker: Abenteuer-Romane. München 1979
– : Die erzählte Stadt. Ein Sujet als Herausforderung des Romans von Lesage bis Döblin. München 1969
Kracauer, Siegfried: Kult der Zerstreuung. Über die Berliner Lichtspielhäuser. In ders.: Das Ornament der Masse. Essays. Frankfurt 1977

– : Theorie des Films. Frankfurt 1973
– : Von Caligari zu Hitler (1947). Frankfurt 1979
Kreimeier, Klaus: Die Ufa-Story. Geschichte eines Filmkonzerns. München, Wien 1992
L'avant scène cinéma: Spécial Feuillade: ›Fantômas‹. N° 271/2, 1981
Lahue, Kalton C: Continued Next Week. A History of the Moving Picture Serial. Norman, Okl., 1964
Lamprecht, Gerhard: Deutsche Stummfilme 1903-1931. Bde. 1-10/11, Berlin 1967-1970
Landrum, Larry: Detective and Mystery Novels. In: Inge, M. Thomas (ed): Handbook of American Popular Culture. Vol 1 Westport Conn. 1978, S. 103-120
Lawson, John Howard: Theory and Technique of Playwriting and Screenwriting. New York 1949
Lefebvre, Henri: Die Revolution der Städte. Frankfurt 1976
Lefèvre, Raymond: Jean-Luc Godard. Paris 1983
Léglise, Paul: Le pré-cinéma: Un mythe ou une réalité? In: L'age nouveau 1960, N° 109
– : Une œuvre de pré-cinéma: L'Enéide. Essai d'analyse filmique du premier chant. Paris 1958
Levaco, Ronald: Ejchenbaum, innere Rede und Filmstilistik. (Auszüge) und *Paul Willemen:* Überlegungen zu Ejchenbaums Konzept der inneren Rede im Film. In: Joachim Paech u.a. (Hg): Screen-Theory. Zehn Jahre Filmtheorie in England von 1971 bis 1981. Osnabrück 1985
Levy, David: The ›Fake‹ Train Robbery. In: Cahiers de la Cinémathèque, 1979, N° 29
Leyda, Jay: Kino. A History of the Russian and Soviet Film. London (1960) 1973
– : Kino. A History of the Russian and Soviet Film. London 1960
Lotman, Jurij: Probleme der Kinoästhetik. Eine Einführung in die Semiotik des Films. Frankfurt 1977
Loughney, Patrick G.: In the Beginning was the Word. Six Pre-Griffith Motion Picture Scénarios. In: IRIS, 2, 1984, 1
MacCabe, Colin: Was ist ein revolutionärer Text? Realismus und Kino. In: Alternative 20, 1977
Macherey, Pierre: Zur Theorie der literarischen Produktion. Darmstadt, Neuwied 1974
Märthesheimer, Peter; Fröhlich, Pea: Die Ehe der Maria Braun. Ein Drehbuch für Rainer Werner Fassbinder. München 1996
Magny, Claude-Edmonde: L'âge du roman américain. Paris 1948 (engl. Ü. New York 1972)
Mahr, Johannes: Eisenbahnen in der deutschen Dichtung. München 1982
Malraux, André: Esquisse d'une psychologie du cinéma. Paris 1946
Mannoni, Laurent: Le grand art de la lumière et de l'ombre – archéologie du cinéma. Paris 1994
Marie, Michel: Impression de réalité. In: Jean Collet et al: Lectures du film. Paris 1977

Marinetti, Corra, Settimelli, Ginna, Chiti: La cinématographie futuriste. Manifeste futuriste dans le 9ᵉ numéro du journal L'italia futurista 11 sept. 1916. In: Revue d'Esthétique 1973 N°ˢ 2-3-4 (cinéma: théories, lectures)
Marion, Denis: Eisenstein à la recherche de ses ancêtres. In: L'age nouveau, 1960, N° 109
Marion, Frances: How to write and sell film stories. 1937
Marsh, John L.: Vaudefilm: Its Contribution to a Movie-going America. In: Journal of Popular Culture 18, 1985, 4
Mattelard, Armand: Introduction. In ders. and Siegelaub (eds): Communication and Class Struggle. Vol 1, Paris 1979
Mayer, Carl: Sylvester. Ein Lichtspiel. Potsdam 1924
Mayne, Judith: Der primitive Erzähler. In: Frauen und Film N° 41, 1986
McCaffrey, Donald W.: The Evolution of the Chase in the Silent Comedy. In: Cinema Journal 1964, 4
McCarthy, Kathleen D.: Nickel Vice and Virtue: Movie Censorship in Chicago, 1907-1915. In: Journal of Popular Film 5, 1976, 1
Meixner, Horst: Filmische Literatur und literarischer Film. In: Kreuzer, H. (Hg.): Literaturwissenschaft – Medienwissenschaft. Heidelberg 1977
Metz, Christian: Le film de fiction et son spectateur. Etude métapsychologique. In: ders.: Le signifiant imaginaire. Paris 1977
– : Le signifiant imaginaire. Psychanalyse et cinéma. Paris 1977 (engl. Ü. London 1982)
– : Phänomenologische Untersuchungen des Films. In ders.: Semiologie des Films. München 1972
– : Das Kino: langue oder langage? In ders.: Semiologie des Films. München 1972
– : Sprache und Film. Frankfurt 1973
Mundt, Michaela: Transformationsanalyse. Methodische Probleme der Literaturverfilmung. Tübingen 1994
Michotte van den Berck: Le caractère de ›réalité‹ des projections cinématographiques. In: Revue internationale de filmologie 1, 1948, 3-4
Midgley, David: Asphalt Jungle: Brecht and German Poetry of the 1920s. In: Timm, Kelley (eds): Unreal City. Urban Experience in Modern European Literature and Art. Manchester 1985.
Mierendorff, Carlo: Hätte ich das Kino! Berlin 1920
Minden, Michael: The City in Early Cinema: Metropolis, Berlin and October. In: Edward Timms and David Kelley (eds): Unreal City. Urban Experience in Modern European Literature and Art. Manchester 1985
Mitry, Jean: Histoire du cinéma. T.1, Paris 1967
– : Schriftsteller als Photographen 1860-1910. Luzern, Frankfurt 1975
Moebius, Hanno; Vogt, Guntram: Drehort Stadt. Das Thema ›Großstadt‹ im deutschen Film. Marburg 1990
Moeller, Hans-Bernhard: Literatur und Film im medienübergreifenden Produktionskontext. In: Lützeler, P. M.; Schwarz, E. (Hg.): Deutsche Literatur in der Bundesrepublik seit 1965. Königstein 1980
– : Die Rolle des Films in der Gegenwartsliteratur. In: Basis, Jahrbuch für deutsche Gegenwartsliteratur, 1971, 2

– : Fassbinders und Zwerenz' im deutschen Aufstieg verlorene Ehe der Maria Braun. Interpretation, vergleichende Kritik und neuer filmisch-literarischer Adaptionskontext. In: Bauschinger, Cocalis, Lea (Hg): Film und Literatur. Literarische Texte und der neue deutsche Film. Bern, München 1984
Morsberger: Screenplays as Literature. In: Literature/Film Quarterly 3, 1975, 1
Müller, Corinna: Frühe deutsche Kinematographie. Formale, wirtschaftliche und kulturelle Entwicklungen 1907-1912. Stuttgart, Weimar 1994
Münsterberg, Hugo: The Film. A Psychological Study (1916). New York 1970
Mundt, Michaela: Transformationsanalyse. Methodische Probleme der Literaturverfilmung. Tübingen 1994
Murnau, Friedrich Wilhelm: Filme der Zukunft (1928). In: Filmfaust 1979, 12
Musser, Charles: The Early Cinema of Edwin Porter. In: Cinema Journal 19, 1979, 1
– : The Eden Musée in 1898: The Exhibitor as Creator. In: Film and History, 1981
– : The Travel Genre in 1903-04. Moving Towards Fictional Narrative. In: IRIS, 2, 1984, 1
Nichols, Dudley: Film Writing. In: Theatre Arts 1942, 26
– : The Writer and the Film. Theatre Arts 1943, 10
Noxon, Gerald: Pictorial Origines of Cinema Narrative – The Illusion of Movement and the Birth of the Scene in the Paleolithic Cave Wall Paintings of Lascaux. In: Cinema Journal 4,1964
– : The Autonomy of the Close-up. Some Literary Origins in the Work of Flaubert, Huysmans and Proust. In: Journal of the Society of the Cinematologists 11, 1961
Nye, Russel: The Unembarressed Muse: The Popular Arts in America. New York 1970 (s. bes. Chapter 8: The Dime Novel Tradition S. 200-215; Chapter 10: Murderers and Detectives, S. 244-268)
Odin, Roger: L'entrée du spectateur dans la fiction. In: J. Aumont, J. L. Leutrat (ed): La théorie du film. Paris 1980 (= Colloque de Lyon)
Oettermann, Stephan: Das Panorama. Geschichte eines Massenmediums. Frankfurt 1980
Paech, Anne: Kino zwischen Stadt und Land. Geschichte des Kinos in der Provinz. Osnabrück, Marburg 1985
Paech, Joachim: Die Ankunft des Zuges. Versuch einer (anderen) Geschichte des filmischen Sehens. In: epd Film 1, 1984, 6
– : Unbewegt bewegt. – Das Kino, die Eisenbahn und die Geschichte des filmischen Sehens. In: U. Meyer (Hg): Kino-Express. Die Eisenbahn in der Welt des Films. München, Luzern 1985
– (Hg.): Methodenprobleme der Analyse verfilmter Literatur. Münster 1984
– u.a. (Hg.): Screen-Theory. Zehn Jahre Filmtheorie in England 1971 bis 1981. Osnabrück 1985
– : ›Passion‹ oder die Einbildungen des Jean-Luc Godard. Frankfurt (Reihe Kinematograph, Deutsches Filmmuseum) 1987

– : Das Sehen von Filmen und filmisches Sehen. Anmerkungen zur Geschichte der filmischen Wahrnehmung im 20. Jahrhundert. In: Christa Blümlinger (Hg.): Sprung im Spiegel. Filmisches Wahrnehmen zwischen Fiktion und Wirklichkeit. Wien 1990, S. 33-50
– : ›Filmisches Schreiben‹ im poetischen Realismus. In: Harro Segeberg (Hg.): Die Mobilisierung des Sehens. Zur Vor- und Frühgeschichte des Films in Literatur und Kunst. Mediengeschichte des Films. Bd. 1. München 1996, S. 237-260
Panofsky, Walter: Die Geburt des Films. Ein Stück Kulturgeschichte. Würzburg-Aumühle, 1940
Pasolini, Pier Paolo: Einfälle zum Kino (1966/7). In ders.: Ketzererfahrungen. München 1979
Patalas, Enno: Nachwort des Herausgebers (›Kann man Filme lesen?‹). In: Spectaculum. Texte moderner Filme. Frankfurt 1961
Petrie, Graham: Dickens, Godard, and the Film Today. In: The Yale Review 1975, 64
Pichois, Claude: Vitesse et vision du monde. Neuchâtel 1973
Piechotta, S.H.J.: Erkenntnistheoretische Voraussetzungen der Beschreibung: Friedrich Nicolais Reise durch Deutschland und die Schweiz im Jahre 1781. In: Wuthenow u.a.: Reise und Utopie. Frankfurt 1979
Pinthus, Kurt (Hg): Das Kinobuch (1913). Frankfurt 1983
Poe, Edgar Allen: Der Mann in der Menge. In ders.: Erzählungen in zwei Bänden. Mit Zeichnungen von Alfred Kubin (dt. Ü. Hedda Eulenberg). München 1966, Bd. 1
Pratt, George: Spellbound in Darkness. Greenwich, NY, 1973
Prümm, Karl: Das Buch nach dem Film. Aktuelle Tendenzen des multimedialen Schreibens bei Tankred Dorst und Heiner Kipphardt. In: Helmut Kreuzer (Hg): Fernsehforschung und Fernsehkritik. Göttingen 1980 (=LiLi, Beiheft 11)
Quincey, Thomas de: The Engish Mail Coach. In: David Masson (ed): The Collected Writings of Thomas de Quincey. Vol. XIII, London 1897
Ramsaye, Terry: A Million and One Nights (1926). New York 1986
Rentschler, Eric (ed): German Film and Literature. Adaptions and Transformations. New York, London 1986
Richter, Hans: Der Kampf um den Film. München 1976
Riffaterre, Michael: L'illusion référentielle. In: R. Barthes et al.: Littérature et récit. Paris 1982.
Rinieri, Jean-Jacques: L'impression de réalité au cinéma; les phénomènes de croyance. In: E. Souriau (ed): L'univers filmique. Paris 1953
Ropars-Wuilleumier, Marie-Claire: De la littérature au cinéma. Genèse d'une écriture. Paris 1970
– : Le texte divisé. Paris 1981
Roth, Wilhelm: Kommentierte Filmographie. In: Rainer Werner Fassbinder. München ^{3}1979 (= Reihe Film 2)
Rotha, Paul: The Revival of Naturalism. Emile Zola and the Cinema. In ders.: Celluloid. The Film Today. London, Toronto 1931

Rüden, Peter von u.a. (Hg.): Beiträge zur Kulturgeschichte der deutschen Arbeiterbewegung 1848-1918. Frankfurt, Wien, Zürich 1979
Ryf, Robert S.: Joyce's Visual Imagination. In: Texas Studies in Literature and Language 1959,1
Sadoul, Georges: Early Film Production in England: The Origin of Montage, Close-ups, and Chase Sequence. In: Hollywood Quarterly 1,1946,3
– : Histoire du cinéma mondial. Paris (1949) ^{9}1979
– : Histoire générale du cinéma T.1, Paris 1947
Salt, Barry: Film Style and Technology: History and Analysis. London 1983
– : What We Can Learn From the First Twenty Years of Cinema. In: IRIS, 2, 1984, 1
– : Film-Form 1900-1906. In: Sight & Sound, 47, 1978, 3
Sartre, Jean-Paul: Das Imaginäre. Phänomenologische Psychologie der Einbildungskraft. Reinbek (1971) 1980
Schenda, Rudolf: Die Lesestoffe der kleinen Leute. Studien zur populären Literatur im 19. und 20. Jahrhundert. München 1976
Schivelbusch, Wolfgang: Geschichte der Eisenbahnreise. Zur Industrialisierung von Raum und Zeit im 19. Jahrhundert. Frankfurt ^{3}1995
Schlüpmann, Heide: Die Emanzipation des Films. Zu Germaine Dulacs und Maya Derens Theorien der Avantgarde. In: Frauen und Film 1984, Heft 37
Schlüpmann, Heide: Unheimlichkeit des Blicks. Das Drama des frühen deutschen Kinos. Basel, Frankfurt 1990
Schneider, Irmela: Der verwandelte Text. Wege zu einer Theorie der Literaturverfilmung. Tübingen 1981
Schönemann, Heide: Fritz Lang. Filmbilder, Vorbilder. Berlin 1992
Schwarz, Alexander (Hg.): Das Drehbuch. Geschichte, Theorie, Praxis. München 1992 (= diskurs film 5)
– *:* Der geschriebene Film. Drehbücher des deutschen und russischen Stummfilms. München 1994
Schweinitz, Jörg (Hg.): Prolog vor dem Film. Nachdenken über ein neues Medium 1909-1914. Leipzig 1992
Segeberg, Harro (Hg.): Die Mobilisierung des Sehens. Zur Vor- und Frühgeschichte des Films in Literatur und Kunst. Mediengeschichte des Films. Bd. 1. München 1996
Simmel, Georg: Die Großstadt und das Geistesleben. In ders.: Die Großstadt. Jahrbuch
Sklovskij, Viktor: Ejzenstejn. Reinbek 1973
Slout, William L.: ›Uncle Tom's Cabin‹ in American Film History. In: Journal of Popular Film 2, 1973, 2
Sopocy, Martin: The Pioneer Story Films of James A. Williamson. In: Cinema Journal 18, 1978, 1
Spiegel, Alan: Fiction and the Camera Eye. Visual Consciousness in Film and the Modern Novel. Charlottesville 1976
– : Flaubert to Joyce: Evolution of a Cinematographic Form. In: Novel 1973, 6

Staiger, Janet: Mass-Produced Photoplays. Economic and Signifying Practices in the First Years of Hollywood. In: Wide Angle 4, 1980, 3
Stempel, Wolf-Dieter: Erzählung, Beschreibung und der historische Diskurs. In: Koselleck, Stempel (Hg.): Geschichte – Ereignis und Erzählung. München 1973 (= Poetik und Hermeneutik 5)
Stern, Seymour: Griffith and Poe. One of America's Greatest Authors Influenced America's Greatest Director. In: Films in Review, Nov. 1951
Sternberger, Dolf: Panorama oder Ansichten vom 19. Jahrhundert. Frankfurt 1974
Stiftung Deutsche Kinemathek (Hg.): Das wandernde Bild. Der Filmpionier Guido Seeber. Berlin 1979
Strohmeyer, Klaus: Warenhäuser. Geschichte, Blüte und Untergang im Warenmeer. Berlin 1980
Sudendorf, Werner: Sergej Eisenstein. Materialien zu Leben und Werk. München 1975
Thompson, Kristin – Bordwell, David: Linearity, Materialism and the Study of Early American Cinema. In: Wide Angle 5, 1983, 3
Toeplitz, Jerzy: Geschichte des Films. Bd.1 1895-1928. Berlin 1972
Töteberg, Michael: Fritz Lang. Reinbek 1985
Traub, Hans: Die Ufa. Ein Beitrag zur Entwicklungsgeschichte des deutschen Filmschaffens. Berlin 1943
Tretjakov, Sergej: Die Biographie des Dings (1929). In ders.: Die Arbeit des Schriftstellers (hg. von Heiner Boehncke) Reinbek 1972
Uhl, Richard: Analyse des Filmdrehbuchs. Diss. Wien 1950
Uricchio, William Charles: Ruttmann's Berlin and the City Film to 1930. New York, Diss. 1982
Vardac, Nicholas: Stage to Screen. Theatrical Method from Garric to Griffith. Cambridge, Mass. 1949
Vertov, Dziga: Vom ›Kinoglaz‹ zum ›Radioglaz‹ (Aus den Anfangsgründen der Kinoki) (1929). In: Wolfgang Beilenhoff (Hg.): Dziga Vertov. Schriften zum Film. München 1973
– : Wir. Variante eines Manifests (1922). In: Wolfgang Beilenhoff (Hg.): Dziga Vertov: Schriften zum Film. München 1973
Vietta, Silvio: Expressionistische Literatur und Film. Einige Thesen zum wechselseitigen Einfluß ihrer Darstellung und ihrer Wirkung. In: Mannheimer Berichte aus Forschung und Lehre 1975, Heft 10
– : Großstadtwahrnehmung und ihre literarische Darstellung. Expressionistischer Reihungsstil und Collage. In: Deutsche Vierteljahrsschrift für Literaturwissenschaft und Geistesgeschichte 1974, Heft 48
Virmaux, Alain et Odette: Le ciné-roman, un genre nouveau. Paris o.J.
Virmaux, Alain: Note sur le ciné-roman. In: Cahiers du 20ᵉ siècle 1978, 9
Vom Drehbuch zum Film. In: Sprache im technischen Zeitalter, 1980, N° 75
Weber, Alfred: Mögliche Formen und Funktionen des Filmtranskripts. In: Joachim Paech (Hg.): Methodenprobleme der Analyse verfilmter Literatur. Münster 1984
Wees, William C.: Dickens, Griffith, and Eisenstein: Form and Language in Literature and Film. In: The Humanities Association Review 214, 1973

Welch, Jeffrey Egan: Literature and Film. An Annotated Bibliography 1978-1988. New York 1993

Wert, William F. van: The Theory and Practice of the ciné-roman. New York 1978

Wiebel, Martin: Ein Drehbuch ist keine eigene Kunstform. In: ARD 1985, 1

Zaddach, Gerhard: Der literarische Film. Ein Beitrag zur Geschichte der Lichtspielkunst (Diss. Breslau). Berlin 1926

Zambrano, Laura Ana: Charles Dickens and Sergej Eisenstein: The Emergence of Cinema. In: Style 9, 1975, 4

Zglinicki, Friedrich Von: Der Weg des Films. Hildesheim, New York 1979

Zimmermann, Ulf: ›Benjamin‹ and ›Berlin Alexanderplatz‹. Some Notes Towards a View of Literature and the City. In: Colloquium Germanica, 12, 1979

Žmegač, Viktor: Exkurs über den Film im Umkreis des Expressionismus. In: Sprache im technischen Zeitalter 1970, Heft 35

Zola, Emile: Das Paradies der Damen (Ü. H. Rosé, M. Montgelas). München 1952

Zola, François Emile und Massin (Hg.): Emile Zola Photograph. München 1979

Zwerenz, Gerhard: Die Ehe der Maria Braun. München (1979) 1981

Register

Abrahams, Jim 95
Adam, Gerhard VII
Adorno, Th. W. 122
After Many Years 45–48
Agel, Henri 66
Albersmeier, Franz-Josef VII, 129, 152
Alexandrov, G. 170
Allain, Marcel 116–117
Allen, Robert C. 25, 27
Altenloh, Emilie 106–107
Amengual, Barthélemy 22
Andrew, Dudley 65
Antoine, André 87
Apollinaire, Guillaume 152
Aragon, Louis 129
Arnheim, Rudolf 119
Arvidson (Griffith), Linda 48
Asholt, Wolfgang 152
Astruc, Alexandre 171-173
Atlantis 96
Au Bonheur des Dames (Paradies der Damen) 56–58, 80
Aumont, Jacques 46, 47
Äneis 66

Balázs, Béla 1, 33, 43, 51, 79, 111–112, 140, 158-163, 169, 180
Balzac, Honoré de 59, 68, 88
Barbour, Alan G. 115
Barthes, Roland 170, 173-174, 178, 181
Bassermann, Albert 98–100
Bassins des Tuileries 4
Baudelaire, Charles 56, 61
Baudry, Jean-Lonis 75, 171
Bazin, André 23, 24, 33, 63, 65, 79, 82, 112, 140-141, 166-172, 176
Bächlin, Peter 2

Beecher-Stowe, Harriet 11
Bellour, Raymond 36, 175
Benjamin, Walter 56, 60, 61, 80, 82, 125, 145, 159, 164, 174
Bentham, Jeremy 77
Berck, Michotte van den 65, 167
Berlin Alexanderplatz 144–150
Berlin. Die Sinfonie der Großstadt 124, 128, 156
Bernhardt, Sarah 86
Blei, Franz 94
Bloch, Ernst 112
Blom, August 96
Bordwell, David 46, 47
Borrély, Guy 49
Bosseno, Christian 117
Boujut, Michel 117
Bowser, Eileen 44, 50
Brecht, Bertolt 39, 112, 123, 129, 145, 159, 164-165, 174–175
Bresson, Robert 173
Brisson, Adolphe 87
Brod, Max 94
Brooks, Mel 95
Brüder Karamasow 104
Burch, Noël 29, 32, 138–139
Bürger, Peter 28, 151

Cabiria 88
Capellani, Albert 87, 88
Caughie, John 172
Cavalcanti, Alberto 124, 128
Ceram, C. W. 67
Chabrol, Claude VII
Chamisso, Adelbert von 101
Chaplin, Charlie 104, 152
Citizen Kane 45
Clair, René 152–155, 165
Cocteau, Jean 171

Corner in Wheat, A 39–43, 47, 50
Csida, Joseph/Bundy Csida, June 3, 8, 28
Czolgosz, Leon 10, 18

Dante 2, 10
Das Cabinet des Dr. Caligari 108, 117, 158
Das Diamantenschiff 118
Das fremde Mädchen 96
Davies, David Stuard 114
Dealin Wheat, A 42, 87
Decourcelle, Pierre 88, 117
Der Andere 97–100, 138
Der entwendete Brief 114
Der goldene See 118–119
Der Golem 85
Der Idiot 162
Der letzte Mann 108, 110
Der Mann in der Menge 54–56
Der Mann mit der Kamera 124, 156
Der Student von Prag 101–103
Der Tod in Venedig VII
Der Zauberberg VII
Des Vetters Eckfenster 59-61, 62
Deslandes, Jacques 22
Deutelbaum, Marshall 6
Dickens, Charles 48–50, 61, 63, 68–69, 113, 122-123, 163, 178
Die Buddenbrooks VII
Die Ehe der Maria Braun IX, 181–204
Die Frau im Mond 119
Die große Sache 143
Die Marquise von O. VII
Die Spinnen 118–119
Die unglaubliche Reise in einem verrückten Flugzeug (Airplaine) 95
Die verrückte Lokomotive 94
Diederichs, Helmut H. 97,100, 102
Dixon, Thomas 88
Dorst, Tankred 180
Dos Passos, John 140, 143-145, 179
Dostojewski, Fjodor M. 162
Döblin, Alfred 92–93, 144–150,179
Dr. Mabuse (der Spieler) VIII, 130–140

Dreigroschenoper 164
Dreigroschenroman 165
Drew, Bernard A. 116
Dubourg, Maurice 117
Dulac, Germaine 156–157
Dumas, Alexandre 12, 30, 62, 113
Dupont, Ewald André 106-108
Dürrenmatt, Friedrich 180

Edison, Thomas 1, 3, *9,* 10, 18, 27
Effi Briest VII
Eisenstein, Sergej 1, 44, 45, 48-51, 53, 58, 59, 61, 63, 66, 68-71, 101
Eisner, Lotte 109
Ejchenbaum, Boris 141
Eller, Paul 107
Enoch Arden 45, 47
Epstein, Jean 153, 157
Ewers, H. H. 101–103

Fantômas VIII, 116-117
Fassbinder, Rainer Werner IX, 147–150, 181–204
Faulstich, Werner VII
Fellini, Federico 75
Fenster zum Hof (Rear Window) 61
Ferry, Gabriel 62
Feuillade, Louis 87, 116, 152
Fighting a Fire 18
Fire! 23, 32, 33
Fisher, Robert 89
Flaubert, Gustave VIII, 35, 50, 51–54, 63, 68, 113, 178
Fontane, Theodor VIII
Ford, Charles 87
Ford, John 172, 176
Foucault, Michel 77, 181
Foulon, Otto 158
Francastel, Pierre 167
France, Anatole 86
Freund, Karl 108
Fröhlich, Pea 181
Fuzellier, Etienne 66

Gad, Urban 101
Gance, Abel 173
Gaudrault, André 6, 7, 22, 29

Gaumont, Leon 3, 87, 116
Gauthier, Guy 128
Gautier, Theophile 73
Gersch, Wolfgang 165
Giedion, Siegfried 82
Gilbreth, Frank B. 82
Gill, Richard 68
Godard, Jean-Luc VI, IX, 104–105, 140, 156, 173, 175, 179, 182
Goethe, Johann Wolfgang VII
Goldoni, Carlo 104
Gorki, Maxim 2, 5, 123, 167
Gottowt, John 102
Gozzi, Carlo 104
Göttliche Komödie 2, 10
Grass, Günter 180
Griffith, David Wark 21, 23, 27, 33, 34, 36–44, 45-50, 62, 85, 86, 88, 89, 104, 122-123, 154, 163
Guazzoni, Enrico 27
Gunning, Tom 28, 34, 39

Habermas, Jürgen 63
Hagen, John 9
Halbe, Max 93
Handke, Peter 180
Harbou, Thea von 117, 119
Harms, Rudolf 158–161, 165
Hasenclever, Walter 94
Hauptmann, Gerhart 89, 93, 96
Hauser, Arnold 124
Hawks, Howard 172
Heath, Stephen 169, 177
Heine, Heinrich 74
Heller, Heinz B. 92, 159
Herlinghaus, Hermann 68
Hickethier, Knut VII
Hitchcock, Alfred 47, 61
Hoddis, Jakob van 126–127
Hoffmann, E.T.A. 45, 59–61, 62, 63, 101, 113
Hoffmann, Paul 10
Hofmann, Werner 81
Hofmannsthal, Hugo von 93, 96
Homer 2, 66
Horak, Jan-Ch. 92
Horkheimer, Max 122

Hugenberg, Alfred 158
Hugo, Victor 30, 74, 88, 91, 113, 153

Intolerance 43, 88–89
Iskra, Wolfgang 78

Jacobs, Lewis 22, 32
Jacques, Norbert 130–131
Jakobson, Roman 177
Jasset, Victorin 114, 152
Jauß, Hans Robert VI
Jeanne, René 87
Joyce, James 140–143, 179
Judex 117
Jutzi, Piel 147, 150

Kaemmerling, Ekkehard 146
Kanzog, Klaus 184
Kater Murr 45
Keiner, Reinhold 119
Kerner, Justinus 72
Kipphardt, Heiner 180
Klaar, A. 100
Klinge, Peter and Sandra IX
Klingender, Francis 75
Klotz, Volker 62, 78, 144
Kluge, Alexander 180-181
Kracauer, Siegfried 97–98, 101, 124, 160–161, 166
Kuchenbuch, Thomas VII
Kurtz, Rudolf 158

L'Annee dernière à Marienbad 143
L'Arrivée d'un train en gare de La Ciotat 4
L'Arroseur arrosé 4, 7, 31
L'Assassinat du Duc de Guise 30, 87
L'Assommoir 88
L'Espoir 104
La Mer 4
La Nouvelle Mission de Judex 117
La Partie d'écarté 4
La Sortie des usines Lumière a Lyon 4, 6
Lafitte, Pierre 86, 87
Lahue, Kalton C. 115

Lalou, Rene 66
Lamprecht, Gerhard 89
Landrum, Larry 114
Lang, Fritz 118–119, 130–140
Langner, Willy 91
Lasker-Schüler, Else 94
Lavedan, Henri 86
Le Déjeuner de Bébé 4
Le Fils du Flibustier 117
Le Mur 4
Le Remords de Judas 87
Le Retour d'Ulysse 87
Le Régiment 4
Lefèbvre, Henri 126
Lefèvre, Raymond 175
Lenz, Siegfried 180
Les Misérables 85, 88, 91
Les Mystères de Paris 88
Les Vampires 117
Levaco, Ronald 141
Levin, Harry 68
Levy, David 26
Leyda, Jay 123
Léger, Fernand 157
Leglise, Paul 66
Liebelei 96
Lindau, Paul 97–100
Lotman, Jurij 7, 170
Loughney, Patrick G. 105
Lucas, Georges 121
Lukács, Georg 112
Lumière, Louis 1, 2, 4, 6, 7, 18, 30, 167
Lützeler, Heinrich 68

MacCabe, Colin 177
Macherey, Pierre 83–84, 123
Mack, Max 97–100, 138–139
Madame Bovary 35, 51-54, 63, 104
Madsen, Holger 96, 11
Magny, Claude-Edmonde 143, 169
Mahr, Johannes 74
Malraux, André 168
Manhattan Transfer 140–145
Mann, Heinrich 143
Marey, Etienne-Jules 82
Maréchal-ferrant 4

Marie, Michel 167
Marinetti, Filippo Tommaso 154–155
Marion, Denis 66
Mattelard, Armand 67
Mauvaises herbes 4
May, Karl 62
Mayer, Carl 108–110, 128
Märtesheimer, Peter 181
Mephisto VII
Messter, Oskar 11
Metropolis 117
Metz, Christian 25, 29, 34, 39, 124, 167–169, 175
Méliès, Georges 3, 12, 13, 26, 95, 102
Midgley, David 145
Mierendorff, Carlo 93, 127
Minden, Michael 128
Minnelli, Vincente 54
Mitry, Jean 68, 88
Moeller, Hans-Bernhard 181–188
Monet, Claude 68, 73
Morning Alarm, A 18
Morrissette, Bruce 143
Murnau, Friedrich Wilhelm 108–110
Musser, Charles 10, 11, 18, 22
Muybridge, Eadweard 82
Munsterberg, Hugo 82
Münzenberg, Willi 158
Mystères de New York 117

Negt, Oskar 181
1984 77
Nibelungen 10
Nicholas Nickleby 69
Nick Carter 114, 152
Nicolai, Friedrich 76
Nielsen, Asta 101
Norris, Frank 42, 87
Noxon, Gerald 66
Nye, Russel 114

Odyssee 2, 10, 66
Oliver Twist 50
Orwell, George 77

Paech, Anne 30, 85
Paech, Joachim VII, 74, 129, 156, 172, 176, 182, 184
Paisa 170
Panofsky, Walter 11–12, 89–90
Pasolini, Pier Paolo 75
Passion Christi 9, 10, 11
Patalas, Enno 112–113, 121
Pathé, Charles 3, *87*
Pauline of the Army 116
Petri, Graham 48
Pfemfert, Franz 92
Picasso, Pablo 129
Pichois, Claude 73, 74
Piechotta, S. H. J. 76
Pinthus, Kurt 94–95, 106
Platon 64, 65
Poe, Edgar Allan 54–56, 61, 63, 113–114
Pommer, Erich, 108, 119
Porter, Edwin S. 12, 17–24, 27, 33, 104
Portrait of the Artist as a young Man, A 142
Pratt, George 42
Prümm, Karl 180
Pudovkin, Wsewolod 170
Puschkin, Alexander 68

Quincey, Thomas de *70–72*
Quo Vadis? 27, 88

Racine, Jean Baptiste 88
Ramsaye, Terry 34
Rennert, Malwine 91
Resnais, Alain 143
Retcliffe, John 62
Reynaud, Emile 2
Richard, Jacques 22
Richter, Hans 158
Rien que les heures 124
Riffaterre, Michael 170
Rinieri, Jean-Jacques 167
Robbe-Grillet, Alain 142–143
Roosevelt, ›Teddy‹ 11
Ropars-Wuilleumier, Marie-Claire 175, 176

Rostand, Edmond 86
Roth, Wilhelm 181
Ruttmann, Walther 124, 128, 156
Rüden, Peter von 89
Rye, Stellan 101-103

Sadoul, Georges 12, 13, 33, 34, 88, 114
Saint-Saens, Camille 86
Salt, Barry IX
Salten, Felix 93
Sartre, Jean-Paul 169
Sauve qui peut (la vie) 175
Scénario du film ›Passion‹ 182
Schaaf, Michael VII
Schenda, Rudolf 89
Schlüpmann, Heide 157
Schneider, Irmela 184
Schnitzler, Arthur 93, 96
Schütte, Wolfram 143
Schygulla, Hanna 181–204
Seeber, Guido *89,* 101–102
Sennett, Mack 104
Shakespeare, William 66, 153
Sherlock Holmes Baffled 114
Sienkiewicz, Henrik 88
Silbermann, Alphons VII
Simmel, Georg 125
Skladanowsky, Max I
Sklovskij, Viktor 58
Slout, William L. 11
Sopocy, Martin 32
Soupault, Philippe 56
Souvestre, Pierre 116–117
Spiegel, Alan 68
Staiger, Janet 115
Star Wars 121
Starting for Fire 18
Stempel, Wolf-Dieter *6*
Stern, Seymour 88
Stiller, Mauritz 96
Stindt, Georg Otto 158
Stop, Thief! 32
Study in Scarlet, A 114
Sue, Eugène 12, 30, 62, 88, 113
Sunrise 108
Sylvester 108–110

Tartüff 10–109
Taylor, Frederick 82
Tennyson, Alfred 45, 47
The Birth of a Nation 27, 88
The Clansman 88
The English Mail Coach 70–71
The Great Train Robbery 18, 27
The Life of an American Fireman 17–24
The Lonedale Operator 36–39, 47, 54
The Perils of Pauline 116, 152
Tih-Minh 117
Toeplitz, Jerzy 87
Tolstoi, Leo 122–123
Töteberg, Michael 119
Traub, Hans 85
Tretjakov, Sergej 156
Tschechow, Anton 68
Turner, William 68, 73

Ulysses 140–142
Uncle Tom's Cabin 11
Uricchio, William Charles 124

Valéry, Paul 66
Vanoye, Francis VII
Verne, Jules 30, 62, 76
Vertov, Dziga 124, 128, 155–157
Viertel, Bertholt 92
Vietta, Silvio 128

Virmaux, Alain und Odette 120
Volkelt, Johannes 159
Voyage à travers l'Impossible 95

Wahlverwandtschaften VII
Walker, Smiley 3
Wassermann, Jakob 93
Weber, Alfred 183
Wegener, Paul 101–102
Weiss, Peter 180
Wert, William F. van 172
What Happened to Mary? 115
White, Pearl 116, 152
Wiene, Robert 158
Williamson, James 23, 32, 33
Wilmeth, Don B. 85
Wolzogen, Erich von 93

Yonng Mr. Lincoln 176

Zaddach, Gerhard 96–97
Zech, Paul 94
Zglinicki, Friedrich von 68
Zimmermann, Ulf 145
Žmegač, Viktor 128
Zola, Emile VIII, 50, 56–58, 59, 68, 80, 87–89, 113, 178
Zucker, David und Jerry 95
Zukor, Adolph 27–28
Zwerenz, Gerhard IX, 121, 181–204

Sammlung Metzler

Mediävistik
SM   7 Hoffmann, *Nibelungenlied*
SM   14 Eis, *Mittelalterliche Fachliteratur*
SM   15 Weber, *Gottfried von Strasburg*
SM   32 Wisniewski, *Kudrun*
SM   33 Soeteman, *Deutsche geistliche Dichtung des 11. und 12. Jh.*
SM   36 Bumke, *Wolfram von Eschenbach*
SM   40 Halbach, *Walther von der Vogelweide*
SM   64 Hoffmann, *Altdeutsche Metrik*
SM   67 von See, *Germanische Verskunst*
SM   72 Düwel, *Einführung in die Runenkunde*
SM   78 Schier, *Sagaliteratur*
SM 103 Sowinski, *Lehrhafte Dichtung des Mittelalters*
SM 135 Kartschoke, *Altdeutsche Bibeldichtung*
SM 140 Murdoch/Groseclose, *Die althochdeutschen poetischen Denkmäler*
SM 151 Haymes, *Das mündliche Epos*
SM 205 Wisniewski, *Mittelalterliche Dietrich-Dichtung*
SM 244 Schweikle, *Minnesang*
SM 249 Gottzmann, *Artusdichtung*
SM 253 Schweikle, *Neidhart*
SM 293 Tervooren, *Sangspruchdichtung*

Deutsche Literaturgeschichte
SM   6 Schlawe, *Literarische Zeitschriften 1898-1910*
SM   24 Schlawe, *Literarische Zeitschriften 1910-1933*
SM   25 Anger, *Literarisches Rokoko*
SM   47 Steinmetz, *Die Komödie der Aufklärung*
SM   68 Kimpel, *Der Roman der Aufklärung (1670-1774)*
SM   75 Hoefert, *Das Drama des Naturalismus*
SM   81 Jost, *Literarischer Jugendstil*
SM 128 Meid, *Der deutsche Barockroman*
SM 129 King, *Literarische Zeitschriften 1945-1970*
SM 142 Ketelsen, *Völkisch-nationale und nationalsozialistische Literatur in Deutschland 1890-1945*
SM 144 Schutte, *Lyrik des deutschen Naturalismus (1885-1893)*
SM 157 Aust, *Literatur des Realismus*
SM 170 Hoffmeister, *Deutsche und europäische Romantik*
SM 174 Wilke, *Zeitschriften des 18. Jh. I Grundlegung*
SM 175 Wilke, *Zeitschriften des 18. Jh. II Repertorium*
SM 209 Alexander, *Das deutsche Barockdrama*

SM 210 Krull, *Prosa des Expressionismus*
SM 225 Obenaus, *Lit. und politische Zeitschriften 1830-1848*
SM 227 Meid, *Barocklyrik*
SM 229 Obenaus, *Lit. und politische Zeitschriften 1848-1880*
SM 234 Hoffmeister, *Deutsche und europäische Barockliteratur*
SM 238 Huß-Michel, *Lit. und politische Zeitschriften des Exils 1933-1945*
SM 241 Mahoney, *Der Roman der Goethezeit*
SM 247 Cowen, *Das deutsche Drama im 19. Jh.*
SM 250 Korte, *Geschichte der deutschen Lyrik seit 1945*
SM 290 Lorenz, *Wiener Moderne*
SM 298 Kremer, *Prosa der Romantik*

Gattungen
SM   9 Rosenfeld, *Legende*
SM 12 Nagel, *Meistersang*
SM 16 Lüthi, *Märchen*
SM 52 Suppan, *Volkslied*
SM 53 Hain, *Rätsel*
SM 63 Boeschenstein-Schäfer, *Idylle*
SM 66 Leibfried, *Fabel*
SM 77 Straßner, *Schwank*
SM 85 Boerner, *Tagebuch*
SM 101 Grothe, *Anekdote*
SM 116 Guthke, *Das deutsche bürgerliche Trauerspiel*
SM 133 Koch, *Das deutsche Singspiel*
SM 145 Hein, *Die Dorfgeschichte*
SM 154 Röhrich/Mieder, *Sprichwort*
SM 155 Tismar, *Kunstmärchen*
SM 164 Siegel, *Die Reportage*
SM 166 Köpf, *Märendichtung*
SM 172 Würffel, *Das deutsche Hörspiel*
SM 177 Schlütter u.a., *Sonett*
SM 191 Nusser, *Der Kriminalroman*
SM 208 Fricke, *Aphorismus*
SM 214 Selbmann, *Der deutsche Bildungsroman*
SM 216 Marx, *Die deutsche Kurzgeschichte*
SM 226 Schulz, *Science Fiction*
SM 232 Barton, *Das Dokumentartheater*
SM 248 Hess, *Epigramm*
SM 256 Aust, *Novelle*
SM 257 Schmitz, *Das Volksstück*
SM 260 Nikisch, *Brief*
SM 262 Nusser, *Trivialliteratur*
SM 278 Aust, *Der historische Roman*
SM 282 Bauer, *Der Schelmenroman*

Autorinnen und Autoren

SM 60 Fehr, *Jeremias Gotthelf*
SM 71 Helmers, *Wilhelm Raabe*
SM 76 Mannack, *Andreas Gryphius*
SM 80 Kully, *Johann Peter Hebel*
SM 92 Hein, *Ferdinand Raimund*
SM 96 van Ingen, *Philipp von Zesen*
SM 97 Asmuth, *Daniel Casper von Lohenstein*
SM 99 Weydt, *H. J. Chr. von Grimmelshausen*
SM 102 Fehr, *Conrad Ferdinand Meyer*
SM 105 Prangel, *Alfred Döblin*
SM 107 Hoefert, *Gerhart Hauptmann*
SM 113 Bender, *J.J. Bodmer und J.J. Breitinger*
SM 114 Jolles, *Theodor Fontane*
SM 124 Saas, *Georg Trakl*
SM 134 Christiansen, *Fritz Reuter*
SM 138 Dietz, *Franz Kafka*
SM 143 Jörgensen, *Johann Georg Hamann*
SM 153 Schneider, *Annette von Droste-Hülshoff*
SM 159 Knapp, *Georg Büchner*
SM 163 Pape, *Wilhelm Busch*
SM 171 Peter, *Friedrich Schlegel*
SM 173 Petersen, *Max Frisch*
SM 179 Neuhaus, *Günter Grass*
SM 185 Paulin, *Ludwig Tieck*
SM 186 Naumann, *Adalbert Stifter*
SM 189 Haupt, *Heinrich Mann*
SM 195 Schrimpf, *Karl Philipp Moritz*
SM 196 Knapp, *Friedrich Dürrenmatt*
SM 197 Schulz, *Heiner Müller*
SM 207 Wehdeking, *Alfred Andersch*
SM 211 Hansen, *Thomas Mann*
SM 213 Riley, *Clemens Brentano*
SM 215 Wackwitz, *Friedrich Hölderlin*
SM 218 Renner, *Peter Handke*
SM 221 Kretschmer, *Christian Morgenstern*
SM 223 Dietschreit/Henze-Dietschreit, *Hans Magnus Enzensberger*
SM 224 Hilzinger, *Christa Wolf*
SM 230 Vincon, *Frank Wedekind*
SM 231 Lowsky, *Karl May*
SM 233 Winter, *Jakob Michael Reinhold Lenz*
SM 237 Mayer, *Eduard Mörike*
SM 239 Perlmann, *Arthur Schnitzler*
SM 240 Wichmann, *Heinrich von Kleist*
SM 242 Bartsch, *Ingeborg Bachmann*
SM 243 Kaiser, *E. T. A. Hoffmann*
SM 245 Dietschreit, *Lion Feuchtwanger*

SM 254 Späth, *Rolf Dieter Brinkmann*
SM 255 Bäumer/Schultz, *Bettina von Arnim*
SM 258 Hein, *Johann Nestroy*
SM 261 Sammons, *Heinrich Heine*
SM 273 Mayer, *Hugo von Hofmannsthal*
SM 275 Schrade, *Anna Seghers*
SM 286 Janz, *Elfriede Jelinek*
SM 288 Jeßing, *Johann Wolfgang Goethe*
SM 289 Luserke, *Robert Musil*
SM 291 Mittermayer, *Thomas Bernhard*
SM 294 Löb, *Christian Dietrich Grabbe*
SM 295 Schaefer, *Christoph Martin Wieland*
SM 297 Albrecht, *Gotthold Ephraim Lessing*
SM 299 Fetz, *Martin Walser*
SM 304 Fasold, *Storm*

Einführungen, Methodenlehre
SM   1 Raabe, *Einführung in die Bücherkunde zur dt. Literaturwissenschaft*
SM 13 Bangen, *Die schriftliche Form germanistischer Arbeiten*
SM 28 Frenzel, *Stoff-, Motiv- und Symbolforschung*
SM 41 Hermand, *Literaturwissenschaft und Kunstwissenschaft*
SM 59 Behrmann, *Einführung in die Analyse von Prosatexten*
SM 79 Weber-Kellermann/Bimmer, *Einführung in die Volkskunde/Europäische Ethnologie*
SM 112 Schlawe, *Neudeutsche Metrik*
SM 148 Grimm u.a., *Einführung in die frz. Lit.wissenschaft*
SM 183 Schwenger, *Literaturproduktion*
SM 188 Asmuth, *Einführung in die Dramenanalyse*
SM 190 Zima, *Textsoziologie*
SM 217 Schutte, *Einführung in die Literaturinterpretation*
SM 235 Paech, *Literatur und Film*
SM 246 Eagleton, *Einführung in die Literaturtheorie*
SM 259 Schönau, *Einf. i. d. psychoanalytische Lit.wissenschaft*
SM 263 Sowinski, *Stilistik*
SM 270 Heidtmann, *Kindermedien*
SM 277 Hickethier, *Film- und Fernsehanalyse*
SM 284 Burdorf, *Einführung in die Gedichtanalyse*
SM 285 Lindhoff, *Einführung in die feministische Literaturtheorie*
SM 287 Eggert/Garbe, *Literarische Sozialisation*
SM 300 Kammer, *Wissenschaftliche Arbeiten am PC*
SM 302 Korte/Müller/Schmid, *Einführung in die Anglistik*

SM 206 Apel, *Literarische Übersetzung*
SM 219 Lutzeier, *Linguistische Semantik*
SM 252 Glück/Sauer, *Gegenwartsdeutsch*
SM 289 Rösler, *Deutsch als Fremdsprache*
SM 283 Ottmers, *Rhetorik*

Philosophie
SM 141 Franzen, *Martin Heidegger*
SM 143 Jörgensen, *Johann Georg Hamann*
SM 168 Bernstein, *Die Literatur des deutschen Frühhumanismus*
SM 182 Helferich, *G. W. Fr. Hegel*
SM 184 Naumann, *Literaturtheorie und Geschichtsphilosophie I*
SM 187 Ollig, *Der Neukantianismus*
SM 193 Wolf, *Martin Luther*
SM 202 Bayertz, *Wissenschaftstheorie und Paradigma-Begriff*
SM 220 Gmünder, *Kritische Theorie*
SM 222 Schmidt, *Ernst Bloch*
SM 251 Jung, *Georg Lukács*
SM 264 Ries, *Karl Löwith*
SM 265 Pleger, *Vorsokratiker*
SM 266 Horster, *Jürgen Habermas*
SM 267 Buchheister/Steuer, *Ludwig Wittgenstein*
SM 268 Vattimo, *Friedrich Nietzsche*
SM 269 Schöttker, *Walter Benjamin*
SM 271 Scherer, *Philosophie des Mittelalters*
SM 276 Gil, *Ethik*
SM 281 Kögler, *Michel Foucault*
SM 292 Strube, *Wilhelm Dilthey*
SM 303 Seibert, *Existenzphilosophie*

Romanistik und andere Philologien
SM 119 Hoffmeister, *Petrarkistische Lyrik*
SM 146 Daus, *Zola und der französische Naturalismus*
SM 147 Daus, *Das Theater des Absurden*
SM 148 Grimm u.a., *Einführung in die frz. Lit.wissenschaft*
SM 161 Brockmeier, *François Villon*
SM 162 Wetzel, *Die Romanische Novelle*
SM 170 Hoffmeister, *Deutsche und europäische Romantik*
SM 176 Hausmann, *François Rabelais*
SM 177 Schlütter u.a., *Sonett*
SM 204 Weissberg, *Edgar Allan Poe*
SM 212 Grimm, *Molière*
SM 234 Hoffmeister, *Deutsche und europäische Barockliteratur*
SM 296 Coenen-Mennemeier, *Nouveau Roman*
SM 301 Hoffmeister, *Petrarca*

MIX
Papier aus verantwortungsvollen Quellen
Paper from responsible sources
FSC® C105338

If you have any concerns about our products,
you can contact us on
ProductSafety@springernature.com

In case Publisher is established outside the EU,
the EU authorized representative is:
**Springer Nature Customer Service Center GmbH
Europaplatz 3, 69115 Heidelberg, Germany**

Printed by Libri Plureos GmbH
in Hamburg, Germany